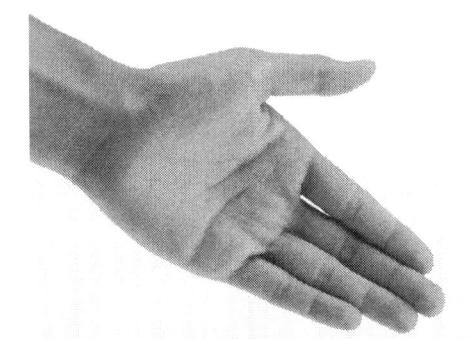

REACCIONAR O RESPONDER

Superar la impulsividad
y desarrollar nuestra madurez emocional

Carlos A. Leiro P., Ph.D.

Carlos Leiro es psicólogo y especialista en dependencia química. Tiene una Maestría en Estudios de Familia y un Doctorado en Terapia de Familia de Purdue University en los Estados Unidos. Tiene más de 20 años de experiencia como terapeuta de parejas y familias en Panamá, en la Clínica Transiciones. Director y docente del Instituto de Ciencias de la Pareja. Es además profesor y supervisor de terapia de familia en la Universidad Santa María La Antigua. Investigador en temas de masculinidad, explotación sexual comercial y violencia doméstica y consultor de empresas familiares.

REACCIONAR O RESPONDER

Superar la impulsividad
y desarrollar nuestra madurez emocional

Carlos A. Leiro P.

REACCIONAR O RESPONDER

Superar la impulsividad
y desarrollar nuestra madurez emocional

Carlos A. Leiro P.
Año 2017

REACCIONAR O RESPONDER
Carlos A. Leiro P.
© Carlos A. Leiro P.,
Tercera edición, 2017

Prohibida la reproducción parcial o total de esta obra por cualquier medio o procedimiento incluida la fotocopia, de acuerdo a las leyes vigentes en la República de Panamá, salvo autorización del autor.

Impreso por CreateSpace
2017

Agradecimientos

En primer lugar y siempre a mis padres, Agustín y Marta de Leiro. Ellos siguen sembrando desde el cielo las semillas de fortaleza y maravilla que yo, en la tierra, sigo cosechando.

A mi esposa Mayi y a mis hijos Andrés Francisco y Alejandro Emmanuel, quienes han sido siempre pacientes ante mis horas de aislamiento y dedicación solitaria, necesarias para la culminación de este y otros proyectos.

A los amigos que me acompañan y salpican de humor y alegría mí vida.

A las personas que leyeron todo o parte del libro, e hicieron revisiones y aportes para mejorar su contenido y su forma, particularmente a Gricel Berrios, Gladys Navarro de Gerbaud e Iliana Pérez Burgos.

A mis compañeros y compañeras de la Clínica Transiciones. Nuestras intercambios son un valioso espacio para crear y adaptar estrategias terapéuticas que sirven para transformar el "estancamiento emocional" en "crecimiento emocional" para nuestros clientes.

A los autores e investigadores en salud mental que han abonado mi pensamiento y que sin duda son padres y madres de buena parte de las ideas que desarrollo en estas páginas.

Finalmente a las personas, hombres, mujeres, adolescentes, parejas y familias que he tenido el privilegio de apoyar en sus procesos de crecimiento personal, familiar y de pareja. Todas han sido grandes maestras y maestros para mí.

INDICE

Agradecimientos	7
INTRODUCCIÓN	17
Cómo comienza todo	21
Mamá o sargento de barracas	24
Soy dueño y tengo derecho de gritar	25
Congelada frente a la supervisora	26
A celebrar con los amigos	27
Reaccionar o responder: dos extremos de un continuo	29
Uno siempre enseña lo que tiene que aprender	30
PRIMERA PARTE: REACCIONAR	33
CAPÍTULO 2	
Anatomía de las reacciones automáticas	35
El maestro del arte de la emoción	35
¿Cuál es tu definición de responder y de reaccionar?	37
Las Diferencias entre Gabriela y Mery	39
¿Qué pasa después de la reacción?	43
¿Cuáles son los tipos de reacciones automáticas?	45
- Reacciones de irritabilidad e intolerancia	45
- Reacciones impulsivas	46
- Reacciones compulsivas	46
- Reacciones agresivas	47
Se quedó sin pintar su casa	48
- Reacciones violentas	50
- Reacciones de congelamiento	51
Serio y callado mirando el vacío	51
- Reacciones de aislamiento y evitación	52
- Reacciones pasivo-agresivas	53

¿Es siempre perjudicial reaccionar? 55
Preguntas, reflexiones y ejercicios del capítulo 2 59

CAPÍTULO 3
Las piezas del rompecabezas 61
Un rival imaginario 61
Temperamento 63
Un esquema para entender nuestras
reacciones automáticas 64
Esquemas relacionales 65
Necesidades y estado de nuestro cuerpo 70
Eventos disparadores 74
Hábitos mentales venenosos 77
Estrés acumulado 78
Preguntas, reflexiones y ejercicios del capítulo 3 82

CAPÍTULO 4
Nuestros problemas con la realidad 101
La computadora en mi cerebro 101
¿Dónde están mis lentes? 103
Era mecánico, pero parecía un maleante 105
Los hábitos mentales venenosos 107
- "Partiendo en dos lo que era uno":
  El hábito de escindir la realidad 108
- "El centro soy yo":
  El hábito de personalizar la realidad 112
- "El problema son los otros":
  El hábito de juzgar la realidad 116
  La crítica 118
- "La casa de los espejos":
  El hábito de distorsionar la realidad 120

Todo el esfuerzo que yo hice ella lo pisoteó 123
Preguntas, reflexiones y ejercicios del capítulo 4 127

CAPÍTULO 5
Un cuarteto perverso 131
La ansiedad 131
El miedo 132
La ansiedad arruinó el día del aniversario 133
Los celos 137
La soledad 138
La depresión 139
Un hombre se quedó sin trabajo 140
La vergüenza 141
Sacando a la luz las voces de la vergüenza 142
Martillándose el cerebro 143
Mi primer vals a los 40 145
El enfado y la ira 146
Hacer las paces con la ira 148
Escuchar el enfado 149
La frustración 150
Decir ¡basta!... Usar para bien la frustración 151
Una cabeza dura como la piedra...
Usar mal la frustración 153
La hostilidad y la impaciencia 154
Las emociones negativas:
como chispas de fuego en la paja seca 156
Preguntas, reflexiones y ejercicios del capítulo 5 158

CAPÍTULO 6
Responder o reaccionar adentro del cerebro 165
Las rutas del cerebro 167

La Vía Panorámica y la Autostrada 169
Algunas de las estructuras del cerebro implicadas
en los procesos de reaccionar o responder 170
De pueblo en pueblo por la vía panorámica 171
Los túneles de la Autostrada 172
Las rutas del cerebro 173
Una mujer está secuestrada por su amígdala 174
Los pensamientos rumiantes 176
Cada día tiene su razón de ser,
su momento y su importancia 178
Preguntas, reflexiones y ejercicios del capítulo 6 179

SEGUNDA PARTE: RESPONDER 185

CAPÍTULO 7
Auto consuelo, silencio y tolerancia 187
El nuevo gerente de ventas 187
La capacidad de serenarnos a nosotros mismos 189
Ella quería su certificado 192
Una palabra sobre la personalidad límite 194
Ita proyectaba historias en su mente 196
Si no hay enemigo interior, el enemigo exterior
nada puede hacernos 197
Hacer silencio 199
El silencio y la capacidad de responder 201
Tratamiento de aguas residuales 202
La tolerancia: Un aliado para responder 204
Una madre y su bebita en las horas de la madrugada 207
Tolerancia al malestar emocional y la frustración 208
Preguntas, reflexiones y ejercicios del capítulo 7 210

CAPÍTULO 8
Mindfulness 225
Desconectar el piloto automático 227
La cena más liviana del mundo 228
Mindfulness para responder 230
Primer paso: Observar 231
Segundo paso: Describir 232
Tercer paso: Participar con conciencia 233
Cuarto paso: No emitir juicios 235
Quinto paso: Una sola cosa a la vez 236
Sexto paso. Hacer lo que es más efectivo 237
El tenía que reclamar esa injusticia 238
Preguntas, reflexiones y ejercicios del capítulo 8 241

CAPÍTULO 9
Las emociones y las actitudes positivas 247
Interés y fluir 252
Tranquilidad y serenidad 254
Compasión y la empatía 256
Aladar: un dinosaurio empático 256
Alegría 258
La medicina del humor 260
El humor ayuda a responder 262
El afecto, el amor y el cariño 263
Gratitud 265
El gozo 267
La esperanza 268
El optimismo y el entusiasmo 269
El altruismo y la generosidad 270
Preguntas, reflexiones y ejercicios del capítulo 9 273

CAPÍTULO 10

Hacer las paces con la realidad 285
Los hábitos bondadosos 285
Le compré un jugo y me fui 286
El hábito integrar la realidad (en lugar de escindirla) 287
El hábito de no tomar nada personal
(en vez de personalizar la realidad) 288
La comunicación asertiva 291
Receta para la asertividad: decir no tres veces al día 293
Aceptar la realidad (en vez de juzgarla) 295
Fanny Wong 297
Un estilo muy áspero 299
Reflejar la realidad (en vez de distorsionarla) 300
Tarde para una cita de trabajo 302
Preguntas, reflexiones, y ejercicios del capítulo 10 304

CAPÍTULO 11

Cultivar una mente sabia 317
Mi vida en un patín 319
¿Cuánto tiempo demora uno en alcanzar
la madurez emocional? 323
Tres tareas básicas de la mente sabia
y del crecimiento emocional 325
-Aprender a separar lo que debe estar separado 325
-Aprender a integrar lo que debe estar unido 328
-Aprender a reconciliar los opuestos aparentes 330
El delfín y el toro 334
Los frutos de la madurez 338

Unas palabras finales 341

Bibliografía 343

Nota aclaratoria:

Todas las historias que se describen adelante han sido construidas en base a retazos de vida que mis pacientes han compartido a lo largo del tiempo. Los nombres, las historias mismas, la edad y el género que se usan para describirlos fueron elegidos al azar, y se usan solamente de manera ilustrativa. Ninguno de los nombres, ni ninguna de las historias es real ni corresponde fielmente, ni de ninguna otra manera, a ninguna de las personas con las que he trabajado en mi práctica clínica.

Como responder:
- Frenar lentamente
- Evaluar la situación
- Manejarse adecuadamente

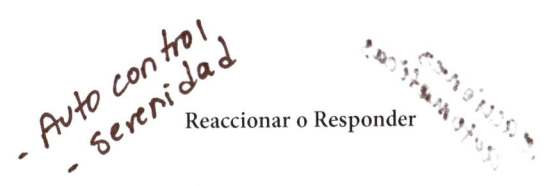

1. INTRODUCCIÓN

Imagínate que vas conduciendo tu automóvil en la carretera y de repente ves un letrero que indica ¡curva peligrosa! O peor aún: te das cuenta que otro automóvil se abalanza contra ti, pasándose de la vía contraria y dirigiéndose hacia tu carril. Lo que haces inmediatamente es bajar la velocidad, echarte a un lado, esperar, firme al volante, con autocontrol y serenidad. En seguida, el otro carro pasa como un cohete muy cerca del tuyo, pero logras evitar que colisione contra ti. Has hecho es lo correcto; es una forma natural de protegerte. Es la manera sensata de averiguar qué tanto peligro hay y qué está sucediendo. Eso es responder.

Sin embargo, tal parece que más de uno de nosotros ha perdido esa capacidad de frenar lentamente, evaluar la situación y manejarse adecuadamente. Hundir el pie en el acelerador parecería una locura pero, muchas veces, eso es exactamente lo que hacemos cuando nos enfrentamos a una situación difícil. Cuando algo nos frustra, nos incomoda o nos hiere, o cuando sentimos rechazo o ira: ¡hundimos el acelerador sin importar las consecuencias! Eso es reaccionar.

Muchos de nuestros problemas son así: en momentos de tensión, en lugar de 'frenar', aceleramos con todo. Pese a que una respuesta bien pensada, o un silencio por unos segundos nos habría traído una mejor solución. Si hubiéramos puesto el pie en el freno y observado con detalle la situación, nos habríamos ahorrado un percance.

A lo largo de los años he conversado con cientos de personas que sufren amargura, peleas, desilusiones y soledad, por problemas que ellos mismos han creado al reaccionar impulsiva o agresivamente ante situaciones del diario vivir. Con extraños o con amigos; en situaciones cotidianas o inesperadas; inusitadas o recurrentes, la gente reacciona cuando algo les incomoda y les hace sentir mal. El observatorio desde donde veo el universo de las reacciones automáticas es mi consulta. Desde allí he escuchado a muchísimas personas que me cuentan las vicisitudes que sufren por sus reacciones impulsivas. Me cuentan reaccionan contra sus hijos, padres, compañeros de trabajo, familiares y extraños, pero sobre todo contra sus propias parejas.

Así recuerdo el caso de Bárbara, que reaccionaba cuando se sentía atacada por su marido. Una tarde, mientras se vestía para una boda, le preguntó a su esposo cómo se veía. El pobre Maximiliano cometió el error de decirle: "cariño, no lo tomes a mal, pero esa falda no te queda muy bien, está muy apretada y te hace más gorda..." y le hizo un gesto con las dos manos que dejaba entrever lo que quería decir. Enseguida, Bárbara soltó el cepillo con el que se estaba peinando, lo miró con rabia, y le dijo: "¿y tú qué te crees?¿crees que tu panzota no se nota?, ¡a mí tampoco me gusta andar contigo con esa panza... para que vayas sabiendo!" Y continuó... "¿y cómo crees que te queda ese saco...? ¡Pareces un pingüino despeinado...! y por si acaso, ya que estamos hablando de lo que no nos gusta: ¡no soporto verte con esas chancletas de playa cuando vamos a hacer los mandados el sábado en la tarde...!". Maximiliano no era ningún pingüino, pero se quedó congelado, lamentándose de haberle dicho a su mujer, y a la vez disgustado con su esposa por esa reacción desproporcionada. El resto de la noche la pasaron mal, alejados el uno del otro, fríos y casi sin hablar.

Otro ejemplo fue el de Diego, quien era director de un centro comunitario no gubernamental, y que al enterarse que una propuesta no había sido entregada, se enfureció y grito, cómo acostumbraba hacer cada vez que algo no salía como deseaba, al personal del proyecto. Los colaboradores toleraban sus exabruptos porque no les quedaba remedio, pero secretamente cada uno soñaba con irse a trabajar a otro lugar.

Situaciones como éstas son más comunes de lo que quisiéramos suponer. Muchas personas no saben cómo evitar sus propias reacciones impulsivas. No saben cómo detenerse y pensar lo que está pasando, antes de que se genere una reacción en cadena. Los casos de Bárbara y Maximiliano, que iban para una boda; o el caso de Diego, son solo ejemplos de algo que ocurre con increíble frecuencia.

Bárbara, luego de conversar con su marido, comprendió que muchas veces se comportaba de la misma manera: cuando quedaba molesta por algo, se iba carcomiendo con enojo y rabia por dentro, hasta que explotaba. En esta ocasión, en el fondo, había estallado por otra situación que no tenía nada que ver con lo que le había dicho Maximiliano. Era que había vuelto a aumentar de peso. Afortunadamente Bárbara aprendió a tomar un tiempo cuando sentía su sangre hervir, antes de actuar o hablar. Además, aprendió a conversar con su esposo acerca de las pequeñas cosas que la molestaban. Esa era una forma mucho más eficaz de proteger su relación y hacerla más satisfactoria.

En cambio, para Diego, el costo de su impulsividad fue mayor. La propuesta había sido entregada en la fecha prevista, pero su rabieta motivó la renuncia de la coordinadora de proyectos, quien era la persona que tenía mayores conocimientos y respaldo académico para conseguir la aprobación de los financiamientos. La coordinadora simplemente se cansó de trabajar en un ambiente nocivo y renunció a su puesto. Y con su renuncia debilitó la capacidad de la organización para conseguir donativos para sus proyectos en la comunidad. La Junta Directiva del centro comunitario se enteró de los problemas de Diego y lo amonestaron por su pobre gerenciamiento.

En general, las experiencias del diario vivir se encargan de mostrarnos el daño que nos hace reaccionar; pero a veces no queremos escuchar lo que la vida nos dice, o simplemente no sabemos cómo detenernos. Todos tenemos al menos una historia de alguna vez que hemos reaccionado impulsivamente. Algunos tenemos mucho más que una sola historia. Sin embargo, volvemos a caer en el mismo error de reaccionar cuando nuestros seres queridos no actúan como quisiéramos; cuando alguien nos critica o cuando no nos atienden bien en una tienda. Cuando una situación nos toma por sorpresa o cuando alguien nos rechaza, en cada uno de esos momentos sentimos emociones de enfado, cólera, ira, o furia. Algunas personas reaccionan impulsivamente ante estas situaciones, otras con violencia; y hay otras que reaccionan paralizándose o retrayéndose.

La buena noticia es que la capacidad de responder se puede mejorar con práctica. A lo largo de este libro encontrarás reflexiones y ejercicios con los cuales tú, como lector, podrás entender, entrenarte y desarrollar tu capacidad de responder ante cada situación.

A medida que avances en la lectura de estas páginas trata de recordar que siempre estás frente a oportunidades para aprender a responder: pero tienes que aprender a ver tu propia mente, poniendo atención a tu diálogo interno en cada situación. Poner atención a esa tenaz tendencia a juzgar a todas las personas, minuto a minuto. Finalmente, poner atención a las embestidas que te propina la vida cuando reaccionas. Esas embestidas a veces pueden ser tu mejor maestro.

Como el niño que aprende a tocar el violín y, que en el transcurso de un año, pasa de producir ruidos estridentes y desagradables, a ser capaz de tocar una sencilla y hermosa melodía, así espero que vayas desarrollando la capacidad de modular tus emociones y logres, poco a poco, aprender a responder.

Cómo comienza todo

Mientras vamos creciendo, de la misma forma que aprendemos primero a balbucear, luego a emitir pequeñas palabras y luego a hablar, así mismo aprendemos a responder. De la misma manera que aprendemos a caminar, pasando de unos primeros pasos torpes y vacilantes, hasta caminar perfectamente coordinados y balanceados, así aprendemos a calibrar la intensidad de nuestras emociones.

La relación con nuestros padres va construyendo los rudimentos de nuestra mente. La forma de sentir y pensar de un bebé se organiza por la interacción momento a momento con su madre. Esa interacción va preparando al bebé para que logre entender que fuera de sus límites hay otra persona que piensa, responde y reacciona a lo que él hace. Para el bebé, el diálogo constante entre su propia mirada y la tierna respuesta que le da su madre, lo va ayudando a entender que él es diferente del mundo allá afuera.

A todos nos pasa lo mismo siendo bebés: aprendemos que mamá y yo estamos separados. Aprendemos que ella es otra persona y que piensa y siente diferente de mí. Poco a poco descubrimos que nosotros también pensamos, y que podemos influir en las acciones de los demás, y en sus elecciones de hacer o no, algo.

La maduración de nuestro sistema nervioso apoya esta capacidad: mientras nuestra mente acumula experiencias, memorias y recuerdos, nuestro cerebro va desarrollando millones de conexiones neuronales donde se guardan los aprendizajes acumulados. Esto va desplegando la habilidad de ver la realidad desde diferentes ángulos. Desde que estamos en el parvulario hasta que terminamos la escuela secundaria, decenas de miles de experiencias -propias y ajenas- nos van enseñando las sutilezas de cada situación que nos acontece, y nos entrenan en cómo adaptar nuestra conducta, según sea la ocasión. En una palabra, nos van enseñado auto regulación emocional. *—manejar las emociones de una manera adecuada*

Ya para cuando entramos al mundo laboral hemos aprendido la auto regulación, en otras palabras: la importancia de pensar un poco más y evaluar las opciones y posibles consecuencia antes de reaccionar.

Y generalmente frente a nuestros compañeros, nuestros clientes o nuestros jefes hacemos gala de nuestra capacidad de responder. Por ejemplo, imagínate que eres un asistente de contabilidad de una compañía de tamaño mediano del área de telecomunicaciones. Trabajas con números, reportes, hojas de cálculo e informes semanales y mensuales. Son las 2:30 p.m. del viernes y tu jefe te ha pedido que te quedes después de la jornada laboral a terminar un informe. Estás drenado, la semana ha sido agotadora y además tienes un plan familiar. Probablemente tu primer pensamiento ante su solicitud es "¡qué injusto!, ¡cómo se le ocurre!", o quizás hasta "¡desgraciado!... por eso su mujer lo dejó". O quizás hasta te dan ganas de ir a su despacho a

Responder en vez de Reaccionar

tirarle los papeles en el escritorio... Pero muy pocos cometeríamos la imprudencia de ir a decirle textualmente estas cosas a nuestro jefe.

En esos momentos, aunque estemos disgustados, tenemos un sistema interno que nos ayuda a sopesar -en fracciones de segundo- los pros y contra de cada opción. Los filtros en nuestra mente, que se han desarrollado durante años de aprendizaje social, evalúan cuál debe ser la conducta adecuada ante cada situación.

En el ejemplo de arriba, generalmente, después de haber escuchado la solicitud de tu jefe, te quedarías molesto y disgustado, pero poco a poco empezarías a buscar la manera de resolver y actuarías con autodominio. Si crees que puedes hacer el trabajo, actuarías en concordancia a lo que se necesita en ese momento y terminarías el reporte. Quizás dejando caer algún comentario de queja, pero respondiendo a la solicitud. Si no te fuese posible hacerlo todo, tratarías de averiguar la verdadera urgencia del trabajo, o cuál de los componentes del informe es el más urgente, para hacer solamente esa sección. Finalmente, si no está en tus manos hacerlo porque sabes que tu familia es tan importante como el trabajo, o porque te ha enojado mucho, hablarías claramente con tu jefe y le expondrías que no podrás ayudarlo esta vez, y le asegurarías que lo trabajarás a primera hora el lunes.

De eso se trata responder en vez de reaccionar: es recibir el mensaje, entenderlo a cabalidad, evaluar el contexto de donde viene, filtrar entre las posibles rutas de acción la mejor, y responder. Eso es responder con maestría. Responder no significa ceder ante las exigencias o solicitudes de los demás, especialmente cuando son injustas. Todo lo contrario, responder es siempre evaluar cuál es la mejor opción entre las que se nos presentan y actuar pensando en nuestro beneficio inmediato, a mediano y largo plazo, tomando en cuenta el valor y respeto que los demás merecen.

Sin embargo, en las relaciones con nuestros seres queridos resulta más difícil la auto regulación. Algunas personas no se dan la oportunidad ni el tiempo de evaluar sus opciones –y sus consecuencias- frente a una situación. Sus reacciones son automáticas, y en un segundo pueden generar un disgusto con su pareja, o dañar una relación familiar. Para otros, esta dificultad afecta también otras relaciones sociales, y entonces se meten en problemas con extraños, pierden oportunidades de trabajo o, como se dice, se ponen la soga al cuello al generar situaciones tristes o desagradables. Tal es lo que encontramos en los ejemplos que vemos adelante.

Mamá o sargento de barracas

Una paciente que conocí, que llamaré Yoanni, amaba a su hija, pero era muy exigente con ella. La niña tenía 10 años y era alegre y risueña, pero tenía el sueño muy pesado y daba muchos problemas para levantarse en las mañanas, bañarse y arreglarse cada día. Yoanni tenía unos niveles de irritabilidad muy altos. Sólo le bastaba ver a su hija revoloteando y estirándose en la cama en las mañanas para ponerse furiosa con ella. Le gritaba "¡muévete, no seas tan lerda, ya deja de dar vueltas en la cama... pareces una idiota ahí dormida!" "¡Cuándo vas a aprender a comportarte y a crecer...! ¡Ya estás grande y actúas como una bebé!" Cuando Yoanni llegó a mi consulta estaba agobiada, entre otras razones, por las constantes peleas que tenía con su hija. Pero todo cambió cuando una maestra la citó a la escuela para contarle que habían encontrado a su hija llorando en el baño y diciendo que odiaba a su mamá. Se sintió terrible. Se dio cuenta que habían cosas más importantes que la dificultad de su hija de levantarse en las mañanas y que esa actitud tan crítica le estaba haciendo daño a su hija. Yoanni lo sabía: lo que sucedía era que reaccionaba con su hija por razones que nada tenían que ver con la situación... Era el peso de problemas que tenía en su vida que la volvían intolerante al hecho de que su hija era diferente a ella en muchos aspectos".

Soy dueño y tengo derecho de gritar

Vicente tenía cuarenta y tres años y era dueño de una pequeña compañía donde tenía cinco ayudantes. El negocio no iba bien y para colmo, unos extranjeros recién llegados, habían montado una compañía similar y le estaban haciendo una guerra de precios terrible y quitándole, uno tras otro, sus mejores clientes. Además, por tercera vez uno de sus colaboradores le renunciaba, y se iba a trabajar a una firma competidora. Vicente tendría nuevamente que reclutar personal para el puesto vacante.

Un día, uno de sus colaboradores más cercanos le comunicó que algo no estaba bien en la composición química de un producto de limpieza industrial que estaban fabricando. En ese momento Vicente reaccionó con ira. Tiró los papeles de su escritorio y salió gritando por la parte de atrás, donde estaba ubicado el taller. Su conducta no era nada extraordinaria; reaccionaba casi a diario ante cualquier cosa que lo frustrara. Reaccionaba con sus empleados, con sus proveedores y hasta con su esposa, que lo ayudaba en la contabilidad.

Un antiguo amigo de Vicente pasó por la oficina un día a saludarlo y presenció el final de uno de estos arrebatos... Tranquilamente le dijo: ¿no será por eso que se están yendo los empleados...? Mira, si yo trabajara contigo también estaría buscando a dónde irme..." En ese momento Vicente se puso las manos en la cabeza y se restregó los ojos con impotencia. Él sabía que era verdad lo que su amigo le decía. Vicente reaccionaba agresivamente siempre que se sentía frustrado.

Congelada frente a la supervisora

Salomé era una joven que empezaba su trabajo como maestra de Cuarto Grado de primaria en una escuela de la capital. Estaba feliz pues quería seguir estudiando y venía de trabajar como maestra rural en una población remota en el interior del país. No había pasado ni un mes de clases y ya había entablado amistad con varias de las otras maestras y se sentía que realmente estaba "encajando bien". Además, había iniciado unas reuniones con los padres de familia que habían resultado muy concurridas. Pero la situación con su jefa, la coordinadora de la sección de primaria era distinta. Esta coordinadora era conocida por ser muy dura con todos los docentes; pero con Salomé era peor... se podía percibir que tenía algo en su contra. Y Salomé no estaba acostumbrada a los comentarios irónicos de la coordinadora, y le dolían mucho.

Finalmente, en una reunión semanal, cuando Salomé contó cómo había puesto en marcha su programa de trabajo con todos los padres de familia, la Coordinadora dijo que "esos métodos podían servir en las áreas rurales, pero que en la ciudad las cosas eran diferentes y que los padres de familia no respondían bien a que los maestros los estuvieran citando". Luego hizo un comentario despectivo sobre la inocencia de las maestras recién graduadas y cambió de tema. Salomé sintió que se quedaba sin aire... la invadió un sentimiento de vergüenza y de ira, pero se quedó sentada, petrificada; y no pudo hablar ni decir nada el resto de la reunión.

Luego de un receso se levantó y se fue. Más tarde, otra maestra se le acercó y le preguntó "¿Qué te pasó Salomé... por qué no le dijiste nada a esa mujer?" Salomé no lo sabía, pero había reaccionado congelándose ante el rechazo, y el miedo. Había sentido temor de que una figura de autoridad le hiciera esos comentarios y que con ellos pudiera perder su oportunidad de mantenerse en la capital y hacer sus estudios de especialidad.

A celebrar con los amigos

Benjamín era un hombre de mediana edad, que desde hacía 5 años había desarrollado una diabetes. El médico le había recomendado una dieta sana y un régimen que excluía el alcohol, y a él le había parecido buena idea. Pero Benjamín era amigo de sus amigos, y cuando estos lo llamaban para pasar un rato juntos, él se excusaba diciendo: "¡uno no puede decirle que no a los amigos!" Por eso cuando sonaba el teléfono y eran los amigos, Benjamín se arreglaba y salía raudo con ellos. Los fines de semana eran los mejores para él: le gustaba ´relajarse´ viendo las carreras de caballos en el bar y tomarse unos tragos con los amigos. Pero desde hacía unos veinte días las cosas no eran iguales; Benjamín se había lastimado su pie derecho en un bar y las últimas semanas ha estado preocupado porque la herida no parecía cicatrizar.

Pero, cuando su esposa le dijo que tenía que cuidarse más e ir al médico, Benjamín la refutó diciendo cosas como: "si claro... como no eres tú la que tiene que ir...", o la ignora con desdén. Recientemente le gritó a su esposa: "¡déjame en paz... si necesito una enfermera te mando a buscar!"

En este ejemplo vemos a Benjamín reaccionar varias veces: Impulsivamente cediendo ante la presión de sus amigos, y reacciona agresivamente ante las sugerencias de cuidar su salud que le hacen el médico y su esposa. El temor de enfrentar su enfermedad y enfado por las restricciones que ésta le impone a sus hábitos, lo ciegan ante el peligro que se cierne sobre su salud. Además reacciona compulsivamente: ¡él tiene que ir a tomar con los amigos siempre! No hay autocontrol emocional ni hay maestría en su conducta. Finalmente, reacciona agresivamente contra su esposa, acusándola de controladora, sin ver que ella lo está tratando de ayudar.

Con estos ejemplos, vemos cómo las reacciones automáticas nos llevan a situaciones y lugares donde nunca hemos deseado estar. En todos estos casos las reacciones generan crisis: tanto en las relaciones de pareja que se desgastan, como en nuestra propia salud, que se deteriora producto de nuestro comportamiento automático.

Yoanni reaccionó agresivamente contra su hija por no entender que ella y su hija son dos personas totalmente diferentes. Vicente reaccionó agresivamente contra sus colaboradores pensando que todos tenían que tolerarlo porque él era el dueño. Salomé reaccionó congelándose, como a veces lo hacen las personas que sufren emociones y pensamientos de vergüenza. Benjamín reaccionó impulsiva y compulsivamente, como lo hacen las personas adictas.

Todos ellos reaccionaron producto de su incapacidad auto serenarse y de tolerar el malestar que les generan situaciones que no saben manejar, pero que forman parte de la vida diaria. Todas las personas reconocen la necesidad de aprender a responder pausadamente y con autocontrol. Es verdad que en algunos momentos una reacción rápida ante una situación de peligro es necesaria y muy apropiada. Sin embargo, saber controlar nuestras emociones en el hogar, en el lugar de trabajo y en la vida en general, es básico para tener una vida plena y satisfactoria.

En muchas circunstancias nos vendría mejor hacer silencio, pensar las cosas por un minuto o dos, y responder meditando bien nuestras opciones; eligiendo la respuesta que mayor beneficio nos traerá, no solo a corto, sino a largo plazo: pero no sabemos cómo.

Responder o Reaccionar: dos extremos de un continuo

Responder o reaccionar son posiciones que van de un extremo a otro en una línea. Las personas que reaccionan constantemente están en uno de esos extremos: son personas que tienen problemas una y otra vez por su incapacidad para identificar y manejar sus propias emociones. Parecen no saber cómo detenerse, revisar qué les está pasando, cuáles son sus propias emociones y pensamientos, y qué requiere de ellos la situación. Pueden ser personas que reaccionan impulsivamente o agresivamente con su familia, con sus compañeros de trabajo o en la calle con desconocidos. Otros pueden reaccionar aislándose o "congelándose", evitando el contacto con los demás, o simplemente paralizándose emocionalmente. Algunos reaccionan compulsivamente, repitiendo una y otra vez conductas que son perjudiciales o autodestructivas.

En el otro extremo de la línea están las personas con grandes niveles de reflexibidad. Son personas con gran capacidad para entender sus propios estados emocionales y los estados emocionales de los demás. Se conocen bien y entienden la naturaleza humana. Esto les ayuda a serenarse y manejarse en situaciones difíciles, callando, actuando o diciendo las palabras correctas. Sin exaltarse, saben salir airosas en las situaciones más penosas. La gente las busca como consejeras y son consideradas inteligentes, experimentadas, quizás hasta sabias. La mayoría de nosotros estamos en un punto más o menos en el centro entre los dos extremos, pero tenemos algunos hábitos y conductas negativas que nos llevan a reaccionar automáticamente en situaciones específicas.

Uno siempre enseña lo que tiene que aprender

Toda mi vida he tenido hábitos mentales que llamo 'venenosos', y de los cuales no me siento nada orgulloso. Quizás el primero en la lista fuera el negativismo que me lleva a tener reacciones de congelamiento, en las que suelo quedar paralizado sin saber qué decir; y el segundo sería mi tendencia a 'catastrofizar' las cosas, que me lleva a reaccionar impulsivamente en otras situaciones. Ambos me han hecho reaccionar en algunos momentos y han creado problemas que me han hecho sufrir a mí y a mis seres queridos. Cuando algunas cosas no salen como yo hubiera deseado; cuando surgen imprevistos o situaciones frustrantes; o sobre todo cuando no estoy "sintonizado" y en contacto conmigo mismo, se me hace difícil auto regularme emocionalmente y reacciono con negativismo e impulsivamente.

Aprender a responder tiene más que ver con aceptar que con rechazar. Aceptar que lo que pienso y siento es solo una forma entre muchas de ver las cosas. Aceptar además las diferencias, los desacuerdos, y las cosas que no me gustan de los otros o de mi mismo. En la medida en que más me conozco y me acepto con honestidad y humildad, me vuelvo más reflexivo, flexible y reacciono menos impulsivamente.

Este libro está escrito pensando en personas que quieren crecer, mejorar y desarrollar su potencial. Quiero aportar ideas y herramientas que fortalezcan el desarrollo personal y la madurez emocional de quienes lo lean. Mi interés es que al leerlo y al practicar las herramientas que en él se presentan, tú logres mayor satisfacción y tranquilidad, y una convivencia más plena con aquellas personas que son las más queridas en tu vida. Pero también está escrito para mí mismo.

La sabiduría Zen dice que "uno siempre enseña lo que tiene que aprender". En mi caso personal es cierto. Este libro surge como una respuesta a mí mismo. De hecho, lo que encontrarás en estas páginas está escrito reconociendo que somos "pasajeros en el mismo barco", y todos tenemos necesidad de crecer y mejorar.

Está dividido en dos partes. La primera parte, de los capítulos dos al seis, busca que entiendas cuáles tipos de reacciones automáticas tienes y cuáles son las cosas que te hacen reaccionar. Te propongo un esquema para entender los componentes mentales y emocionales que te hacen reaccionar. La segunda parte, de los capítulos del siete al once, busca ayudarte a saber qué hacer para evitar reaccionar. El objetivo es darle más fuerza a tu "yo interno" para desenredarse y alejarse de la reactividad emocional. En esta segunda parte te propongo nuevas formas de ver las cosas, nuevas formas de relacionarte contigo mismo y con los demás. A lo largo de todo el libro, mi invitación es a que juntos descubramos las cosas que podemos hacer para responder. Paso a paso aprenderemos formas concretas de lograr nuestra meta de responder más y reaccionar menos.

Al final de los capítulos del libro –del dos al diez– te propongo ejercicios y reflexiones sobre lo leído. Son una guía para sacarle más provecho a tu lectura. Te recomiendo que tengas un cuaderno o diario donde puedas escribir todas las ideas que vayas teniendo al trabajar los ejercicios de cada capítulo. Al escribir este libro aspiro a poder servir de vocero de ideas y experiencias –mías y de muchos maestros– y presentarte a ti un "arsenal de herramientas" que te ayude a desarrollar tu capacidad de responder con maestría ante cada situación de tu vida.

Con este libro deberías hacer como cuando vas a una farmacia en busca de medicinas: tomas lo que te ayude y dejas a un lado el resto". Mi recomendación es que poco a poco, con paciencia, vayas pensando en estas ideas, reflexionando y poniendo en práctica las herramientas posteriormente expuestas. Sobre todo, como decía el texto de la Desiderata, "sobre una sana disciplina, sé benigno contigo mismo".

Así como me ha ayudado a mí escribirlo, espero que te ayude a ti leerlo.

PRIMERA PARTE: REACCIONAR

No vayas mirando fuera de ti, entra en ti mismo, porque la verdad habita en la interioridad del hombre.

San Agustín

Reaccionar nos impide vivir más plenamente; nos hace esclavos de nuestras circunstancias y nuestras acciones. Pero tenemos que entender de dónde vienen las reacciones, qué tipo de reacciones tenemos y de qué están compuestas. En esta sección, entre los capítulos dos al seis, encontrarás herramientas para reconocer la diferencia entre una reacción y una respuesta, así como los diferentes tipos de reacciones que somos capaces de actuar las personas. En esta parte, también te propongo que hagas una prueba auto diagnóstica para determinar tu nivel de reactividad emocional y entiendas cuáles son los tipos de reacción automática que más utilizas.

Conocerás cuáles son los ingredientes de una reacción. En los capítulos cuatro y cinco te propongo, primero que revises los "hábitos venenosos", que son patrones mentales inconscientes que nos empujan a reaccionar automáticamente, y luego, que hagas una autoexploración para determinar qué emociones negativas están impulsando tu vida y llevándote a reaccionar. En el capítulo seis te propongo un panorama rápido de los aportes que hace la psico neurología moderna para entender qué está pasando dentro de nuestro cerebro cuando reaccionamos o cuando respondemos.

Para estos capítulos, al igual que para los de la segunda parte del libro, te ofrezco una serie de ideas, ejercicios y algunas pistas para reconocer cómo es tu proceso de reaccionar automáticamente y cómo empezar a detenerlo con herramientas sencillas que nos ayudan a responder más y reaccionar menos. Practicar estos ejercicios consistentemente te dará más oportunidad de cambiar tus conductas automáticas de una vez por todas.

2. ANATOMÍA DE LAS REACCIONES AUTOMÁTICAS

El maestro del arte de la emoción

Un ejemplo poderoso y siempre actual de la capacidad de responder aún en situaciones de mucho estrés es Jesús, al momento en que le traen a la mujer adúltera. Le dicen que la han encontrado siendo infiel a su marido. Jesús se agacha y se pone a dibujar símbolos y formas en la arena. La gente le habla pero Él se queda pensando y dibujando garabatos en la arena. Siempre he pensado que estaba dándose tiempo para procesar la complejidad de la situación y preparándose para responder. Estaba pensando qué decir a una mujer que ha cometido un error que tradicionalmente era severamente castigado en esa época. Está buscando un ángulo que ayudara a crecer emocionalmente a todos aquellos que la traían y la acusaban, sin reconocerse ellos como personas imperfectas; y que de paso le salvara la vida a la mujer que según la costumbre debía ser condenada a muerte por la vía de la lapidación.

La respuesta de Jesús demuestra su agudeza emocional y su capacidad de análisis de la naturaleza humana: "El que esté libre de pecado, que tire la primera piedra". Una respuesta que induce a todos los presentes a mirar hacia adentro, sentir vergüenza sana por su conducta irracional y su ira desenfrenada, y a la vez empatía hacia la mujer a quien querían lapidar hacía solo quince minutos atrás.

Todos podemos aspirar a responder con esa maestría, y a ser capaces de responder serenamente en momentos de tensión o peligro. Ese es uno de los retos y las oportunidades que tenemos como seres humanos. Responder implica que nuestra mente sortea entre un gran número de estímulos y procesos mentales (impulsos, ideas, sentimientos y recuerdos) propios y de las otras personas, y sale airosa con una respuesta bien pensada, no automática. La flexibilidad facilita la adaptación en situaciones inesperadas. Lo contrario es la rigidez, que se manifiesta en la incapacidad de aceptar que los planes cambien, o en la intolerancia ante la imperfección de los demás y de nuestra propia imperfección.

Cuando actuamos rígidamente no somos capaces de ver otros puntos de vista. Las personas que más reaccionan son aquellas que no pueden ver el punto de vista de otras personas. Nos aferramos a nuestro parecer, aun cuando la evidencia apunte hacia otra dirección. Cuando estamos cansados, con hambre, frustrados, decepcionados, o disgustados, podemos perder la capacidad de mantener una actitud abierta ante los acontecimientos de nuestra vida diaria.

Por ejemplo, Martín era un hombre serio y parco, pero de un corazón enorme. Cuando le pegó y le gritó a su hijo por haber traído malas calificaciones en el reporte mensual se sintió terrible. Martín había reaccionado impulsiva, agresiva y violentamente contra su hijo. No supo serenarse y evaluar cuál era la mejor manera de manejar la situación. No había podido ver fríamente la situación y contemplar diferentes opciones. Tampoco pensó en las consecuencias que el castigo físico y los gritos pueden generar en los niños. En vez de sentarse a conversar con él para ver qué le estaba pasando, Martín había explotado con una reacción agresiva. Es cierto que él también estaba estresado por las quejas de su esposa y se sentía culpable por pasar tanto tiempo en el trabajo y dejarla a ella con toda la carga de los niños.

Pero si tan solo hubiera podido pensarlo un poco, guardar silencio, respirar y tratar de darse cuenta... Y entender qué podía estar pasándole a su hijo y a él mismo. Así Martín hubiera logrado disipar su enojo, mientras pensaba cómo responder a su hijo, tomando en cuenta la situación específica.

¿Cuáles son tus definiciones de responder y de reaccionar?

Increiblemente, al preguntarles a los participantes en nuestros talleres de crecimiento personal cuál es la diferencia entre responder y reaccionar, algunas personas entendían claramente la diferencia, pero otras consideraban que ambas palabras eran similares. La realidad es que no lo son. Entonces añadíamos las palabras responder 'reflexivamente' y reaccionar 'automáticamente'. Ahora sí todos podían ver las diferencias.

Un hombre de unos treinta y cinco años me dijo que reaccionar "era hacer algo de forma inesperada y sin pensar consecuencias", mientras que responder era "actuar de manera controlada frente a una acción". Su definición era muy buena: algo inesperado sin pensar en consecuencias, frente a algo planeado y controlado.

En efecto, una de las piedras angulares de la madurez es la capacidad de responder dependiendo del momento y manejando bien las emociones de malestar o desagradables que podemos sentir en un momento dado. He aquí algunas de las diferencias mencionadas por diferentes personas.

Reaccionar	Responder
"Es una acción sin pensar."	"Tiene que ver con pensar bien antes de actuar."
"Dices lo primero que se te viene a la mente."	"Al responder, se abre una línea de comunicación: tú tratas de buscar una solución".
"Es algo inmediato, es como un impulso."	
"Cuando reaccionas, tratas de defenderte."	"Es una conducta producto de análisis y de una reflexión."
"Es un reflejo espontáneo."	"Me separo y veo las cosas de una visual diferente."
"Puede ser algo pasivo pero en el fondo es agresivo y rápido."	"Piensas un poquito más, analizas la situación." "Se asocia con hacer las cosas de manera meditada."
"Como un 'flash'... Puede ser algo violento."	
"Es contestar con sobresalto, asustarse innecesariamente por cualquier cosa."	"Es poder contestarle bien a una persona"
"Es algo de lo que te puedes arrepentir después."	"Algo racional."

Como vemos, este acto de responder implica tres habilidades:

1. Crear un espacio de tiempo para entender lo que está pasando dentro de nosotros y en las personas que están alrededor en ese momento, evaluando las opciones que tenemos por delante.

2. Auto serenarnos e inhibir nuestras reacciones automáticas ante situaciones irritantes, vergonzosas o atemorizantes.

3. Postergar el deseo de hacer lo que nos provoca automáticamente, de calmar el ansia de "devolver el golpe" o de conseguir lo que nuestros deseos ansían.

Haciendo cada una de estas cosas logramos evitar nuestras reacciones negativas. Veamos un ejemplo de dos adolescentes que enfrentan una situación muy parecida, una decepción amorosa, pero que deciden manejar de maneras muy diferentes.

Las diferencias entre Gabriela y Mery

Gabriela y Mery son amigas desde la infancia. Las dos tienen 22 años, y asisten a la universidad: Mery estudia leyes y Gabriela estudia ingeniería. Cada una ha tenido novio desde que cursaban el onceavo grado de educación media. Justo en este momento, ambas se acaban de enterar que sus novios, Luis y Pedro, están saliendo con otras chicas.

Gabriela está destrozada: se pasa 4 días en la cama y no quiere comer ni salir. Luis la llama insistentemente, pero ella no le contesta ninguna llamada. Sus padres están empezando a preocuparse. Pero al quinto día, se levanta temprano, sale a hacer ejercicio, regresa, se baña, desayuna y llama a Luis. Lo cita en una cafetería y tiene una conversación con su ahora "ex novio", y aclara puntos que necesitaba saber. Luego de una hora de conversación, Luis le pide perdón e insinúa que desea volver a intentarlo pero Gabriela lo dice que no, que ya no es posible volver a la relación que tenían en el pasado. Lo evade y se va, triste aún, pero ya mucho más tranquila.

Ahora, vayamos a la habitación de Mery, quien también está destrozada. Lleva varios días sin comer y está encerrada en su cuarto. Por las noches ha empezado a ir a la cocina, se sirve licor en un vaso y vuelve a su cuarto. Sabe horrible, pero igual se lo toma mientras revisa fotos y cartas de ella y Pedro. En la desesperación, empieza a llamarlo a altas horas de la noche y cuando él contesta, se queda sin hablarle. De día, Mery dedica su tiempo a averiguar todo lo que puede acerca de la joven con quien Pedro ha empezado a salir. Logró conseguir el teléfono y cuando la chica contesta le tira el teléfono. Han pasado dos semanas y Mery está aún en la misma situación. Sin ánimo va a clases, y se dedica a perseguir a Pedro, quien no quiere tenerla cerca. Un día, cuando Pedro sale en su carro, ella lo sigue e iba tan embebida en sus pensamientos que no vio venir a un auto por la vía contraria y tuvo un accidente, que gracias a Dios no fue fatal. Sus padres están muy preocupados.

La diferencia entre Gabriela y Mery está en la capacidad que una tiene y otra no, para analizar lo que les está pasando, ver sus propios estados mentales, separarse de sus propias emociones, sin tener que reaccionar automáticamente. La diferencia está en la diferente capacidad que cada una tiene de darse cuenta de cómo está pensando sobre lo que le está pasando.

Los expertos llaman "mentalización" a esa capacidad, y es lo que hace que Gabriela pueda responder y Mery no. Gabriela tolera el malestar emocional y se consuela a sí misma. Aún cuando se siente muy triste, tiene una idea clara de que lo que está viviendo con su ex novio es parte de la vida, y sabe que vendrán otras oportunidades. Gabriela además tiene una sólida capacidad de auto consuelo y de autorregulación emocional. Sabe reconocer que el mundo no se acabará por eso y que su novio no la merece. de su novio porque reconoce que él no la merece. A pesar de ser bastante joven, Gabriela ya es capaz de analizar la situación que está viviendo y puede decidir cuál es el mejor curso a seguir.

Reaccionar o Responder

Mery, lamentablemente, tiene otra percepción de las cosas, y construye una realidad muy diferente. Para ella, el final de la relación con Pedro, también es terrible, pero a diferencia de su amiga Mary, no tiene la capacidad de consolarse y de regular sus emociones para poder poner en perspectiva el dolor que siente y poder decirse a si misma: "Esto será duro, pero encontraré la salida. Todo va a estar bien"

Esa incapacidad la lleva a reaccionar automáticamente, cometiendo errores que después la avergüenzan y que pueden resultar sumamente peligrosos. Mery está 'pegada' a su ex-novio. Sin él, ella siente que no puede vivir. Finalmente, la diferencia entre Gabriela y Mery está en la capacidad que cada una tiene de responder.

Las reacciones de Mery nos pueden ayudar a empezar a entender dos conceptos fundamentales: Primero el concepto de construcción mental de la realidad, que es básico para aprender a responder. Para ahorrar palabras, Mery construyó una realidad en su mente en donde la vida no tenía sentido sin Pedro. Ella anuló toda información valiosa acerca de sí misma, de sus intereses diversos, las otras personas que la querían, que eran sus amigos, sus metas y planes, sus gustos. Quedó atrapada por esa construcción mental ineficiente.

En segundo lugar, Mery no estaba regulando o calibrando bien sus emociones. La auto regulación emocional es el pilar fundamental de la capacidad de responder mesuradamente. La auto regulación emocional es la capacidad de calmarnos ante una situación perturbadora. Eso nos da tiempo a pensar qué hacer. También nos permite serenarnos cuando hay un peligro para poder tomar distancia y evaluar la situación.

De igual manera, usamos auto regulación emocional cuando persistimos aún cuando estemos cansados o molestos, porque sabemos que es menester completar una tarea que nos corresponde hacer o que tiene que ver con una meta. Auto regulación emocional también es la capacidad de hacer algo para distraernos cuando estamos irritados o estresados: saber descansar cuando estamos muy cansados; saber callarnos cuando nos damos cuenta que nuestro interlocutor no ha hablado en los últimos cinco minutos, etc.

Estas estrategias se desarrollan cuando somos capaces de entender nuestra conducta y la de los demás; y cuando somos capaces de ponernos en los zapatos de las otras personas, pensando cómo se sentirán, y qué deseos, sentimientos y creencias tendrán.

Generalmente, pensamos que "la gente", "las cosas", y "todo lo de afuera" es lo que nos hacen reaccionar. Pero pensar que nuestra conducta está determinada únicamente por las circunstancias externas a nosotros es una creencia distorsionada. No somos víctimas pasivas de los demás. No porque las personas que 'me' hagan algo tenemos que reaccionar. No porque el ambiente 'me' genere situaciones difíciles tenemos que reaccionar. No porque mi historia pasada sea triste o la vida me esté haciendo una mala jugada tenemos que reaccionar.

Visto así, nos justificamos en pensar que no podemos hacer nada para evitar reaccionar, porque son "los demás" los que nos hacen comportarnos impulsivamente. Cuando caemos en ese error, no comprendemos que el verdadero control está en la actitud que decidimos tomar frente a los hechos que nos ocurren. Tal y como nos lo enseñó Gabriela en el ejemplo anterior, la capacidad de responder viene de adentro y tiene que ver con nuestro diálogo interno, con nuestra evaluación de las circunstancias, y con nuestra capacidad de auto serenarnos.

¿Qué pasa después de una reacción?

Sabemos cuándo hemos reaccionado y reconocemos que el curso de acción no ha sido el adecuado. A veces, después de la reacción sentimos culpa, quedamos muy confundidos o sentimos vergüenza. Todos tenemos diferentes disposiciones a reaccionar y esto se debe a factores como nuestras experiencias pasadas, nuestra constitución genética, el nivel de estrés que tenemos en ese momento y nuestra capacidad de manejar ese estrés; y hasta el contagio social de parte de nuestro grupo de amigos y conocidos.

Por ejemplo, Laura y Lucas eran una pareja que tenían tres hijos y vivían en las afueras de la ciudad. Laura se estaba sintiendo enferma; seguía con las alergias y además tenía un cansancio acumulado de varias semanas agotadoras de trabajo. Según ella misma me contaba, lo que la había hecho reaccionar ese sábado en la mañana había sido que su esposo le dijera que se iba temprano a trabajar y en vez de eso, se hubiera ido a la casa de sus padres. Cuando Laura oyó a Lucas por el teléfono se transformó: empezó a gritarle "¡eres un desconsiderado!, ¡yo estoy enferma y tú te fuiste a tomar un café con tu papá!", "¡no quiero volver a saber de ti... eres un bueno para nada!" y siguió insultándolo durante al menos un minuto. El cansancio, la frustración y quizás la tristeza, se habían apoderado de Laura al enterarse que su esposo se había ido a pasar un buen rato mientras ella se quedaba enferma y con las responsabilidades de la casa. Lucas a su vez reaccionó con ira desde el otro teléfono. Le había gritado a Laura que era una loca y que si no era por una cosa era por la otra, y acto seguido le tiró el teléfono.

Luego de la reacción, los dos se sintieron avergonzados, tristes y culpables..., pero fueron capaces de observar cada una de las reacciones que los dos habían hecho hasta llegar la pelea que acababan de tener. Hicieron un plan para empezar a tratar de notar y darse cuenta cuando se estaban alterando e hicieron un plan para detener las discusiones antes que se salieran fuera de control.

Cuando pienso en algunos de los errores que yo (Carlos) he cometido en mi vida, generalmente han sido momentos en que me he sentido atacado o rechazado y he reaccionado, o momentos en que me he quedado congelado de miedo y no he sabido que decir o hacer. Por lo general, mi reacción es hacer algún comentario agresivo o sarcástico producto del enojo. Más tarde, cuando logro serenarme termino pensando que no debí decir o hacer esto o aquello. Sin embargo, curiosamente, también me ha ocurrido a veces todo lo contrario: En el momento que se da la situación, he pensado decir o hacer algo, pero me he quedado congelado, sin poder hablar, y dejando que otros tomen la iniciativa o reafirmen su punto de vista en la conversación como si fuera la única verdad. Esas veces regreso a la casa pensando, "debí haber dicho esto o aquello". Con más frecuencia de lo que quisiera admitir, mi comportamiento está salpicado de reacciones, mínimas y sin mayor trascendencia la mayor parte de las veces, pero otras veces no tan pequeñas y con consecuencias más importantes.

Generalmente pensamos y sentimos que hemos reaccionado mal cuando hemos actuado impulsivamente con nuestros seres queridos o con personas que son importantes para nosotros, pero aparte de ese tipo de reacción encontramos otras. Veamos cuáles son los ocho tipos de reacciones automáticas.

¿Cuáles son los tipos de reacciones automáticas?

Las personas reaccionamos de diferentes maneras. Desde la irritabilidad y la intolerancia, hasta las reacciones pasivo-agresivas y de violencia, las personas reaccionamos de ocho formas diferentes:

1. Reacciones de Irritabilidad e Intolerancia

Son reacciones mínimas con poca manifestación visible, acompañadas de una emoción de fastidio o enfado, desencadenadas por situaciones molestas. A veces las reacciones de irritabilidad o intolerancia son prácticamente imperceptibles para los demás.

La irritabilidad es la sensación automática de desagrado cuando ocurre algo diferente de lo que nos parece apropiado. Se caracteriza por una hipersensibilidad a los estímulos externos que lleva a una conducta desproporcionada a la situación. Algunas personas son más irritables que otras. Algunas veces la irritabilidad es visible a través de reacciones impulsivas o agresivas, como malas contestaciones, malos gestos, o conducta agresiva; otras veces pasa desapercibida, acumulándose y acumulándose, hasta que la persona revienta.

La intolerancia se caracteriza por una actitud y una conducta 'cerrada' frente al otro, de modo particular con ese otro que definimos como 'diferente', 'distinto' o 'raro'. Las reacciones de irritabilidad e intolerancia se diferencian de otros tipos de reacciones en que, algunas veces, casi ni se notan (una persona puede estar irritada y casi no demostrarlo) y otras veces, son muy fáciles de detectar por quienes tenemos cerca. Por lo general, nuestra intolerancia se dirige a nuestra pareja, nuestros amigos, nuestros padres o hijos. Estamos tan acostumbrados a comportarnos de esa forma que ni siquiera nos damos cuenta de nuestras reacciones.

2. Reacciones impulsivas

Son intentos de rechazar una situación que nos causa incomodidad o un esfuerzo automático de acercarnos a algo que nos interesa. Todo sin que medie un pensamiento racional en el proceso. Se manifiestan en conductas como:

- Una conducta socialmente inapropiada, que produce efectos contraproducentes.
- Comentarios inapropiados o fuera de tono en la conversación con otras personas.
- Cambios injustificados o conductas momentáneas erráticas y sin sentido.
- Cambios radicales de actitud hacia una persona, luego de haber creído percibir algún rechazo.
- Una conducta sin justificación aparente, que cambia el curso de los eventos esperados.

Las reacciones impulsivas hacen que los demás nos consideren personas con poco control. Las reacciones impulsivas se despliegan a veces en comentarios discordantes o inapropiados, y pueden convertirse en reacciones agresivas, con solo un cambio de intensidad.

3. Reacciones Compulsivas

Algunas personas tienden a reaccionar, una y otra vez, con conductas autodestructivas o peligrosas, que parecen retar la lógica y el sentido común. Estas personas experimentan algo muy fuerte y automático que los lleva a repetir la conducta. Los drogadictos y los alcohólicos comparten con los demás adictos (al sexo, las compras, la comida, el trabajo, etc.) la sensación de "no poder parar" una vez que el deseo de consumir o actuar aparece en su mente.

Los adictos también comparten una necesidad por satisfacer la urgencia de consumir o realizar la conducta, así como el uso continuo de la substancia de preferencia a pesar de las consecuencias negativas que ésta les genere. El abuso de substancias, o dependencia química es una enfermedad crónica que genera un espiral de deterioro y reacciones impulsivas de todo tipo, y que puede terminar con la destrucción de la vida profesional, de la pareja o la familia. O hasta en la locura o la muerte. El tratamiento de las adicciones, a través centros y profesionales especializados suele ser exitoso, pero requiere de componentes como abstinencia total, un programa intensivo, asistencia grupos de apoyo como alcohólicos anónimos, además de apoyo psicofarmacológico, terapias psico-educativas y terapias grupales, e individuales.

4. Reacciones Agresivas

Quizás éste sea el grupo más amplio. Se trata de reacciones que se expresan con una gran intensidad de energía luego de que algo nos ha molestado. Siempre llevan una intencionalidad de atacar aquello que nos irrita o perturba. Generalmente son el siguiente eslabón luego de la irritabilidad, la intolerancia y la impulsividad. Las reacciones agresivas crean un ambiente de tensión e incomodidad en nosotros mismos o en otras personas. La gran mayoría de reacciones agresivas no conducen a agresión física ni a violencia. Surgen de una experiencia subjetiva de malestar, irritabilidad e intolerancia y se despliegan en palabras, frases o gestos negativos con amigos, familiares, compañeros de trabajo o extraños. Un manotazo en la mesa, un tono de voz alto, una palabra subida de tono o una grosería, etc., son algunos ejemplos. Injuriar o hacer un gesto negativo o de desdén al sentirnos agraviados; decir vulgaridades o improperios al sentirnos heridos, amenazados o atacados, todos son ejemplos de reacciones agresivas.

También reaccionamos con súbita energía hacia nosotros mismos, y somos capaces de decirnos los peores de los insultos. Todas estas reacciones demuestran que en la base existen sentimientos de enojo, frustración, disgusto, ira o hasta furia hacia otras personas o circunstancias, o hacia nosotros mismos. Experimentamos disgusto e ira ante situaciones que representan algo inesperado, inapropiado o ante lo cual sentimos peligro. El peligro puede ser físico algunas veces, pero generalmente es emocional o psicológico y pone en entredicho nuestra autoestima. Muchas veces es algo tan simple, como una situación que nos lleva a sentirnos que nos están 'tomando el pelo' o aprovechándose de nosotros.

Se quedó sin pintar su casa

Un paciente me contó que durante varios meses había estado tratando de conseguir un pintor para que pintara toda su casa, y además reparara algunas paredes que se habían agrietado. Cuando al fin consiguió a una persona que, además venía muy bien recomendada y que parecía responsable, ocurrió lo inesperado. Cuando el contratista le presentó la cotización del trabajo, el hombre se disgustó sobremanera y lo cuestionó agriamente, hiriéndolo al decirle cosas tales como "¡por esa plata yo tiro la casa y la vuelvo a construir...!" o "¿acaso vas a construirte tu mismo una casa con el dinero que quieres hacer conmigo...!". Y seguía agrediendo y desvalorizando el trabajo que haría el pintor, mientras hacía gestos que demostraban que consideraba que el precio era ridículo.

Al final, la forma en que trató al contratista hizo que éste dejase sin terminar la obra, no cobrara el trabajo y no volviera más. Más tarde, este hombre se quejaba de cómo su impulsividad y su desconfianza le habían llevado a perder esta oportunidad de arreglar su casa en ese momento y mejorar su calidad de vida. Demoró varias semanas más en conseguir a otra persona, que finalmente le cobró lo mismo que proponía el primero.

Como hemos visto, las reacciones agresivas gravitan alrededor de los siguientes elementos conductuales:

- Levantar la voz. Interrumpir groseramente a los demás.
- Hacer comentarios acusatorios a interlocutores o terceras personas (ejemplo: "yo sé que lo hiciste a propósito, tú eres siempre así").
- Insultar.
- Usar palabras vulgares con nuestro interlocutor o hacia terceros (ejemplo: "¡Eres un perro desagraciado!")
- Hacer gestos agresivos: (ejemplo: señalar con el dedo acusador, manotear, etc.). Asumir una postura corporal desafiante, inclinarse hacia delante.
- Frases terminantes y que suponen imposibilidad de un cambio (ejemplo: "Algún día me las pagará". "Lo odio con toda mi alma").

La agresividad es más común de lo que quisiéramos admitir. Todos reaccionamos con agresividad en un momento u otro. Las reacciones agresivas son frecuentes. Pero hay una diferencia medular entre la agresión y la violencia. Las reacciones agresivas generalmente son rápidas y breves y ocasionan daño emocional a otras personas. Pero las reacciones violentas ocasionan, además, daños físicos y consecuencias negativas aún más severas.

5. Reacciones violentas

Cuando la irritabilidad, agresividad e intolerancia se transforman en un comportamiento físico que va encaminado a hacer daño físico a otra persona, o a alguna propiedad u objeto, estamos hablando de reacciones violentas. Golpes, pellizcos, trompones, romper platos, tirar papeles, etc., son ejemplo de reacciones violentas. Tirar los cubiertos en la mesa cuando no nos gusta el tema que se está conversando o hundir el acelerador de nuestro auto para evitar que otro conductor nos rebase, son también ejemplos de reacciones violentas que van encaminadas a asustar, hacer daño o destruir algo o a alguien. Las personas que reaccionan violentamente buscan dañar a la persona que agreden (como los hombres que golpean a sus esposas), o buscan dañarse a sí mismos a través de conductas autodestructivas.

Las personas violentas necesitan ayuda profesional. Sus reacciones son peligrosas y no desaparecen por sí mismas. Si al leer estas líneas te das cuenta que tienes reacciones de violencia o que estás viviendo en una relación donde hay violencia, debes buscar ayuda profesional. Necesitas la ayuda de una persona experta (psicóloga, psiquiatra, entre otras) para poder desaprender tus reacciones violentas. Es tu responsabilidad buscar esa ayuda. Debes hacerlo hablando con tu médico para que te oriente y te guíe a encontrar los servicios de salud mental de tu ciudad. También puedes preguntar en tu iglesia, los servicios de psicología y psiquiatría que conozcas, o los servicios de medicina familiar.

6. Reacciones de congelamiento

También reaccionamos quedándonos fríos ante un estímulo desconocido. Esa paralización se convierte en un problema cuando lo que se requiere de nosotros –para nuestro propio beneficio– es que tomemos una acción. Este tipo de reacción generalmente viene acompañada de una emoción de miedo o temor, cuando nos sentimos amenazados por alguna situación o una persona, o ante un estímulo que activa alguna memoria implícita de vergüenza. Parecida a la paralización es la indecisión. A veces somos incapaces de tomar una u otra acción, nos quedamos en una especie de paralización mientras el mundo se mueve alrededor de nosotros. Las reacciones de indecisión también son típicas ante los miedos difusos o vagos que no podemos entender y definir. Esta es la situación típica cuando no podemos decidir qué es lo que queremos y nos quedamos "varados", entre una opción y otra.

Las reacciones de paralización están vinculadas a las emociones de vergüenza o miedo. Es como si quedáramos expuestos o desnudos, y ante ello, una reacción típica es quedar –al menos inicialmente– inmóviles.

Serio y callado, mirando al vacío

Joaquín era un hombre humilde, que había conseguido trabajo en una importante compañía del país a punta de esfuerzo y trabajo; y estaba contento por su logro. Pero tenía problemas con su jefe, quien era hosco, grosero y de muy pocas palabras. Experimentamos disgusto e ira ante situaciones que representan algo inesperado, inapropiado o ante lo cual sentimos peligro. Joaquín se congelaba cuando algo como esto ocurría. No podía defenderse: se quedaba serio, callado y mirando al vacío. En las mañanas en su casa, entraba en tensión interna anticipando la reunión de la mañana y todo su cuerpo se preparaba para ser atacado. Se tomaba muy a pecho lo que el jefe decía y dejaba que esto le impactara y cambiara su estado de ánimo. El resto del equipo parecía no darse cuenta o hacía como si nada. Pero para Joaquín, esas reuniones de quince minutos al inicio del día, lo dejaban drenado emocionalmente. Tardaba varias horas en recomponerse y su productividad bajaba. No había aprendido cómo hacerse respetar por la gente, y particularmente no había aprendido a ponerle límites al jefe.

7. Reacciones de aislamiento y evitación

Podemos reaccionar alejándonos o huyendo de la situación que nos hiere, incomoda o atemoriza. Pueden ser situaciones sociales específicas, como una fiesta, una reunión familiar o una conferencia de trabajo. Este es el caso de las personas tímidas. La timidez representa una dificultad para una de cada diez personas. Algunas personas tímidas se ponen ansiosas al interactuar con gente extraña y generalmente dejan de hacer cosas por temor a ser rechazadas por los demás. Las personas tímidas son muy cautelosas y no se arriesgan a equivocarse o a ser rechazadas. Sin embargo, todos podemos reaccionar con evitación, aislamiento o abandono cuando nos sentimos tristes, incomprendidos o simplemente, no tomados en cuenta. Podemos encogernos de hombros, retirarnos y recluirnos en nuestro cuarto o algún lugar que nos dé la sensación de seguridad cuando nos sentimos maltratados o incomprendidos. Uno de los peligros de este tipo de reacción es que con el tiempo puede llegar a degenerar depresión.

8. Reacciones pasivo-agresivas

Una última forma de reacciones es la agresividad pasiva. Quizás tan común como las anteriores, pero menos comprendida. Algunas personas reaccionan de esta manera para desquitarse de alguna situación o persona que les incomoda. Y llegan a hacer de esto su mecanismo para relacionarse con la gente.

Veamos ahora una situación que combina reacciones pasivo agresivas por un lado, y reacciones de aislamiento y evitación por otro. Josefa, Amanda y Camila eran tres amigas que acostumbran a reunirse todos los viernes para ir al cine o tomar café. Dos de ellas Amanda y Camila, son mujeres maduras, con hijos adultos, una casada y la otra divorciada. La tercera, Josefa, nunca se casó ni tuvo hijos, sino que concentró sus energías en una carrera profesional que la llenaba y con la que se sentía plena y satisfecha. Últimamente Josefa ha narrado varios de sus éxitos profesionales de los últimos meses. De repente, las otras dos han empezado a comentar más y más anécdotas familiares, así como los logros de sus hijos y nietos y, en varias ocasiones, como sin querer, le recuerdan a la primera que ella se ha quedado sola.

Josefa, por los años de amistad no se atreve a reclamarles nada a sus amigas en las reuniones, pero ha empezado a buscar compromisos sociales o laborales que choquen con los días y horas de sus reuniones de sus amigos, a fin de tener excusas válidas para no asistir y no pasar una tarde de lo que ella siente, son críticas y envidia. Esta mujer está reaccionando con aislamiento y evitación. Sus amigas posiblemente están reaccionando con agresividad pasiva. Sus reacciones automáticas, de parte y parte, están alejándolas y privándolas a las tres de una amistad fructífera y plena, que les aporta satisfacción y sentido de continuidad en sus vidas.

La agresividad pasiva es una forma sutil de hacer daño a aquella persona que nos molesta. Cuando alguien nos agrede pasivamente nos sentimos confundidos y frustrados. La agresividad pasiva siempre genera malestar y desconfianza.

Como hemos visto, cada una de estas ocho reacciones automáticas, puede tener una razón "supuestamente" válida. Por ejemplo, es importante poner límite a las personas que quieren abusar de nosotros. A veces una palabra firme, dicha en el momento justo, ubica a quién nos está agrediendo, y le permite saber que no nos puede maltratar. A veces puede ser apropiado reaccionar violentamente cuando existe una situación de agresión física contra nosotros. De igual manera, puede ser apropiado paralizarnos ante una situación de mucho peligro o totalmente desconocida, en donde cualquier movimiento de nuestra parte, puede tener consecuencias catastróficas. Finalmente, huir puede ser apropiado, cuando el estímulo que nos arremete es sumamente peligroso.

Todos estos son ejemplos de reacciones adecuadas. Sin embargo, muchas veces estas mismas reacciones se convierten en patrones inadecuados y problemáticos que nos alejan de nuestros mejores intereses y nos crean problemas, en lugar de solucionarlos.

Desde el punto de vista de la intensidad y del momento en que ocurren, también las reacciones pueden ser de varios tipos. Puede tratarse de una reacción inesperada, que sale aparentemente de la nada, y que así como apareció, así mismo desaparece. Por otro lado, están las reacciones que surgen cuando la realidad nos molesta y no la toleramos: son el tipo de reacciones que más bien provienen de un estado de alerta crónico o desconfianza excesiva, y que nos llevan a vivir de sobresalto en sobresalto.

Algunas personas reaccionan aislándose, otras reaccionan retirándose pasivamente de la situación. Pero la mayor parte de las personas que tienen problemas con sus reacciones, presentan reacciones impulsivas; es decir, tienen pequeñas o grandes explosiones de ira y enfado, y conductas agresivas de palabra o físicas hacia los demás.

¿Es siempre perjudicial reaccionar?

Hasta ahora hemos hablado de cómo reaccionar automáticamente, nos causa problemas en las relaciones interpersonales de la vida diaria. Pero no siempre reaccionar es negativo. Y es importante que podamos hablar también de las consecuencias positivas de reaccionar automáticamente en ocasiones muy puntuales.

Hay veces en que es fundamental reaccionar, y nuestra capacidad de reaccionar agresiva o impulsivamente puede representar una ventaja real. Reaccionar es negativo, dependiendo del momento y las circunstancias. Podemos hablar de dos tipos de reacciones que son positivas. Por un lado tenemos las **reacciones intuitivas** que surgen de la capacidad vertiginosa de análisis que algunas personas tienen al entender los hechos y las situaciones de la vida diaria. El otro tipo son **reacciones de supervivencia**, autoprotección o protección de otros. Son reacciones impulsivas, pero que lejos de causar molestia o daño, sirven para proteger nuestra vida, o la de otras personas, de un peligro real.

Hace muchos años, cuando éramos apenas unos adolescentes de escuela secundaria, mi amigo Boli había empezado a apostar en las carreras de caballos en el Hipódromo Presidente Remón, en la ciudad de Panamá. Un día, justo antes de entrar en la escuela, mi amigo le había pedido a otro muchacho que le hiciera una apuesta en la cuarta carrera de la tarde. Le había dado tres dólares para que los apostara a "Portentoso". Horas después cuando Portentoso había ganado la carrera y pagaba ciento treinta dólares a ganador, Boli estaba frotándose las manos... Había pensado darle un regalo al muchacho que le había hecho el favor de poner la apuesta en la agencia de apuestas. Pero el muchacho que había hecho el mandado tenía otra idea: Cuando Boli le preguntó por el dinero, le dijo que había llegado tarde y no había podido poner las apuestas, y le devolvió los tres dólares.

Se enfrascaron en una discusión que llegó a los puños, y después de una rápida revolcada por el piso, el otro muchacho, más grande en edad y tamaño, tenía a mi amigo fuertemente agarrado por el cuello y lo arrastraba a toda velocidad hacia la base de un poste del tendido eléctrico que estaba a escasos metros de distancia. Entonces, Boli agarró a su contrincante por la cintura y en el último momento lo hizo chocarse de cara contra el poste.

El otro muchacho quedó tendido en el suelo con la cara ensangrentada. La reacción de mi amigo lo había salvado de un golpe peligroso. Había sido una reacción de supervivencia, violenta, que cambió el curso de los eventos en una fracción de segundo. Además, este evento desencadenaría otros cambios positivos para mi amigo. La experiencia le había servido para entender otra cosa: apostar no valía la pena, y nunca más, hasta la fecha, volvió a participar en juegos de azar.

Finalmente, otro ejemplo de reacción, la reacción intuitiva. Don Iván era un hombre lleno de anécdotas de historias del pueblito donde había nacido, en su natal Colombia. De unos 65 años, retirado de sus negocios, había depositado buena parte de sus ahorros en un banco que estaba dando muy buenos intereses. Hacía poco había visto anuncios en la prensa de un fondo de inversiones vinculado al banco, que prometía los mejores intereses jamás vistos en la plaza. Leyendo el periódico una mañana, frente a su café, Don Iván pensó: "La verdad es que es rara tanta propaganda. Esos intereses tan altos parecen cosa de cuentos de hadas..."

Terminó su taza de café, se despidió de su esposa y fue al banco. Ese día, y para sorpresa de la cajera, de la oficial y hasta del gerente del banco, decidió sacar todo su dinero y cerrar sus cuentas. El gerente trató de averiguar qué pasaba y por qué lo hacía; si acaso había tenido alguna mala experiencia, o pasado algo. ¡Nada...! Don Iván estaba satisfecho con el trato recibido en el banco, las muchachas lo atendían muy bien y él siempre les traía galletitas y dulces de leche... Pero había venido a cerrar la cuenta. Se le explicó que habría una penalización por retirar el dinero antes del vencimiento de los plazos y él lo aceptó. Hizo una transferencia y dejó sólo la cantidad mínima para mantener una cuenta abierta: diez dólares.

Iván había reaccionado impulsivamente, siguiendo su intuición, porque algo le había hecho saber que las cosas no podían ser así de fáciles... ¡y había acertado! Tres días después la tenedora de bienes del fondo de inversiones quebró, el gerente salió huyendo del país y el banco anunciaba su quiebra. Cientos de cuenta habientes perdieron su dinero.

En casos como los que he mencionado, la capacidad de reaccionar automáticamente puede representar la diferencia entre la vida y la muerte, entre ser vencedor o perdedor en una pelea callejera, o entre conservar o perder todo su dinero. Sin embargo, no debemos romantizar las reacciones impulsivas, puesto que en la mayoría de los casos, las reacciones automáticas, lejos de ayudarnos, nos hacen daño e impiden que logremos nuestros objetivos.

Estos ejemplos y la discusión sobre las formas "buenas" de reaccionar, nos dan información sobre cuándo reaccionar automáticamente es conducente a una buena adaptación de la persona en su medio ambiente, tanto así que para algunos investigadores, la capacidad de reaccionar "moderadamente", es un signo de adaptabilidad e inteligencia. No obstante, reaccionar nos hace daño cuando la reacción es impulsiva y se ve influida por los venenos de la ira, la ambición o la ignorancia, o cuando la reacción es producto de errores que hemos cometido al "construir la realidad".

Adelante tienes unos ejercicios para conocer y evaluar tu propia reactividad.

En el próximo capítulo veremos en detalle qué cosas dentro de nosotros mismos hacen que sea tan fácil reaccionar automáticamente y tan difícil responder.

Preguntas, reflexiones y ejercicios del capítulo 2

1. Piensa en dos o tres ejemplos de reacciones automáticas que hayas tenido en las últimas semanas (típicamente después de haberte sentido abandonado, rechazado, mal entendido o atacado...) Comenta las consecuencias negativas que tuvieron cada una de esas situaciones y reacciones que mencionaste arriba. Por otro lado, ¿puedes mencionar alguna situación en donde reaccionar haya sido positivo en tu vida?

2. Para entender mejor los tipos de reacciones, explica brevemente a alguno de tus amigos o familiares, en qué consiste cada modo de reaccionar, según el capítulo que acabas de leer. Haz una "encuesta" y pregúntale a tus seres queridos, o personas en las que confías, sobre tu modo típico de reaccionar. Puedes seleccionar más de una, porque sabemos que no reaccionamos de la misma manera ante distintas situaciones. Sin embargo, tenemos uno o dos modos de reaccionar que usamos con más frecuencia que otros.

¿Conoces tu nivel de reactividad emocional?

Para conocer tu nivel de reactividad emocional puedes entrar en cualquiera de estas páginas de internet:

www://reaccionaroresponder.com
www://carlosleiro.com

Estando allí, por favor sigue las instrucciones para contestar el cuestionario en línea. Al terminar de contestar las preguntas recibirás un reporte con información sobre tu nivel y las características de tu reactividad, así como una pequeña guía sobre tus estilos de reacción.

3. LAS PIEZAS DEL ROMPECABEZAS

No entiendo lo que me pasa, pues no hago el bien que quiero, sino más bien el mal que no quiero.

(Romanos 7, 15)

Un rival imaginario:

Lucas, un hombre de unos 40 años, estaba furioso con su esposa: se quedaba muy callado y bajaba los ojos para evitar mirar a su mujer. Sólo le hablaba en frases cortas, sin ninguno de los comentarios divertidos y las ocurrencias chistosas que tanto le gustaban a ella... Y lo peor era que ¡ya llevaba más de tres días así! Su esposa no tenía idea de por qué Lucas estaba así. Cuando ella finalmente le confrontó y le preguntó qué le pasaba, Lucas le contó que durante una velada que habían tenido en casa de unos amigos el fin semana pasado, él se había sentido herido porque habían estado hablando de un antiguo novio de ella, que actualmente era ejecutivo de una importante compañía. Según él, ella había parecido "muy interesada", "preguntando mucho acerca de él". La esposa estaba perpleja, "ni me acuerdo lo que pregunté" le dijo, "y lo hice solo por seguir la conversación. ¡La reunión terminó hace tres días, y yo terminé con ese tipo hace más de 15 años y no sé nada de él, ni me interesa nada de su vida!"

Se trata de un ejemplo común de una reacción automática: Lucas mantenía su conducta reactiva durante días. Más adelante había reconocido haberse sentido amenazado: Construyendo un escenario mental errado, había pensado que su esposa tenía un interés hacia el ex novio y que éste era un rival para él. Así mismo, vió cómo su reacción había sido pasivo-agresiva, pues hablarle muy poco o con monosílabos a tu pareja es una forma de descalificarla o ignorarla. Ignorar o actuar fríamente para con una persona es una reacción agresiva que envía un doloroso mensaje de "tú no existes" o "tú no eres importante". Pero a su esposa lo que más le molestaba era el tiempo: "¡Tres días y todavía seguía así!" En efecto, Lucas había reaccionado porque se había sentido abandonado por el súbito interés de su esposa en este 'enemigo', y se había sentido avergonzado al compararse con el antiguo rival. La amenaza no era real, pero en su mente de sí lo era. Enojado al pensar que su mujer lo estaba dejando de lado, su reacción fue alejarse, y la continuación de esas emociones en el tiempo, crearon en él un resentimiento.

Como veremos en los próximos capítulos, construimos mentalmente la realidad que nos rodea. Lucas no "vio" las cosas que pasaron esa noche, sino que "las construyó" sin darse cuenta: ordenando la secuencia de los eventos, poniendo énfasis en unos y dejando de lado otros, armándolo todo como en una novela. Fue armando una idea general, o una "teoría" sobre qué había pasado esa noche y por eso reaccionó. Distinto hubiera sido si Lucas se hubiera autoserenado y se hubiera tomado unos minutos para pensar. Eso le hubiera permitido entender las intenciones de su esposa, repensar su interpretación de los hechos y actuar con más mesura.

Como él, nosotros tampoco vemos simplemente la realidad; mas bien la vamos armando según esquemas mentales que dictan a qué hay que ponerle atención y cómo debemos interpretar los estímulos. Como dice el poeta Rabindranath Tagore "leemos mal el mundo, y luego decimos que nos engaña".

Los ingredientes de nuestras reacciones automáticas

Siempre que ocurre una reacción automática, se ha dado una combinación de diverso grado de cada uno de los siguientes ingredientes:

- Temperamento,
- Esquemas de Apego,
- Necesidades físicas insatisfechas,
- Nivel de estrés
- Eventos disparadores
- Hábitos mentales venenosos
- Emociones negativas.

Veamos con detalle cada uno de ellos para posteriormente lograr neutralizar su fuerza:

1. Nuestro temperamento

Así como el color de los ojos, el color de nuestra piel, o la forma del dedo gordo del pie son heredados; así también algunas disposiciones para la acción son innatas y traemos su potencial desde el nacimiento. Por ejemplo, algunas personas tienden a ser más sensibles a los estímulos que otras. Estas personas tienden reaccionar más agresivamente, porque su umbral de estimulación es más bajo. Por ende, son más irritables y se sienten molestas con más facilidad.

Por otro lado, otras personas son temperamentalmente más serenas e imperturbables. Esto es así porque su umbral de estimulación es más alto. Los introvertidos son más reservados por naturaleza y pueden reaccionar aislándose cuando sienten que están recibiendo mucha atención, o dar la espalda en vez de salir al encuentro y saludar a quienes han visto. Las personas extrovertidas, por otro lado, llegan a un lugar donde no conocen la gente y al poco rato están conversando amablemente, pero se pueden sentir incómodas en un lugar muy tranquilo y callado.

La preferencia en la cantidad de contacto humano que deseamos y buscamos es heredado. Algunas personas necesitan pasar tiempo conversando con muchos amigos, compartiendo la vida, contando historias, disfrutando las relaciones con los amigos; mientras que otras cargan sus baterías meditando, contemplando la naturaleza, escuchando música suave, o teniendo una conversación tranquila y profunda con un amigo. En otras palabras: a unos les gusta estar con la gente y se desesperan si les toca quedarse mucho tiempo solos o en silencio; mientras que a otros el bullicio en un evento social puede ser causa de tensión y un factor desencadenante de una reacción.

Cadena de condiciones que desembocan en una reacción automática

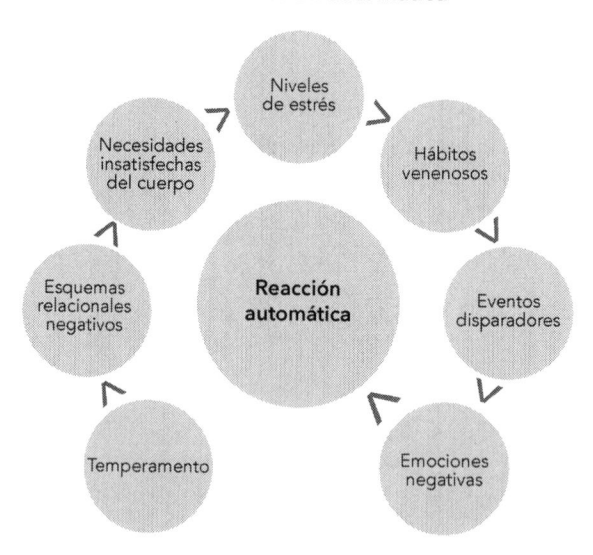

- Niveles de estrés
- Hábitos venenosos
- Eventos disparadores
- Emociones negativas
- Temperamento
- Esquemas relacionales negativos
- Necesidades insatisfechas del cuerpo

Reacción automática

Finalmente la sensibilidad corporal es también parte del temperamento. He atendido a varias personas que son muy irritables al calor, a la incomodidad física, al ruido o al hambre y hemos descubierto que esa irritabilidad se debe –entre otras razones- a que son realmente muy susceptibles a los estímulos táctiles y corporales, kinestésicos y auditivos, y estas condiciones afectan su conducta y lo tornan reactivos. Una paciente era muy reactiva en la calle, mientras manejaba su automóvil, y con su novio, pero su reactividad bajó considerablemente cuando empezó a llevar barras de cereales o nueces mixtas en la cartera: cuando tenía hambre, comía unos bocados del cereal o de las nueces y en seguida se sentía mejor.

Todas estas son diferencias individuales innatas, y como tales, no son ni buenas ni malas. Pero pueden afectar nuestra capacidad de responder en diversos momentos. No son una excusa para dar rienda a nuestra impulsividad; lo importante es reconocerlas y aprender a tomarlas en cuenta para que no nos hagan daño.

2. Nuestros Esquemas de Apego

Cuando éramos apenas unos bebés aprendimos mucho sobre cómo manejarnos en el mundo. Según cuánta capacidad tenían nuestros padres para manejar sus propias emociones, manteniéndose tranquilos en momentos en que nosotros estábamos tristes, rabiosos, molestos o tensos; y de su disponibilidad para cuidarnos de manera consistente, ellos nos fueron enseñando no sólo cómo debíamos comportarnos, sino qué tanto podíamos confiar en el mundo.

Día tras día durante nuestra infancia, esas interacciones y momentos con nuestros padres, parientes, adultos responsables de nuestro cuidado nos fueron mostrando cuánto valor teníamos y cuán dignos de amor éramos. Si nos atendían mal, nos descuidaban, se olvidaban de nosotros, o nos hacían sentir que éramos poca cosa o hasta una molestia para ellos, también fuimos aprendiendo. Lamentablemente, en ese caso aprendimos a desconfiar de ellos y a veces de todas las personas. Está comprobado que el desconfiar excesivamente nos trae más problemas y hace innecesariamente infelices nuestras vidas. Las personas que saben confiar moderadamente en los demás tienen una vida más serena y encuentran más satisfacción en sus relaciones interpersonales.

Si las cosas van bien en la crianza, el bebé y luego el niño aprende a confiar y a esperar que lo traten bien. De este modo, desarrolla un esquema de apego positivo, que le da una sensación de que el mundo es un lugar seguro. Pero gran parte de los niños y las niñas desarrollan, además, esquemas de apego negativos que imprimen una manera más o menos negativa de relacionarse con las personas.

Uno de estos esquemas de apego negativos, el esquema de apego inseguro, lleva a los niños primero, y a las personas cuando crecen, a estar híper atentos a las reacciones de sus padres y a tratar por todos los medios de evitar molestarlos. Los niños con este tipo de esquema de apego aprenden a hacer lo que sus padres quieran con tal de conseguir aprobación, o a llorar o hasta portarse mal, tratando de llamar su atención.

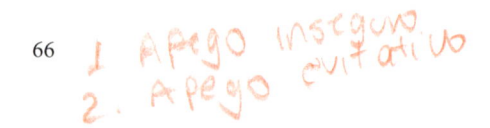

Por otro lado, algunas veces los niños desarrollan un esquema de apego evitativo, según el cual aprenden a no esperar nada de sus padres ni de nadie, y se vuelven indolentes a lo que pasa su alrededor. En otras palabras, apagan su búsqueda natural de contacto y consuelo, cariño y reaseguramiento. Este esquema de apego se caracteriza por una tendencia a separarse de los demás, quizás en una actitud de resignación a que nadie se preocupará por ellos, ni los protegerá.

Tu Propio Software

Los esquemas de apego son como programas de computadora internos en nuestro cerebro que nos traducen las situaciones personales y las acciones de nuestra vida diaria. Las personas con un esquema de apego seguro tienen un 'programa de traducción' benévolo para sus interpretaciones de los hechos de la vida diaria. Las personas con esquemas de apego inseguro tienden a estar alertas de su propia conducta, buscando posibles fallas. Además, interpretan situaciones ambiguas como amenazantes y peligrosas, enviando mensajes de peligro potencial al cerebro. Finalmente, las personas con esquemas de apego evitativo tienen un 'programa de traducción' emocional en su cerebro que ha aprendido a desconectarse de cualquier estímulo externo y evita cualquier peligro de sentirse atacado o abandonado optando por el aislamiento o la llamada 'inatención activa' como solución primordial.

Sin darnos cuenta que los tenemos, usamos estos esquemas de apego en diferentes momentos para orientar nuestra conducta. Se convierten en un sistema de creencias para interpretar las relaciones humanas. Los momentos en los cuales más los usamos es cuando sentimos estrés. Cuando algún esquema de apego se activa por una situación tensa, sentimos lo mismo que sentíamos siendo niños en situaciones similares. Cuando nos relacionamos con una persona que nos genera emociones fuertes, los esquemas de apego se activan y guían nuestra percepción del mundo, de las personas y de nosotros mismos.

Casi todas las personas tenemos una combinación de los tres esquemas relacionales dentro de nuestra mente, aunque uno o dos de ellos (por ejemplo, seguro e inseguro; seguro y evitativo) sean los que más frecuentemente usamos.

Sabemos que nuestro esquema de apego inseguro se ha activado cuando tendemos a valorarnos menos a nosotros mismos que a los demás o cuando tememos ser rechazados por las personas. El esquema de apego inseguro nos lleva a buscar la cercanía de los demás y a prestar una atención exagerada hacia las demás personas; por ejemplo, hacia nuestras parejas. El esquema de apego inseguro nos lleva a buscar pistas y detectar cualquier signo de desaprobación en los demás. Además, el esquema de apego inseguro puede agrandar o intensificar nuestros temores de no ser valorados o perder a nuestros seres queridos, lo que nos lleva a reaccionar de forma impulsiva, agresiva o pasivo-agresiva.

Sabemos que nuestro esquema de apego evitativo se ha activado cuando nos valoramos más a nosotros mismos que a los demás. Este esquema nos lleva a ser desconfiados con la gente, a considerarnos un poco superiores a los demás, y a tomarnos nuestro tiempo al establecer relaciones interpersonales nuevas. La gente puede percibirnos como tímidos o a veces hasta engreídos. Este esquema nos lleva a sentir cierto grado de ansiedad, incomodidad o amenacen las relaciones y podemos reaccionar agresivamente o aislarnos. Podemos aparentar ser auto suficientes y a veces desconfiados, pero es una forma de protegernos evitar la cercanía de los demás, que nos pone muy ansiosos. A veces, actuando desde este esquema de apego, evitamos la intimidad y nos molesta sentirnos necesitados por los demás. Los demás nos perciben como crítico u hasta hostiles.

➤ Sabemos que nuestro esquema de apego seguro se ha activado cuando somos capaces de serenarnos a nosotros mismos rápidamente cuando estamos angustiados por algo. Generalmente el esquema de apego seguro nos lleva a ser más positivos frente a nuestras propias cualidades y defectos; así como con los de otras personas y en general con las eventualidades de la vida. En nuestras relaciones, solemos ser más confiados y esperar resultados positivos cuando actuamos desde el prisma del esquema de apego seguro. El esquema de apego seguro nos permite manejarnos con tranquilidad cuando hay estrés, nos permite evaluar la situación con calma, separándonos un poco de los acontecimientos para decidir nuestro mejor curso de acción. Este esquema nos permite salir a explorar, ser creativos, disfrutar y crecer cuando no hay estrés.

Pero los esquemas de apego inseguros y evitativos, aunque sean construcciones mentales, nos causan dolor y problemas en las relaciones interpersonales, en nuestra forma de funcionar en el mundo y con nosotros mismos. Nos llevan a estar híper vigilantes y a anticipar problemas en situaciones en donde no existe ninguno; de tal manera que cualquier situación insignificante nos pone ansiosos, o nos hace reaccionar.

La mayor parte de las reacciones ocurren cuando vemos situaciones comunes de la vida diaria con nuestros esquemas de apego inseguros o evitativos que nos hacen sentirnos amenazados, abandonados o rechazados. No somos capaces de entender lo que nos está pasando de una manera más constructiva y reaccionamos. Es por eso que es tan importante aprender a cuestionar y no creer el mensaje que nos manda los esquemas de apego inseguros o evitativos. Es posible que hayamos construido un esquema de apego negativo pero tenemos la capacidad de reconocerlo, neutralizarlo y actuar de manera diferente.

3. Las Necesidades Físicas y el Estado de Nuestro Cuerpo

El hambre, la sed, el cansancio, la incomodidad o el dolor cambian en gran medida la manera cómo vemos las cosas. También si estamos enfermos o bajo el efecto de algunos medicamentos, o bajo el efecto de drogas o alcohol vemos el mundo diferente. Imagínate encontrarte sofocado, empapado en sudor, apretado y apolismado como una naranja en el fondo de un saco, en un trasporte colectivo público, al mediodía, a pleno sol. Es lógico que veas el mundo más negativamente que de costumbre, y eso puede llevarte a reaccionar impulsivamente. Por otro lado, cuando estamos cómodos, frescos y descansados, bien alimentados y sanos, las situaciones negativas nos pueden parecer pasajeras.

Por ejemplo, dos mujeres jóvenes se encuentran en la boda de una amiga común, pero cada una tiene necesidades diferentes. La primera llega agotada y con hambre pues no había podido ni almorzar después de un día de trabajo terrible. Apenas se había podido ir a cambiar y salir corriendo para la boda de su amiga. Ella pone más atención a cuántos platillos tiene el bufete y cuánto tiempo ha transcurrido sin que hayan servido la comida. No le interesa ni el vestido, ni quiénes están, ni el peinado de la novia. El hambre y el cansancio la ponen irritable y reacciona con comentarios negativos.

La otra amiga, que ha venido descansada y relajada no pierde detalle de la boda. Está contenta y fantasea en cómo será el día de su propia boda. Está contenta de observar cada detalle de la organización del evento, el encaje del traje de la novia, la decoración del lugar donde son recibidos los invitados, etc. Debido al hambre y el cansancio que siente, la primera amiga es la última en notar el tumulto que se forma cuando los novios llegan a la fiesta. La segunda, en cambio, se emociona con la llegada de los novios y los recibe con entusiasmo.

Cuando estamos enfermos o nos sentimos mal físicamente es más difícil responder. Todo nos molesta, cualquier situación nos irrita y nos resulta difícil mantenernos tranquilos y serenos. Algunas personas se aíslan, otras se vuelven más irritables cuando están enfermas o con dolor, o se vuelven más dependientes y se tornan incapaces de tomar decisiones. La misma persona que usualmente es serena y controlada puede tornarse áspera cuando se siente mal o tiene una dolencia física. Yo mismo me pongo de muy mal humor cuando estoy enfermo, cansado o con mucha hambre. Quizás por eso yo mismo he aprendido a evitar tomar decisiones y hasta emitir muchas opiniones en esos momentos. En esencia, todos construimos la realidad de manera diferente cuando estamos vulnerables y fuera de balance psicológico o físico.

Un caso puntual de la influencia de los estados fisiológicos en nuestra reactividad es el Síndrome Pre

Menstrual. Un pequeño porcentaje de mujeres se torna muy sensible, de ánimo variable e irritable durante los días previos y posteriores a la regla. Algunos hombres se burlan de esto, pero realmente si afecta a algunas mujeres y se requiere de autoconocimiento y autodominio por parte de las afectadas, y de apoyo por parte de los esposos.

El alcohol y las drogas

El consumo exagerado de alcohol afecta nuestro funcionamiento mental en general, ya sea porque interfiere con nuestra capacidad de percibir correctamente los eventos del ambiente, o porque nos desinhibe y nos resta la capacidad de controlarnos y reaccionamos violentamente.

No todo consumo de alcohol se considera negativo; pero si abusamos del alcohol (más de cinco tragos, o cinco cervezas, o cinco copas de vino en una noche se considera abuso), nuestro cuerpo y nuestro cerebro no pueden funcionar bien. Ante ese consumo, algunas personas se tornan impulsivas, groseras, impertinentes o hasta violentas.

Otras por el contrario, se tornan afectuosas, elocuentes o entusiastas. Otras se deprimen o se aíslan. En general, el abuso del consumo de alcohol hace que sintamos como más grandes y más intensas las emociones no resueltas que tenemos dentro y más fuertes las reacciones automáticas que generalmente podríamos tener. Torna más impulsivas a las personas que tienen emociones de ira guardada y torna más tristes y deprime a las personas que tienen pérdidas guardadas. El alcohol es un depresor y un des inhibidor del sistema nervioso. El alcohol y otras drogas llegan al cerebro y es allí donde bloquean el funcionamiento del 'centro ejecutivo', o corteza pre-frontal, encargada de velar porque nuestra conducta sea apropiada y controlar nuestras reacciones automáticas.

La Vez Aquella del Tequila

Daniel asistía desde hace tres años a las reuniones de Alcohólicos Anónimos. Además para quitarse la tensión hacía mucho ejercicio: jugaba tenis, futbol, pilates, corría en el parque, etc. Los fines de semana salía con su mujer y sus dos hijos. Cuando los amigos del trabajo lo invitaban a tomarse unos tragos luego de la jornada laboral, él agradecía y declinaba. Porque él sabía que no debía beber. Recordaba que cuando lo hacía reaccionaba impulsiva y agresivamente. Era una lección que le había costado mucho aprender, y por la cual su esposa casi lo había abandonado, hacía exactamente tres años.

Aquella vez, la última, Daniel había ido con su esposa a una fiesta y se había emborrachado. Estaban ofreciendo tequila 'shots' y para cuando su esposa le dijo que tuviera cuidado, él ya había perdido la cuenta. Daniel no recuerda nada, pero su esposa y varios amigos le han contado que empujó a varias personas, insultó a su esposa, y al dueño de la fiesta quien trató de calmarlo. Luego agarró las llaves del auto y se fue, no sin antes gritarle a su esposa, quien sabiamente se negó a subirse al auto. Doce horas después, Daniel estaba en el hospital de un pueblo cercano, desorientado, la cara magullada, una pierna y dos costillas rotas. Gracias a Dios no había matado a nadie. Como suele ocurrir, el gran volumen de alcohol había literalmente apagado su cerebro consciente, y el hombre había quedado a merced de su cerebro emocional. Para algunas personas que beben socialmente, con el paso del tiempo, el consumo de alcohol se vuelve un abuso. Y para algunos abusadores el consumo excesivo los lleva a la adicción. La adicción se puede resumir en tres síntomas: obsesión por consumir la substancia, compulsión de seguirla consumiendo una vez que empieza y uso a pesar de las consecuencias negativas

4. Los eventos disparadores

Creemos equivocadamente que los disparadores, es decir, lo que la gente hace, son el único motivo por el cual reaccionamos. La realidad es que son sólo un eslabón en la cadena y, para bien o para mal, es el eslabón sobre el cual no podemos hacer nada. Los disparadores son las situaciones externas que activan nuestros esquemas de apego y encienden nuestras defensas. Empujan nuestras emociones negativas y prenden las reacciones automáticas. Pueden ser las cosas más inocuas que uno se pueda imaginar. Por ejemplo, una situación inesperada que ocurre en el trabajo, como un virus que ataca tu computadora y te borra un documento. O algo tan sencillo como que un conocido no te saludó. Puede ser un error involuntario, como que alguien se levanta delante de ti en una gradería y te impide ver una jugada del partido de béisbol.

Increíblemente, y por más que parezca raro, un evento disparador también puede ser un recuerdo que se activa súbitamente en nuestra mente y nos hace reaccionar. Por ejemplo para un hombre, recordar el día que se burlaron de él en una clase en la escuela, era un disparador para reaccionar agresivamente contra él mismo, y después contra todo aquel que trataba de chistearse con él.

El cansancio y la fatiga

Muchas veces reaccionamos automáticamente cuando estamos muy cansados y fatigados. Este es el caso de algunos hombres que no saben poner límites a las exigencias que ellos mismos se hacen en torno a su mundo laboral y la necesidad de éxito económico. Hay personas que no saben descansar y que creen que hacer y hacer y hacer es la forma de encontrar la felicidad. Estos hombres, y algunas mujeres, están constantemente irritables y de mal humor, y ni siquiera pueden identificar que es el cansancio lo que los mantiene enfadados. Es decir, andan amargados sin reconocer que lo que necesitan es descanso. Si estamos crónicamente cansados, podemos ponernos crónicamente enfadados, hasta llegar a reaccionar automáticamente con agresividad, y hostilidad.

Una gran parte de las veces, las reacciones de otras personas se convierten en disparadores para nosotros, y nos empujan a reaccionar. Pero prácticamente cualquier cosa, puede convertirse en un disparador de una reacción. Todo depende de nuestro estado interno, de cómo están nuestras emociones.

De lo que nos repetimos a nosotros mismos mentalmente; de qué tan conscientes estemos de nuestros esquemas relacionales, y de qué tan fuertes sean los hábitos mentales negativos. La mayor parte de los disparadores son cosas desagradables, inesperadas e iniciadas por una persona conocida. Puede tratarse de cualquiera: tu tía, tu pareja, tu hijo o tu hija, tu padre o tu madre; un amigo o un compañero de trabajo.

Cualquiera hace algo que te incomoda; es normal. Pero si no tienes dominio personal reaccionas. Para entender mejor los disparadores veamos algunos de sus tipos:

1. Comentarios negativos de otras personas: Una opinión que es contraria a la nuestra, un comentario negativo, o hasta neutral (que nosotros interpretamos como negativo); un gesto de desprecio, un insulto, o una grosería puede ser un fuerte disparador de reacciones agresivas. Sentirnos heridos o no tomados en cuenta. Alguien puede hacer comentarios que degradan nuestra ascendencia, bromas pesadas, decir palabrotas, o alguien que nos ignora o que nos trata con poca cortesía, etc. También puede ser un desencadenante recibir una noticia decepcionante, o que nos acusen, o nos digan que estamos equivocados, como también las quejas repetidas de nuestros familiares o de nuestros compañeros.

2. Reacciones de otras personas. Por ejemplo, que nos griten o nos contraríen. Que nos insulten o nos denigren. O que nos estén empujando o nos den un golpe. También nos hacen reaccionar las personas que son muy diferentes de nosotros, que tienen características que nos incomodan

3. Ver a alguna persona haciendo algo que nos molesta: Un hijo que no nos hace caso; un subalterno o compañero de trabajo que hace mal su trabajo; un familiar hace algo que es contrario a lo que pensamos es correcto. Por ejemplo, un conductor que se nos atraviese en la vía o que nos tome de sorpresa nuestro estacionamiento, o nos deslumbre con sus faroles. O ver que alguien

nos mira con asco, o que maltrata a otra persona en la calle.

4. • Nuestro diálogo interno negativo puede ser un factor desencadenante que nos puede llevar a reaccionar impulsivamente. Pensamos cosas negativas acerca de los demás y nos vamos –como decía una paciente que era chef- "cocinando el hígado en nuestra propia salsa de amargura". A veces nuestros propios pensamientos negativos son como dardos que nos hieren y nos ponen de mal humor.

Así visto, notamos que casi cualquier cosa puede llevarnos a reaccionar. Por tanto la clave no está en detener los disparadores, sino en desarrollar estrategias para que estos no tengan fuerza ni capacidad de empujarnos a una reacción automática.

5. Nuestros hábitos mentales venenosos

Nuestros hábitos mentales venenosos son patrones inconscientes, automáticos y muy personales que hemos desarrollado a medida crecemos y que usamos para ordenar, clasificar, acomodar y asimilar todos los eventos, las situaciones y los intercambios interpersonales que tenemos con todas las personas de nuestro entorno. Están muy relacionados a los esquemas de apego de inseguridad y de evitación. Existen muchos hábitos mentales venenosos, pero hay cuatro que son responsables en buena medida de muchas de nuestras reacciones automáticas: juzgar la realidad, dividir la realidad, personalizar la realidad y distorsionar la realidad. Dada su importancia, estos hábitos son discutidos ampliamente en el próximo capítulo.

6. El estrés acumulado

Nuestro nivel de estrés es un importante gatillo de nuetras reacciones. Es como la suma de todos los males en un momento. Sumamos lo que pasa alrededor nuestro, desde ruidos, la presión del trabajo, la mala cara de alguien, lo que le pasa a nuestro cuerpo (como una enfermedad o un dolor de muelas) y, sobre todo, lo que se le ocurre a nuestra mente. Se podría decir que nosotros fabricamos estrés cuando nos preocupamos, cuando anticipamos lo peor, cuando no planificamos nuestro día de trabajo, cuando no sabemos decir que no y cuando nos exigimos cosas irrealizables a nosotros mismos

De muchas maneras, el estrés excesivo tiene efectos negativos en todas las dimensiones de nuestra vida, creando daños a lo largo y ancho de nuestra geografía emocional y física. Lógicamente, cuando esto ocurre nuestra predisposición a reaccionar de forma impulsiva, agresivamente, con aislamiento o pasivo agresivamente. Cuando el estrés aumenta nos sentimos seducidos o arrastrados a reaccionar automáticamente.

El malestar físico y psicológico que sentimos cuando tenemos mucho estrés nos hace percibir los eventos de una manera más negativa. Además, nuestra capacidad de encontrar soluciones sanas y positivas para nuestros problemas diarios disminuye cuando estamos tensos, llevándonos a tener problemas con nuestros seres queridos.

Tres reacciones por estrés

Primera: Una joven de 23 años insulta a su madre cuando ésta le pregunta si pagó la cuenta del teléfono. Se trata de una joven que estudia y trabaja. Buena hija, buena alumna. Responsable. Trabaja durísimo y sale volando de su trabajo a las cinco de la tarde, para llegar treinta y cinco minutos después a la universidad, y no cena hasta llegar a su casa, a las diez y media de la noche. Sus reacciones agresivas son en parte debidas estrés y el cansancio acumulado. El estrés afecta su cuerpo y ha terminado por enviarla al médico con gastritis tres veces en los últimos dos años.

Segunda: Un esposo hace un gesto de desdén y una mueca de desprecio a su mujer cuando ella le pide si puede arreglar la puerta del cuarto que está llena de comején. Él es un supervisor de un restaurante de comida rápida, y tiene un dolor de espalda que no se le quita con ningún medicamento. Además, está angustiado porque estamos a fin de mes y sólo lleva el setenta por ciento de la cuota de ventas proyectada para el mes. Sus reacciones son inapropiadas y muy negativas. Son agresivas y sarcásticas, y también están influidas por el estrés.

Tercera: Una mujer le grita a sus hijos pequeños. Está irritable con todo el mundo en la casa: hijos, marido, ¡hasta las mascotas! Siente que el único sentido de su vida es ser chofer y mandadera de todos. Ella tiene que salir corriendo a hacer mandados de la casa y a recoger a cuatro hijos para repartirlos en las diferentes clases de reforzamiento académico, tenis, futbol, gimnasia, idiomas, y luego volver a recogerlos -uno por uno- y entre todas estas cosas debe preparar la cena. En verdad se siente como si fuera un chofer. No tiene contacto con amigas, ni hace nada para distraerse. Cuando su marido llega y le pregunta alguna tontería la mujer reacciona agresivamente.

Estas tres personas sienten el estrés en sus cuerpos: los músculos de sus cuerpos se tensan; sus cerebros mandan señales para que se libere adrenalina en el sistema sanguíneo y las venas y arterias se contraen. Los estómagos se aprietan y secretan ácido; sus respiraciones se tornan rápidas y poco profundas y cada uno de ellos experimentan emociones de enojo, ira, miedo, disgusto y ansiedad. Ellos no lo saben, pero el estrés, junto con sus hábitos de escindir la realidad y personalizar la realidad los está llevando a reaccionar agresivamente.

Sin embargo, hay cosas sencillas que ellos pueden hacer para aminorar el estrés y con ello evitar las reacciones automáticas. La estudiante que trabaja puede planificar mejor sus comidas y asegurarse de cenar más temprano. El joven esposo puede caminar 15 minutos varias veces por semana, y mejorar su postura al estar de pie en el restaurante. Y la mamá chofer puede reconectarse con algunas de sus amigas de la secundaria y salir a tomarse un café una vez por semana con ellas. Los tres pueden involucrarse en una obra voluntaria, y sobre todo, los tres pueden aprender a respirar, revisar su dialogo interno y practicar atención plena para relajarse.

Todos estos factores de estrés entran en juego sin que nos demos cuenta, en los momentos en que tenemos que decidir entre una reacción automática o una respuesta. De nuestra capacidad de auto conocimiento y de nuestra voluntad depende que podamos manejarlos adecuadamente y responder cuando el momento lo requiere. A continuación, presentamos un acróstico con las letras de la palabra reaccionar a modo de resumen de lo que hemos estado presentando hasta este momento.

Reaccionar... Letra por letra

Resorte: Cuando reaccionamos actuamos como un resorte, con fuerza pero sin dirección. Solo podemos brincar con fuerza y explotar al contacto con lo que nos irrita.

Efecto: Quien reacciona depende de los demás y funciona como mecánicamente. Está en efecto de los demás y no en causa. No tiene control de su conducta y estalla porque las condiciones no son como él o ella ha deseado.

Adicción: Los adictos reaccionan. En sus cerebros se ha desarrollado un patrón de reacción instantánea que les impide decidir racionalmente sobre su propio beneficio.

Confusión: Hay confusión porque no se logra dirigir la vida con propósito. Las personas que reaccionan están destinadas a una vida de confusión porque sus reacciones van cerrándole puertas.

Conflicto: La reactividad abre la puerta al desarrollo de problemas entre personas. Luego de que hemos reaccionado contra alguien, lo más probable es que esa persona tienda a reaccionar de vuelta contra nosotros.

Impulsividad: Las personas que reaccionan son impulsivas. No pueden resistirse a realizar ciertas conductas aún cuando éstas puedan hacerles daño a ellos mismos o a otras personas.

Oposición: Quien reacciona se opone, y genera oposición en los demás Quien reacciona entra en conflicto tarde o temprano.

Negativismo: Nada sirve, todo es negativo. Quien reacciona ha decidido inconscientemente ponerle atención a los aspectos negativos de la realidad y ante ellos reacciona.

Agresividad: La agresividad separa, aisla y hace daño. Las personas que reaccionan con agresividad se van quedando solas y aisladas. Las personas tendemos a alejarnos de la gente agresiva.

Resistencia: Quien reacciona se resiste, pelea con las situaciones y la gente que no se le acomodan, le cuesta trabajo aceptar lo que ha pasado.

Preguntas, reflexiones y ejercicios del capítulo 3

1. Identificando tus disparadores

Identifica algunos de los disparadores típicos que te hacen reaccionar. Esos disparadores son cosas que te disgustan y ante las cuales generalmente reaccionas. Escribir sobre cómo cada uno de ellos aumenta tu capacidad de reaccionar te permite tomar conciencia y empezar a apagar el piloto automático. Algunos disparadores son sencillos: como el tráfico, mucho calor o mucho frío, la incompetencia de algún funcionario o la lentitud de un compañero de trabajo o un subalterno. Para aquellos que son perfeccionistas, el hecho que los trabajos no queden perfectos y como debe ser es un disparador. También nos puede disparar sentirnos incomprendidos y la actitud negativa de una persona importante para nosotros (jefe, pareja, familiar, etc.). Además nos disparan los comentarios inapropiados o de ataque de otra persona, así como los desajustes en los planes, las mentiras, una promesa que no se cumplió, etc. Finalmente cosas como una falta de respeto, un ataque personal o sentir que alguien es deshonesto con nosotros pueden dispararnos en un momento dado. Todas estas cosas nos pueden disparar, pero nosotros, al identificarlas le damos una oportunidad real a nuestro cerebro de actuar de una manera sana y beneficiosa para nosotros mismos.

2. Cuida tu cuerpo... es el único que tienes

Hace algún tiempo en una pequeña fiesta de cumpleaños, mi buen amigo Humberto hacía un brindis por su salud y por el futuro de su hijo, que cumplía diez y ocho años. En su brindis me sorprendió la frase: "recuerda hijo, cuida tu cuerpo, que es el único que tienes"... Me pregunto cuántas veces se nos olvida está sencilla verdad. Una mala alimentación, un descanso inapropiado, o el descuido a nuestro propio cuerpo es determinante para nuestro estado anímico y puede llevarte a reaccionar automáticamente.

¿Acaso te hace reaccionar el descuido a las necesidades de tu cuerpo? ¿Descansas lo suficiente, duermes lo suficiente, duermes bien, consumes substancias químicas que te hacen cambian el estado de ánimo? Por favor evalúa todo esto con la lista de abajo. Esta lista presenta algunas necesidades básicas del cuerpo. Por favor evalúa qué tan bien (del 1 al 4) las estás atendiendo.

	1 nunca	2 a veces	3 casi siempre	4 siempre
Tengo un sueño reparador (al menos 8 horas al día)	1	2	3	4
Tengo una alimentación balanceada	1	2	3	4
Tomo una pausa de al menos 1 hora para mi alimentación	1	2	3	4
Hago ejercicio balanceado al menos 4 veces por semana por un mínimo de 45 minutos	1	2	3	4
Mantengo separada la frontera entre el trabajo y la casa	1	2	3	4
Controlo mi consumo de alcohol y si bebo, siempre lo hago con moderación	1	2	3	4

Al revisar tu evaluación, observa si hay motivos para pensar que tus cuidados físicos o ausencia de ellos pudieran llevarte a reaccionar automáticamente?

3. Focalizando las situaciones que te causan estrés

Toma consciencia de las situaciones que te generan estrés en estos momentos (preocupación por tu trabajo, la relación con tu pareja, el disgusto que tienes con tu hermana; el auto que hay que reparar, la mala sangre que te da el vecino, etc.) y señálalas en un dibujo de una silueta de una persona. Si quieres usa el dibujo que está abajo. Partiendo por los círculos interiores, comienza con los estresores más cercanos que tienen que ver con tu salud física, siguiendo con los relacionados a tus propios pensamientos y sentimientos (¡algunas veces la forma de pensar puede ser tu mayor fuente de estrés!), pasando a los familia, los relacionados al dinero y lo económico.

Luego en los que tienen que ver con tu relación de pareja, los que tienen que ver con la oficina, del barrio, la situación social, la situación política, colocando los más lejanos más afuera en los círculos exteriores. Hacerlo te facilita traer a la realidad todos los estresores, verlos y pensar acerca de ellos y de los sentimientos que te generan, y al hacerlo puedes ponerlos en contexto, mentalizarlos y manejarlos con más serenidad.

Focalizando mis Estresores

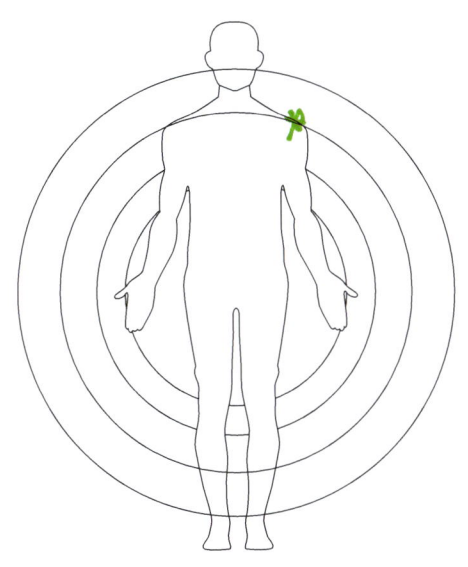

Los estresores que tienes hoy no siempre son los mismos que tendrás mañana, ni en tres días. Por eso hacer la lista diaria te ayuda a focalizarlos y reconocerlos, lo cual te permite una puerta de entrada para tener un diálogo interno más positivo.

4. Focalizando mis síntomas de estrés

Toma consciencia de los síntomas físicos que estás experimentando en estos momentos (tensión en la espalda, dolor en un pie, punzadas en la cabeza, ojos irritados, sensación de ansiedad en el pecho, etc.) y señálalos en un dibujo que hagas en tu cuaderno de reflexiones o en el dibujo que está abajo. Hacerlo te facilita traer a la realidad todos los síntomas de estrés que estás experimentando y el traerlos a la realidad te per-mite no reaccionar ante ellos. Esos mismos síntomas de estrés te pueden llevar a reaccionar si no los conoces, los entiendes y tratas de eliminarlos.

Focalizando mis Síntomas

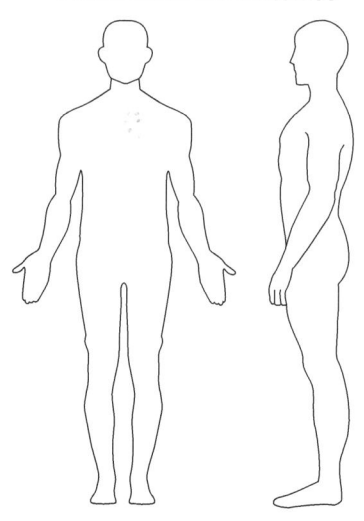

5. ¡Balance, balance, balance!

Una forma práctica de prevenir reacciones automáticas es aprender a mantener el estrés a ralla. Es decir, saber manejar las exigencias de la vida moderna sin perder de vista la necesidad de descansar y encontrar espacio para las actividades que nutren el alma. Para eso, la clave es atender al balance que llevas en tu vida. Evalúa cuántos compromisos laborales, sociales, comunitarios, familiares y de amigos tienes y ponlos en perspectiva. ¿Revisa si acaso es realista tratar de hacer todas las cosas que estás haciendo? ¿Cuántos proyectos puedes manejar? ¿Cuántos roles puedes desarrollar cabalmente? Para lograr un balance tu vida tienes que darle importancia a cada una de tus necesidades y ponerlas en perspectiva con las necesidades de otros.

6. Identifica cada uno de tus Esquemas de apego.

Tomar conciencia de nuestros esquemas de apego nos ayuda a manejarnos mejor. Es posible cambiar la manera como nuestro esquema de apego nos empuja a reaccionar si nos damos cuenta de lo que está pasando. Darte cuenta de tu esquema de apego contrarresta su poderosa fuerza automática para construir la forma como vez la realidad. Como dice el dicho 'nada ha cambiado, solo mi actitud, por eso hoy todo es diferente'.

Todas las personas tenemos un esquema de apego que se activa más frecuentemente que los otros dos, pero casi siempre usamos más de un solo esquema de apego. Lo importante es identificar qué esquema usamos en situaciones de estrés. Comprender cómo usas los tres esquemas de apego te ayuda a hacerte dueña de tu conducta. Observa con cuál te identificas más; luego con cuál en segundo lugar y en tercer lugar.

Identifica qué tan de acuerdo estás con cada uno de los tres párrafos que siguen adelante. Cada párrafo describe un esquema de apego. La idea es ver qué tanto te identificas con cada uno de los tres párrafos. Aquel párrafo con el que estés más de acuerdo, reflejará tu esquema de apego más usado. Aquel con el que estés ligeramente de acuerdo o indeciso será el que usas en segundo lugar, y aquel con el que estés bastante o totalmente en desacuerdo es el que casi no usas.

Identifica tus tres esquemas relacionales

1. Totalmente de acuerdo
2. Bastante de acuerdo
3. Ligeramente de acuerdo
4. Indeciso
5. Ligeramente en desacuerdo

6. Bastante en desacuerdo

7. Totalmente en desacuerdo

_____ Me es fácil acercarme emocionalmente a los demás. Me siento cómoda (o) en una relación de interdependencia con ellos, dependiendo un poco yo de ellos y ellos dependiendo un poco de mi. Tanto en mis relaciones de pareja como en las sociales o de trabajo, no me preocupa el que vaya a quedarme solo, ni que las demás personas no me vayan a abandonar o no me vayan a aceptar. Creo que me valoro a mi mismo y valoro a los demás por igual. (esquema de apego seguro)

_____ Me siento cómoda(o) sin tener relaciones muy íntimas con la gente. Encuentro difícil confiar completamente en la gente. Para mí es muy importante sentir que tengo independencia y que soy lo más auto suficiente que pueda, y prefiero no depender mucho de los otros ni que los otros dependan de mí. Me puedo sentir nervioso(a) cuando alguien se acerca demasiado a mí. Creo que me valoro un poco más a mi mismo(a) que a los demás. A menudo en mis relaciones de pareja encuentro que mi pareja quisiera estar más cerca de mi, de lo que yo siento como una distancia cómoda. (esquema de apego evitativo)

_____ Me encanta estar emocionalmente cerca de los demás. La cercanía y la intimidad en las relaciones con amigas(os) y pareja es algo que valoro mucho, pero a veces siento que los demás no están tan dispuestos a estar tan cerca como yo quisiera. A veces me parece que valoro más a los demás que a mi mismo(a). Me siento incómoda (o) cuando no tengo personas cercanas conmigo (amigas y amigos, familia, etc.). A veces me preocupa que otras personas no me valoren tanto cómo yo los valoro a ellos. A ratos me he encontrado pensando que mi pareja no me ama tanto como yo la amo a ella, o que quizás me podría abandonar. (esquema de apego inseguro)

7. Modificando el impacto de los esquemas de apego en nuestra conducta.

Los esquemas de apego son como ´plantillas´ que usamos para procesar la información del mundo exterior. Son parte de nuestra forma usual de ver la vida. Esa plantilla de la que no nos damos cuenta nos hace reaccionar porque impacta la forma como vemos las situaciones y a las personas. Por eso, para modificar nuestros esquemas de apego podemos hacer varias cosas :

- Mantener una actitud abierta cuando analizamos cualquier información nueva.
- Enfocarnos en los aspectos positivos del presente y del pasado.
- Manejarnos con más seguridad con nuestros seres queridos y nuestras relaciones románticas, y
- Adueñarnos de nuestros estados emocionales.

Practicar cada uno de estos ejercicios es importante para aumentar nuestra capacidad de responder. Veamos cómo:

Mantener una actitud abierta cuando analizamos cualquier información nueva

Los esquemas de apego impactan la actitud con la que nos relacionamos con las personas y la forma como recibimos las ideas nuevas que llegan a nosotros. También afectan la manera como comprendemos e incorporamos esas información nueva en nuestro sistema de creencias. Cuando estamos funcionando con el esquema de apego seguro nos sentimos cómodos con lo nuevo; confiamos en lo positivo que pueda traernos a nuestra vida y estamos abiertos a escuchar y aprender. Siendo así, nos resulta fácil aprender cosas nuevas, aún cuando lo que aprendamos amplíe o contradiga algunas ideas previas nuestras.

Por otro lado, cuando vemos las cosas dese el esquema inseguro o el esquema evitativo nos resulta más difícil abrirnos a recibir nuevas ideas o información, pues nuestro sistema de creencias se torna más rígido y preferimos mantenernos cómodamente ubicados en nuestra forma tradicional de ver el mundo. Por eso, cuando notamos que estamos cerrados ante una situación, podemos decidir esforzarnos por mantener una actitud abierta que nos permita procesar las ideas y las personas nuevas, aunque implique a hacer cambios en nuestra manera de pensar. Cuando funcionamos con los esquemas de apego inseguros o evitativos no nos ajustarnos a situaciones nuevas y tendemos a reaccionar impulsivamente o a aislarnos ante personas con ideas diferentes a las nuestras.

Cuando funcionamos con el esquema de apego inseguro nos asaltan las dudas sobre nosotros mismos y a veces terminamos alejándonos de situaciones nuevas por temor. Eso nos impide adecuarnos a los cambios del ambiente y hasta trazarnos metas positivas y realistas. Por eso es básico para desactivar los esquemas de apego inseguros y evitativos mantener una actitud abierta ante lo nuevo, diferente o poco conocido.

Aprender a integrar las memorias negativas y a enfocarnos en los aspectos positivos del presente y del pasado

Dicen que "recordar es vivir..." pero cuando funcionamos con los esquemas de apego inseguros o evitativos recordar es sufrir... Los esquemas de apego negativos nos hacen recordar eventos negativos, ya sean recientes o de vieja data. Es como si nuestro "baúl de los recuerdos" tuviese solo memorias negativas y... ¡siempre estuviese abierto! Esta tendencia se observa fácilmente en algunas parejas en donde uno o ambos cónyuges tiene una facilidad asombrosa de recordar todo lo malo que el otro ha hecho, y para relacionar cualquier conducta con alguna supuesta intención mala por parte del cónyuge.

Estas esposas y esposos están reaccionando porque han activado sus propios esquemas de apego inseguros o evitativos. Esto los torna híper vigilantes ante la posibilidad de ser atacados, abandonados o no tomados en cuenta. Por eso es necesario hacer un esfuerzo por mantenernos enfocados en el presente, suprimiendo, cuestionando y retando la validez de las memorias negativas. Si se quiere, "dejándolas ir", usando mindfulness para no aferrarnos a ellas. También es importante que el diálogo interno tenga mensajes que nos recuerden que el pasado es pasado y sólo nos afecta si nos aferramos a él.

Cuando funcionamos con un esquema de apego evitativo nos volvemos suspicaces y recelosos y ponemos distancia entre nosotros y las personas. A veces nos congelamos, nos aislamos o reaccionamos con comentarios ásperos y sin delicadeza. Esto nos lleva a conflictos en las relaciones interpersonales. Deseamos tener relaciones satisfactorias y plenas, pero tememos que estas relaciones se dañen y pierdan, y reaccionamos impulsivamente o pasivo agresivamente cada vez que sentimos temor que nos abandonen, nos rechacen o que ocurran problemas en la relación. Para cambiar el esquema de apego evitativo necesitamos estar conscientes de cómo estos esquemas nos aíslan o nos llevan a ser percibidos por los demás como sarcásticos, distantes y desconfiados.

Manejarnos con más seguridad con nuestra pareja

Nuestros esquemas de apego impactan cómo nos llevamos con nuestra pareja. Por ejemplo, si funcionamos desde un esquema de apego evitativo, es probable que nos sintamos inseguros y veamos a los demás como poco dignos de confianza. Eso nos afecta a la hora de establecer relaciones de pareja porque crea una expectativa negativa de lo que podemos esperar de una pareja.

Por el contrario, cuando actuamos desde un esquema de apego seguro nos vemos a nosotros mismos positivamente. Nos percibimos como personas amistosas y llevaderas, y lo más importante, vemos a los demás como personas bien intencionadas. Por lo tanto, nos sentimos más relajados cuando estamos en compañía de otros, y podemos relajarnos sin y no nos preocupamos de que nos vayan a dejar.

Por eso es importante estar consciente de cuál esquema de apego estamos usando para entender las situaciones que estamos viviendo a cada momento.

Adueñarnos de nuestros estados emocionales

Por último, los diferentes esquemas relacionales afectan nuestro nivel de reactividad porque impactan nuestra capacidad de modular el afecto, y la capacidad de expresar de manera controlada nuestras emociones, específicamente la ira. Los esquemas de apego influyen en la forma como vemos las situaciones emotivas. Tal es así que cuando actuamos desde un esquema de apego inseguro parecemos tener menor tolerancia al dolor y reaccionamos con más miedo y ansiedad cuando ocurre algo que perturba nuestra tranquilidad.

Por otro lado, cuando actuamos desde el esquema de apego seguro experimentamos el dolor con moderación, como si las cosas no nos dolieran tanto, o no nos afectaran tanto. Siendo así, podemos distanciarnos un poco del dolor y recordar que hay además, otras cosas en el mundo. Podemos usar técnicas para auto-serenarnos y tranquilizarnos nosotros mismos. Desde el esquema de apego seguro usamos el enojo de manera constructiva y no le tememos, ni al propio enojo ni al de los demás. Se diría que vemos el enojo como una emoción normal que comunica una protesta a la forma como nos están tratando.

Las personas con actúan siempre desde sus esquemas de apego inseguros tienden a desesperarse con su propio enojo, o a congelarse, o a explotar agresivamente frente al enojo de los demás. Las personas que funcionan gran parte del tiempo desde sus esquemas evitativos se enojan pero tienen un estilo represivo que los lleva a guardar toda la ira y negar estar enojados, para luego ser pasivo agresivos o explotar en un momento cualquiera.

Todas estas consideraciones nos sirven para estar conscientes de nuestras reacciones ante situaciones parecidas a las mencionadas, y para estar dispuestos a practicar las técnicas y herramientas, descritas en estos capítulos, que nos ayudan a serenar la mente.

Revisa el cuadro que sigue para ver las descripciones que correspondan a algunos comportamientos característicos de cada tipo de esquema de apego.

Características frecuentemente vinculadas a los Esquemas de Apego

Característica	Esquema de Apego Dependiente	Esquema de Apego Seguro	Esquema de Apego Evitativo
Nivel de suspicacia...	Ausencia de suspicacia	Baja suspicacia	Extremada suspicacia
Estilo de vinculación con la gente...	Sentirse abandonado	Creer en los demás	Aislarse de los demás
Cómo ven los demás...	Son mejores que yo	Son iguales que yo	Son inferiores a mi
Cuando están con otros se sienten...	Preocupados por complacer	Relajados	Incómodos y temerosos de ser atacados / usados por los demás
Al recordar el pasado tienden a...	Dificultad para recordar cosas positivas y facilidad para recordar cosas negativas	Facilidad para recordar buenos momentos	Dificultad para recordar cosas positivas y facilidad para recordar cosas negativas
Cómo manejan la información nueva....	La disfrutan pero dudan de sí mismos y se alejan	La aceptan, la aprovechan	Les incomoda, no la toleran bien si es mucha

Características frecuentemente vinculadas a los Esquemas de Apego (cont.)

Característica	Esquema de Apego Dependiente	Esquema de Apego Seguro	Esquema de Apego Evitativo
Balance entre flexibilidad o rigidez	Híper flexibles	Balanceada	Rígidos
Tienen límites emocionales	Muy permeables	Balanceados	Casi impenetrables
Sienten preocupación por…	Ser abandonados, dejados de lado, no tomados en cuenta	Más bien confían en la gente	Que se aprovechen de ellos o que los ataquen
Cómo se ven a sí mismos…	Menos que los demás	Igual a los demás	Más que los demás
Manejo del enojo	Con desesperación o agresividad	Con serenidad	Aislándose, con agresividad o agresividad pasiva
Apertura a experiencias nuevas	Poca apertura o demasiada apertura	Apertura hacia lo nuevo	Poca apertura
Auto valoración	Se sienten devaluadas	Se sienten adecuadas	Se sienten superiores y se les percibe como engreídas

Reflexiona sobre cómo podría estar asociado cada uno de tus esquemas de apego a las situaciones y momentos en que reaccionas automáticamente: Si notas que algunas de las características que perfilan tu forma de relacionarte corresponden a estilos inseguros o evitativos, puedes recordar situaciones en las que has reaccionado cuando te has sentido de ese modo? Piensa cómo podrías responder en el futuro usando lo que has aprendido hasta ahora.

9. Aprender a ser tu propio espectador

Una de las herramientas más útiles para aprender a manejar las conductas y emociones difíciles a las que nuestro esquema de apego nos puede empujar, es la habilidad de convertirnos en espectadores de nosotros mismos. Tanto para aquellos con esquemas de apego inseguros, o evitativos o los que tienen una combinación de ambos esquemas y algunas veces actúan dependientemente y otras desconfían y evitan, encontrar al espectador interior es una excelente práctica. Esa parte de nosotros que de alguna manera es más pura y que no está contaminada con nuestros prejuicios, nuestras experiencias y nuestras frustraciones. A esa parte le llamamos "el testigo". Una parte de ti que observa y está consciente de lo que piensas, pero está sereno ante cualquier situación.

Ser 'testigo' no es sinónimo de no tomar partido, ni de callar nuestro parecer, o no involucrarse en las cosas. Más bien cuando hablamos de convertirnos en 'espectadores', 'testigos' u 'observadores' de la realidad. Lo que tratamos de decir es que aprender a separarnos de las cosas y vernos a nosotros mismos, a nuestro diálogo interior, y a los eventos desde una perspectiva diferente nos ayuda muchísimo. Si los esquemas de apego nos empujan... el "espectador" es el freno para que tomemos los eventos, las situaciones y las conductas de las otras personas, manera impersonal y desapasionadamente.

Intenta convertirte en espectador durante las próximas horas. Observa las conductas de los demás sin apasionarte u opinar acerca de ellas. Nota y pon atención a tus reacciones internas a las cosas que te ocurren momento tras momento. Obsérvate y reflexiona sobre qué sientes y cómo reaccionas ante cada una de las interacciones que tienes en las próximas horas.

10. Lee el acróstico con la palabra REACCIONAR

Lee cada una de las palabras que conforman el acróstico y circula aquellas tres palabras que más tienen que ver con las consecuencias que trae a tu vida el reaccionar automáticamente. Escribe en tu diario sobre por qué esas palabras te más te llaman la atención y se relacionan más contigo

11. Manejo del estrés: Aprender lo cotidiano, lo lento y lo callado

Hay una falsa creencia en nuestras culturas que dice que: 'lo rápido es mejor que lo que se hace con lentitud'; 'lo instantáneo es mejor que lo que requiere trabajo' y que lo bullicioso o hasta estridente es mejor que aquello que es mesurado, sereno y callado. Tal parece que es una creencia básica de nuestra cultura actual. Lamentablemente –o para bien– hay ciertas cosas importantes en la vida humana, como la sabiduría, la paz mental y la serenidad, que no se pueden conseguir de un día para otro, y que tampoco se pueden comprar en el supermercado, ni el auto-rápido, o llamando a un 'call center'.

Quizás un ejemplo de la poca valoración que damos a lo pausado, lento, lo cotidiano y lo callado es la manera como manejamos el control remoto del televisor. Brincamos de un canal a otro, vemos varios programas a la vez, tratando de ver un juego de futbol y una película al mismo tiempo; queremos ver las cosas en el justo momento en que están pasando; además, si no es en vivo no sirve.

Juan Masiá Clavel, un sacerdote jesuita que ha estudiado con detenimiento las culturas orientales, postula que si hay algo que podemos aprender de Oriente es a reconocer el amor y el respeto que sienten por las pequeñas cosas. En vez de la vorágine de ruido, celeridad y novedad que nos consume en Occidente, creo que nuestras culturas, nuestras sociedades y nosotros mismos, necesitamos detenernos a mirar cómo estamos haciendo las cosas y por qué las hacemos. Masía Clavel dice que en países como Japón, donde él ha vivido por más de 30 años, en medio de la vorágine laboral diaria, la gente vive aún con reverencia a la vida, respeto a lo que es, aparentemente poco importante, y valoración a lo común y corriente.

Aparentemente aún hoy, en algunos pueblos en Japón, el tomarse una taza de té en la tarde aún es todo un acontecimiento. De igual modo, en algunos lugares de Japón encontrarse a un amigo aún es todo un suceso. Finalmente, para algunas personas en Japón poder comer un alimento que nutra nuestro cuerpo es tomado como casi un milagro. Cada cosa se hace respetando la belleza o la sacralidad de la cotidianeidad, la importancia de la pausa, la elocuencia del silencio. Hacerlo así, es decir, mirar críticamente nuestra vida y detenernos para reconocer las cosas que hacemos de manera automática, nos abre la posibilidad de tranquilizar el ritmo y tomar las cosas con un poquito de calma, y nos lleva a renovar nuestro compromiso con nosotros mismos.

Tal vez una forma de manejar el estrés y evitar las reacciones automáticas que éste genera, es hacer menos en vez de más. Quizás tenemos que disfrutar de preparar una buena paella en vez de comprarla lista para llevar. O quizás tenemos que sentarnos con nuestros amigos o con nuestra pareja a tomarnos un café, una copa o una cerveza con más frecuencia. Quizás tenemos que conversar más, en lugar de salir corriendo de un lugar a otro. Quizás de lo que se trata aprender a responder sea que bajemos el ritmo y logremos disfrutar de las cosas pequeñas.

4. NUESTROS PROBLEMAS CON LA REALIDAD

"La pregunta no es ¿qué es lo que estás mirando?, Sino ¿qué es lo que ves?"

Henry David Thoreau

La Computadora en el cerebro de Pedro

Pedro era un adolescente había llegado a la consulta luego de una serie de actos de rebeldía en su escuela. Al final, la expulsión por dos días se había dado por algo tonto: haber mostrado a una profesora un colorido sobrecito con un preservativo o condón. Pedro estaba muy disgustado y creía que la expulsión era injusta. Según él, sin querer había sacado el condón de su bolsillo en lugar del boleto de la obra de teatro que su escuela estaba promocionando, y "como quien no quiere la cosa" se lo había entregado a la profesora que estaba en la entrada del acto cultural. Naturalmente, él nunca había usado esos preservativos más que para hacer globos de aire y alardear con los amigos. Pedro no calculó las consecuencias y reaccionó. No supo integrar las "ventajas" de hacer la broma delante de sus amigos, con las posibles consecuencias de una acción como esa, y le salió mal la gracia.

Pedro tenía poca capacidad para evaluar las consecuencias de su conducta antes de realizarla. Dentro de su cabeza, a veces fallaba la habilidad fundamental de poner atención a la situación, ver los pros y contras de cada posible acción y discernir qué curso tomar. Sus papás estaban disgustados con él, pero me temo que no habían sabido hacer lo necesario para ayudarlo a desarrollar su capacidad de juicio crítico.

Luego de conversar con él, entendió que la responsabilidad del incidente era suya. Al ir mentalizando qué le pasaba, qué cosas pensaba su mente, cómo se sentía en la escuela y en su casa, estaba comprendiendo por qué y para qué hacía cosas así. También estaba entendiendo a qué se refería su "loquero" con eso de reaccionar o responder. En una sesión, Pedro me dijo:

"Actúe por impulso, no pensé en cómo lo iba a tomar la profesora, ni las consecuencias que tendría... "Cuando vi a la profesora yo reaccioné porque era un buen chiste para hacer reír a mis amigos... no pensé en nada más.... es como si yo tuviera una computadora conectada en el cerebro, y ella analiza todo lo que pasa afuera y la coloca en una pantalla dentro de mi cabeza. ¡Yo creo que mi computadora va demasiado rápido!" En efecto la "computadora" de Pedro –así como la de muchos adolescentes- va muy rápido, pero aún así Pedro era el único responsable de disminuir la velocidad de su computadora.

Recibimos constantemente información tanto de fuera, como de dentro de nosotros mismos. Mientras escribo estas líneas, mi cuerpo envía información a mi cerebro sobre cómo estoy sentado; cuál es mi temperatura corporal, cómo está mi nivel de atención, cuál es el grado de cansancio o relajación que tengo, qué músculos están tensos en mi cuerpo, etc. De igual manera, recibo información acerca de cómo me siento con respecto al trabajo que estoy haciendo; qué tan bien está quedando redactada esta frase; qué tan coherente es; cómo creo que tú lector o lectora lo vas a percibir, etc. Toda esa información la recibe y procesa mi cerebro sin que "yo" me tenga que preocupar por ello. No se le pasa nada que él considere importante.

Siguiendo el ejemplo de Pedro, podemos decir que dentro de nuestra cabeza tenemos una pantalla con imágenes, más o menos reales, de lo que ocurre fuera de nosotros. La pantalla está conectada con una computadora que recoge información de nuestras "antenas exteriores", los sentidos (vista, oído, olfato, tacto y gusto), y de nuestras "antenas interiores" (partes de nuestro sistema nervioso que traen información sobre nuestras creencias y valores; así como nuestras necesidades fisiológicas y hasta de nuestros patrones de apego). Toda la información se organiza dentro del cerebro para saber "qué hacer" en cada momento.

¿Dónde están mis lentes?

La idea que dice que la realidad se construye en nuestra mente ha sido planteada por múltiples autores. Escritores y místicos tanto de Occidente como de Oriente nos han ayudado a pensar acerca de la naturaleza de las cosas y sobre cómo nos relacionamos con ellas desde diferentes ángulos. Psicólogos, neurólogos y hasta filósofos están de acuerdo en que nuestra mente filtra la información que recibe para obtener la parte más significativa en cada momento. Este filtrado lo hace apoyándose en las experiencias positivas y negativas, miedos, deseos y esquemas relacionales que están registrados en nuestra memoria. De esta manera, nuestra mente está, en todo momento, revisando y editando lo que estamos percibiendo. Está validando o rechazando los datos que vienen de afuera para hacerlos compaginar con nuestras ideas previas. Nuestra mente da importancia a algunos hechos y olvida otros.

Rabindranath Tagore describe cómo construimos la realidad en nuestra mente, al hablar de los recuerdos como una pintura sobre un lienzo, inexacta, impresionista y personal:

> *"No sé quién pinta los cuadros en el lienzo de la memoria; pero sea quien fuere... lo que pinta son cuadros. ...lo que allí deja con su pincel no es una copia fiel de todo cuanto ocurre. Más bien él coloca y quita según sus preferencias. ¡Cuántas cosas grandes hace pequeñas y cuántas pequeñas hace grandes! No tiene resquemor alguno en poner en el fondo aquello que estuvo en primer término, ni traer al frente lo que estuvo detrás. Mientras que en el exterior de la vida pasan toda una serie de acontecimientos, dentro se está pintando un juego de cuadros. Los dos sucesos se corresponden, pero no son uno".*

Creemos que las cosas son exactamente como las vemos. Uno de los pocos romances que duran toda la vida es el romance que tenemos con nuestros propios puntos de vista. Es como si cada uno de nosotros llevara puestos un par de anteojos, y a través de ellos viese la realidad y exigiera a todos los demás que usarán los mismos anteojos. Estos anteojos son tan livianos y estamos tan acostumbrados a ellos que la mayor parte del tiempo ni sabemos que los tenemos puestos. Determinan qué vemos y qué no vemos, y qué nos parece hermoso o interesante. Nos indican si podemos confiar o debemos estar a la defensiva. Además, como todos sabemos, los anteojos a veces se empañan, se rallan o se astillan. Otras veces una de las patas se inclina y toda la imagen se distorsiona hacia un lado. El primer paso para volver a ver bien es reconocer qué está impidiendo que veamos las cosas como son. Si por casualidad tenemos un par de anteojos oscuros y no nos damos cuenta de que los tenemos puestos, es posible que pensemos que un día soleado esté nublado, o que el pasto del camino es ocre en lugar de verde.

Reaccionar o Responder

—"¿Dónde están mis lentes?"- preguntó enojado el distraído padre mientras buscaba por toda la casa. "Los llevas puestos papá" le dijo su hija, mientras señalaba con un dedo a la cara del padre. Así estamos nosotros también... Siempre con los anteojos puestos, pero sin saberlo. Pero no se trata de unos anteojos bifocales para ver de lejos y de cerca. Son anteojos que nuestra mente va creando a medida que crecemos dentro de nuestra familia, de nuestra comunidad y de nuestra cultura. Esos lentes son los hábitos mentales que todos tenemos.

Era mecánico, pero parecía un maleante

Algo que nos puede llevar a reaccionar son nuestros prejuicios. Como en el caso de Jacinto, una persona que me narró cómo se había dado cuenta de que construía su propia realidad y como sus prejuicios lo hacían reaccionar. Estando de vacaciones con su familia, su auto había empezado a echar un denso humo negro. Al llegar al pueblo más cercano, Jacinto lo había llevado un taller que le habían recomendado en la estación de gasolina. Esto fue lo que me comentó:

"el taller me dio mala impresión; todo estaba tirado por ahí... Entonces apareció un hombre en un mameluco sucio y grasoso, sin afeitar y despeinado y con una cicatriz en la cara. Era el mecánico... pero parecía un maleante, y le conté que el auto se calentaba y estaba echando humo. Levantó la tapa del motor y vimos que todo estaba totalmente negro por el hollín, la grasa y salpicaduras de aceite. Rápidamente me dijo que el carro parecía estar botando aceite, que trataría de arreglarlo y que volviera en un par de horas".

Así lo hizo Jacinto, y se fue con su familia a un restaurante a almorzar, mientras el mecánico empezaba a trabajar en el motor del auto. Cuando regresó a buscar el auto, el taller estaba vacío. -¡Se lo robó!- pensó Jacinto, y su corazón empezó a latir fuertemente: "¿qué hago si no vuelve...?; "¿y si se había robado alguna pieza...?"; "¡lo voy a llevar a la policía!"; "¡lo voy a insultar por atreverse a llevar mi carro, seguro andaba paseando por el pueblo!"

Mientras me contaba esto, Jacinto también me decía que había una parte de él que sabía que debía tranquilizarse, que era posible que todo fuera producto de su imaginación: "Al poco rato apareció el mecánico con cara de maleante y con mi auto. Se bajó como si nada y me dijo que había salido a calentarlo para ver si seguía goteando aceite. Abrió el motor y vi asombrado cómo todo estaba ahora limpio y nítido. 'Lavé el motor para poder ver si todavía sal-pica o gotea todavía. Y me señaló la pieza que había reparado de manera improvisada con una resina resistente para evitar que el trompito de presión del aceite siguiera goteando".

Jacinto me dijo que había tenido un "encuentro cercano" con la fuerza de la mente para inventarse cosas. Era la rama tirada en el piso que parecía una serpiente. Acabó comprendiendo que los temores que había incubado en su mente, y todas las emociones que había sentido eran producto de sus prejuicios. Había construido una percepción errónea de la realidad, basada en sus temores y sus preconceptos.

Las herramientas que usa la mente para construir la realidad son los hábitos mentales positivos y negativos, que se convierten en creencias que tenemos sobre las personas y el mundo en general, y al final del día son las actitudes y conductas de nuestro diario vivir. A los hábitos mentales negativos les llamamos "venenosos" porque, como el veneno de las serpientes, atacan el corazón, los músculos y el cerebro de aquellos a quienes "muerden". Muchas veces son estos hábitos venenosos los que, convertidos en actitudes, los que crean o sostienen una dificultad o convierten una pequeña incomodidad en una gran molestia.

Los hábitos mentales venenosos

Un hábito es un patrón de conducta automático que actuamos sin esfuerzo producto de que lo hemos aprendido a través de la repetición constante. Los hábitos son la respuesta económica del cerebro que busca ahorrar energía. En esencia son muy buenos pero, por otro lado, nos hacen actuar sin pensar. Aquellos que han desarrollado buenos hábitos gozan de los frutos de ese esfuerzo. Los que no, sufren por el daño que les causan los malos hábitos. En la mente también tenemos hábitos implícitos, de los que no nos damos cuenta, que sirven para organizar la realidad y que lamentablemente afectan grandemente nuestra vida, y la vida nuestras familias y amistades. Se trata de los hábitos mentales venenosos que reafirman las emociones negativas y con frecuencia nos llevan a reaccionar. Los hábitos mentales venenosos son un círculo vicioso que impide autorregular las emociones y discernir cabalmente en situaciones de estrés.

Nos damos poca cuenta de nuestros hábitos de comportamiento, pero si nos detenemos por un segundo, poco a poco salen a la luz... Nuestros hábitos son las cosas que hacemos con regularidad, como bañarnos, lavarnos los dientes, leer el periódico en la mañana, tomar un café en la tarde, etc. Los hábitos de pensamiento son un poco más difíciles de reconocer, pues se trata del tipo de razonamientos que usamos, de las ideas que pensamos frecuentemente, y de la manera como percibimos a las personas, a nosotros mismos, a los eventos y todo lo que nos rodea. Los hábitos de pensamiento sirven para decidir a qué cosas poner atención entre los millares de estímulos que recibimos y qué cosas mejorar.

He identificado cuatro hábitos mentales venenosos que desarrollamos sin querer desde muy temprana edad y que entorpecen la capacidad de ver la realidad de manera desapasionada. Estos hábitos de pensamiento están vinculados a nuestros esquemas de apego. Lamentablemente, los usamos inconscientemente y sin darnos cuenta. Ellos son básicos a la hora de relacionarnos con las personas y hasta con nosotros mismos, y si no son saludables nos dificultan responder. A continuación se describen los cuatro hábitos mentales negativos.

Partiendo en dos lo que es uno: El hábito de escindir la realidad

Cuando percibimos cualquier estímulo, lo vemos como un todo integrado. Nuestra mente registra cada detalle del objeto que está reconociendo y une tanto los aspectos positivos como los negativos y nos permite reconocer y relacionarnos con la totalidad del objeto, la situación o la persona delante. El proceso es totalmente inconsciente. Pero muchas veces, debido a heridas psicológicas, este proceso natural de integración no se logra cabalmente. Entonces ocurre la escisión, uno de los hábitos mentales inconscientes más primitivos pues lo hacen hasta los recién nacidos.

Se dice que algo está 'escindido' cuando ha sido separado en dos partes, aún cuando su estado real sea el de estar unido. Descubrí en mi propia terapia, que los momentos en que había reaccionado automáticamente mi mente había hecho, producto de un temor a ser rechazado o herido, una escisión de la realidad. Ahora, a veces uso el concepto de escindir la realidad para ayudar a los clientes que reaccionan impulsivamente a comprender lo que les pasa. Imaginarse el proceso de escisión no es difícil.

Una vez atendí a una pareja. Ella tenía fuertes emociones negativas acerca de su marido. Él aguantaba hasta un punto que se iba de la casa. Cada vez que tenían una diferencia, la mujer se desesperaba y perdía el control. Según ambos, ella insultaba, descalificaba e invalidaba a su esposo o a sus hijos, cuando cualquiera de ellos hacía algo que para ella era equivocado. Un día que les estaba explicando lo que era el hábito de escindir la realidad me puse a describir las características de una silla que tenía en mi oficina, y les dije algo como: "Miremos la silla por un momento. Nuestra mente observa la silla e instantáneamente la analiza y toma nota de las características que tiene. Por ejemplo, la mente nota las características positivas que tiene la silla como: el vistoso color de la madera, la amplitud que tiene el asiento y lo cómoda que parece, así como los braceros que permiten que uno descanse los brazos cómodamente. Por otro lado, la mente también registra cada uno de los aspectos negativos de la silla: el tapiz que está un poco desgastado y rayado, el movimiento desvencijado en uno de los brazos producto de los años de uso, la ausencia de labrado en la madera que pudiera hacerla parecer simple, etc."

En resumen, le conté a los esposos que la mente recoge los aspectos positivos y los negativos de cada uno de los objetos (y las personas y nosotros mismos) que vemos y los integra en una imagen total. Además, si la silla me recuerda algún evento, como que fue una de las primeras sillas que compré para el consultorio, la mente también hace uso de esta información y la incorpora a mi idea de "silla de mi consultorio".

Les expliqué a los esposos que cuando hay cansancio, frustración o inseguridad, o cuando el estímulo nos conecta con una emoción negativa de abandono, rechazo o maltrato, en cuestión de milésimas de segundo la mente divide la realidad en dos. Es como si pusiera todo lo negativo de la situación de un lado y todo lo bueno del otro lado. Luego que esto ha pasado, la mente borra el registro de los aspectos positivos reales del evento y sólo percibe lo negativo.

Allí es cuando se da la escisión: la parte positiva es eliminada. Tengamos presente que esto ocurre en fracciones de segundo y que es imposible rastrear en el tiempo cuando la mente está haciendo cada una de estas cosas. Entonces, la mente procede a agrandar las características negativas del objeto, las cuales generan frustración y disgusto y dan la justificación para el próximo paso, que es hacer cualquier tipo de reacción automática.

Una vez expliqué todo lo anterior, se me ocurrió empezar a hablar negativamente de la silla: "eres una silla estúpida, sin calidad, gastada, sucia, incómoda, sin clase" y finalmente de un manotazo la tiré contra el piso y esta cayó con estrépito, desencajándose uno de los braceros.

Los esposos quedaron boquiabiertos. Yo empecé a pensar que el ejemplo había sido demasiado gráfico. Pero entonces la esposa salió como de un trance y dijo: "Eso es lo que yo hago, eso es exactamente lo que yo hago con mi esposo y con mi hijo, es lo que siempre he hecho y es también lo que hacía mi papá conmigo. Si una persona hace algo que no me gusta, ¡ya!, la descalifico. Me olvido de todo lo bueno... Ese es el motivo por el que él me dice que yo soy muy difícil de tolerar..." y se puso a llorar. La mujer había podido ver su propio proceso de escisión y cómo reaccionaba desproporcionadamente contra su familia cuando las cosas no salían como ella quería.

Algunas personas tienden a descartar la parte positiva de la realidad cuando están en situaciones de estrés. Como un hombre que estaba muy tenso por la reestructuración del lugar donde trabajaba, y cuando su hermano lo llamó para preguntarle cómo estaba, reaccionó impulsivamente, contestándole en un tono grosero e impaciente. Por eso es tan importante reconocer el nivel de estrés que tenemos. Por otro lado, la escisión está en la base de los estereotipos o pre-concepciones que hacemos de las personas.

Cuando la gente se maneja con estereotipos, también está escindiendo la realidad. Como una mujer que se había puesto histérica porque su marido se había comprado, para él, un auto que según ella, "era un carro para mujeres". Otras personas que dividen la realidad no explotan, sino que terminan alejándose y aislándose, porque no toleran que los demás sean diferentes a ellos. Algunas personas solo escinden sus propias características positivas y negativas, olvidándose de sus cualidades y sus logros y poniendo de relieve sus defectos y errores. Otros pueden llegar a extremos de agredir verbal o físicamente a otras personas cuando escinden la realidad. Sin embargo, la escisión es sin duda "la madre" de todos los hábitos venenosos.

El centro soy yo:
El hábito de personalizar la realidad

Algunas personas quieren que todos los demás se encarguen de satisfacer sus deseos (pensando que los demás no tienen nada mejor que hacer que complacerlos...). Otros escudriñan el ambiente social intentando descifrar cualquier indicio que pudiera dar a entender que alguien los está atacando (o dejando de lado, o no les está dando el reconocimiento que se merecen). Por uno o por otro extremo, este hábito resulta agotador para las propias personas y para sus seres queridos. O bien siempre están buscando que los complazcan, o bien están a la defensiva y reaccionan automáticamente con congelamiento o aislamiento si sienten culpa; o con impulsividad agresividad o violencia si lo que experimentan es ira. Este es el hábito de personalizar la realidad.

"El niño es el padre del hombre" escribía el poeta inglés William Wordsworth hace más de 150 años y tenía mucha razón, pues los hábitos mentales, virtuosos o venenosos se originan en la infancia. La tendencia a personalizar la realidad está presente en el ser humano desde muy temprana edad. De hecho los expertos en desarrollo humano creen que los niños y las niñas pequeños (4 a 6 años) pasan por una etapa de egocentrismo. En esta etapa los niños suelen pensar que el mundo gira alrededor de ellos y que muchas cosas ocurren como consecuencia de algo que ellos han hecho o dejado de hacer. Tanto si creen que merecen todo lo que piden, como si creen que cualquier cosa negativa que pasa en casa es responsabilidad de ellos, esta etapa normal entre los niños puede causarles problemas si sus padres no saben cómo ayudarlos a ir calibrando sus apreciaciones e irse saliendo del egocentrismo infantil.

Las situaciones en que vemos que niños o niñas se sienten responsables de la separación de sus padres o de la enfermedad de un hermanito atestiguan sobre esa tendencia infantil a personalizar la realidad. Los niños que ven sufrir a sus padres, y se sienten responsables de su bienestar, se tornan ansiosos, tratando de pensar qué pueden hacer para cambiar la situación. En este caso, si los padres los ayudan a ir resolviendo sus dudas, los chicos poco a poco van "separando" lo que les pertenece de lo que pertenece a otros. Se espera que a medida que el niño va creciendo, la tendencia a personalizar el mundo, vaya cediendo. Sin embargo, muchas personas no superan del todo esa etapa y se convierte en el hábito mental de personalizar la realidad.

Este hábito se puede observar comúnmente en las personas egoístas que son inconscientes de las necesidades de los demás. También se observa en las personas que tienen una actitud salvadora, pues sienten que no valen mucho y que tienen que ayudar a todos los demás en sus necesidades. Finalmente, está presente en las personas que desconfían de los demás porque sienten que las otras personas "la tienen en contra de ellos". El hábito de personalizar la realidad se despliega en nuestras actitudes de tres maneras:

- Pensando que nos merecemos todo sin tener que dar nada a cambio; por tanto asumimos una actitud de "yo me lo merezco" y reaccionamos automáticamente hacia los demás, con ira o aislándonos, cuando la gente a nuestro alrededor no cumple lo que "debe hacer".

- Pensando que todo el mundo es –o debe ser- como nosotros, que nuestro punto de vista es el correcto o "la verdad" y que todos deben entender que las cosas se deben hacer a "mi" manera.

- Pensando que hay algo malo intrínsecamente en nosotros, y que somos peores que los demás y que no merecemos aquello que otras personas pueden conseguir.

Cuando Pablo Neruda escribió la "Oda al Hombre Invisible" quería probablemente dar un mensaje a los poetas tradicionales, tan envueltos en sí mismos. Pero sin querer nos dejó un mensaje a todos los seres humanos. Neruda parecía estar consciente de la tendencia tan generalizada que tenemos los seres humanos de pensarnos centros de todo y periferia de nada, y que lo más terrible era la gran pérdida de no reconocer que somos sólo una pequeña pieza en el rompecabezas de Dios. En su oda, Neruda nos recuerda la belleza de aprender a ser testigos de todo y centro de nada, y que en la vida un verdadero placer está en disfrutar de tantas y tantas cosas que ocurren en nuestro entorno que son importantes, no por su tamaño, sino por su valor como reflejo de la vida misma que las hace maravillosas, aunque sean sencillas y triviales.

"Yo me río,
me sonrío de los viejos poetas: siempre dicen "yo".
A cada paso les sucede algo, es siempre "yo".
Por las calles sólo ellos andan, o la dulce que aman.
Nadie más... No pasan pescadores, ni libreros.
No pasan albañiles, nadie se cae de un andamio.
Nadie sufre, nadie ama, sólo mi pobre hermano el poeta.

A él le pasan todas las cosas y a su dulce querida.
Nadie vive sino él solo... nadie llora de hambre o de ira.
Y así mi pobre hermano se hace oscuro,
se tuerce y retuerce, y se halla: ¡interesante!
Interesante, ésta es la palabra,
Yo no soy superior a mi hermano, pero sonrío.

Reaccionar o Responder

Porque voy por las calles, y sólo yo no existo,
la vida corre como todos los ríos,
y yo soy el único invisible.
No hay misteriosas sombras.
No hay tinieblas.

Todo el mundo me habla... Me quieren contar cosas,
me hablan de sus parientes,
de sus miserias y de sus alegrías, todos pasan
y todos me dicen algo, ¡y cuántas cosas hacen!

Cortan maderas, suben hilos eléctricos.
Amasan hasta tarde en la noche el pan de cada día.
Con una lanza de hierro perforan las entrañas de la tierra
y convierten el hierro en cerraduras, suben al cielo
y llevan cartas, sollozos, besos.

En cada puerta hay alguien, nace alguno,
o me espera la que amo. Y yo paso...
y las cosas me piden que las cante,
No puedo sin la vida vivir, sin el hombre ser hombre.

Dadme para mi vida todas las vidas,
dadme todo el dolor de todo el mundo,
yo voy a transformarlo en esperanza.
Dadme todas las alegrías, aun las más secretas,
porque si así no fuera: ¿cómo van a saberse?

Yo tengo que contarlas, dadme las luchas de cada día
porque ellas son mi canto, y así andaremos juntos,
codo a codo, todos los hombres, mi canto los reúne:
el canto del hombre invisible que canta
con todos los hombres."

Pablo Neruda.
Oda al Hombre Invisible, (extracto)

El origen de tanta fantasía egocéntrica está en la forma como en que algunos padres y madres endiosan a sus hijos e hijas desde pequeños. ¡Qué error tratar de hacer sentir a los hijos que son el centro de la realidad! O, como decimos en Panamá, la última Coca cola en el desierto. Necesitamos ayudar a nuestros hijos a reconocer que son especiales sí, pero sin ser el centro del mundo. Los niños tienen que aprender que de cada diez cosas que uno le pide a la vida, usualmente la vida le dice "no" a unas siete u ocho, y que eso es normal; y que uno no va por la vida exigiendo sin dar nada a cambio, y haciendo lo que le viene en gana.

Otras veces, me encuentro que esta idea de creernos el centro del mundo, surge producto de experiencias muy negativas que algunas personas han tenido en su vida, y que los llevan primero a enterrar su propio dolor emocional, y luego a proyectar hacia fuera todo lo malo que pudieran sentir acerca de ellos mismos. Al final, ésto los lleva a estar en guardia, esperando siempre que algo malo les pase.

Sea cual fuera el motivo, el hábito de personalizar la realidad es una fuente constante de conflicto y malestar para las personas que lo practican y lleva con frecuencia a reaccionar automáticamente ante las cosas, las personas y las situaciones.

El problema son los otros:
El hábito de juzgar la realidad

"y con la medida con que mides, te volverán a medir a ti."

Mateo 7, 2.

No es sorpresa que todas las religiones reprochen el acto de "juzgar" a los demás. Parece haber un acuerdo en que juzgar y no aceptar las diferencias entre las personas es perjudicial para quien lo hace y para la comunidad. Cuando criticamos y juzgamos, no nos damos tiempo para comprender cómo ocurren las cosas en realidad. Juzgar es una forma de no tener que pensar. De esta forma, la manera más común de reaccionar es criticando a los demás... o a nosotros mismos.

Como hemos dicho, hay diferentes lentes que nos ponemos para ver la realidad: algunos son positivos, como los lentes de la esperanza, los de la alegría o los de "la buena onda"; así como los lentes del "vamos a disfrutar de este día que Dios nos ha regalado...". Sin embargo, otros lentes son negativos, como los lentes de la vergüenza, del revanchismo y del rencor.

Quien critica se pelea con el mundo y, la crítica en sí es a veces una reacción agresiva hacia los demás. Esos demás son nuestra pareja, nuestros padres, los amigos y compañeros de trabajo. También juzgamos a esos "demás" que nos quedan un poco más lejos como los políticos, los magistrados, los obreros o los empresarios. Finalmente juzgamos y criticamos a los que nos quedan "más lejos aún", como los extranjeros, los que tienen otra religión u otras costumbres. Quien tiene por hábito la crítica, ha perdido la perspectiva. Esta tendencia a culpar y criticar nos impide desarrollar relaciones sanas, porque inconscientemente pensamos siempre que quien tiene que cambiar es el otro.

Nuestra predilección por juzgar a los demás es un pasatiempo practicado por todo el mundo, seguramente un poco por ti también, y sin duda, por mí mismo. La canción "Los Demás", escrita por Alberto Cortéz, describe de manera diáfana nuestra tendencia a criticar todo y a todos, menos a nosotros mismos:

"Nunca estamos conformes del quehacer de los demás,
Y vivimos a solas sin pensar en los demás,
Como lobos hambrientos acechando a los demás,
Convencidos que son nuestro alimento los demás,
Los errores son tiestos que tirar a los demás.
Los aciertos son nuestros y jamás de los demás.
Cada paso un intento de pisar a los demás.
Cada vez más violento el portazo a los demás.

Las verdades ofenden si las dicen los demás.
Las mentiras se venden cuando compran los demás.
Somos jueces mezquinos del valor de los demás.
Pero no permitimos que nos juzguen los demás.

Apagamos la luz que por amor a los demás,
encendió en una Cruz el que murió por los demás.
Porque son ataduras comprender a los demás,
caminamos siempre a oscuras sin pensar en los demás.

Nuestro tiempo es valioso pero no el de los demás.
Nuestro espacio precioso pero no el de los demás.
Nos pensamos pilotos del andar de los demás.
Donde estamos nosotros, ¡que se aguanten los demás!"

Alberto Cortéz

La crítica

La crítica es un combustible que enciende muchas reacciones. "Él debió hacer esto..."; "¡Tú tenías que haber sabido que...!"; "¡No tienes ni idea de lo que estás hablando...! ¡Así no es como se hace!; ¡Qué te pasa... estás loco! Esos pensamientos negativos se nutren del hábito venenoso de juzgar la realidad. Un estudiante estaba muy molesto porque sus compañeros no estaban colaborando en el trabajo de historia del diseño. Pero su actitud le hacía más daño a él mismo que a los demás: Era muy negativo y reaccionaba impulsivamente contra ellos cuando lo llamaban para reunirse. El hábito de juzgar se combina y multiplica con la ira y el enfado y reaccionamos con críticas. Pero como bien sabemos lo que dices impulsivamente hoy, puede ser que mañana te arrepientas de haberlo dicho.

Hay varios tipos clásicos de quejosos y criticones. Fíjate a ver si te pareces un poco a alguno de estos personajes.

Tipos críticos más comunes...

El **desilusionado crónico**, que siempre ve lo malo en las situaciones y en las demás personas. Siempre está decepcionado o desilusionado de los actos de los demás. "¡yo esperaba otra cosa... esa gente no supo...!"; "¡me decepcionaste...! ¡No esperaba eso de ti!)

El **comparador crónico**, que cuando se menciona algún aspecto positivo, de una vez recuerda otro momento que no había sido positivo; o compara lo positivo con algo que es mejor en otra persona, en otro grupo, país, lugar, etc. ("Si... quedó bueno el choclo, pero si vieras como lo hacemos en nuestro país..."; ¡Ella es buena, pero el otro día hizo un desastre!")

El **lupero**, que son los que andan con una lupa viendo qué pequeñeces pueden criticar todas las cositas que la gente no hace bien. ("¡Ja... eso no es nada, las "bellezas" que habrán hecho...!")

El **refunfuñador perpetuo**, que parece un disco rayado, siempre quejándose por todo y con todos.

El **dinamitero**, que no importa quién esté delante, cuando se disgusta, arremete con furia indiscriminada. ("¡a mí no me importa que esté quién esté... que no se meta conmigo porque me encuentra!"

El **mercader de la culpa**, que parece llevar un libro de cuentas con las imperfecciones de los demás para poder sacarles las faltas a la gente, o recordarles lo malo que han hecho en otro momento.

Todos estos tipos de conductas empeoran la situación, no importa cuál sea. El hábito de juzgar la realidad se vuelve cada vez más fuerte y tiñe todo lo que toca.

La casa de los espejos:
El hábito de distorsionar la realidad

Nuestros pensamientos tienen mucho poder. El poder de llevarnos a persistir donde otras personas hubieran podido abandonar. El poder de ayudarnos a mantener firme nuestra posición cuando los demás nos quieren obligar a que cambiemos. Nos sostienen en medio de situaciones tensas y potencialmente peligrosas. Pero también nos enredan la vida. A veces nos llevan a sacar conclusiones erradas. Nos llevan a ver las cosas con el "ojo de la sospecha" y de la negatividad. Cuando esto ocurre, y sobre todo, cuando ocurre con frecuencia, es hora de revisar si acaso no estamos cayendo en errores en nuestra forma de ver las cosas. El hábito de distorsionar la realidad se despliega en una serie de mañas que usamos sin querer cuando pensamos. A esas malas prácticas les decimos "distorsiones del pensamiento" y han sido estudiadas por muchos especialistas en los últimos 40 años.

Recuerdo que una vez siendo niño, fui con unos amigos a un circo que tenía una atracción llamaba "casa de los espejos". Entrabas y hallabas que todas las paredes eran espejos o cristales. A medida ibas pasando por los cuartos y pasillos se oían risas y carcajadas, hasta que llegabas a un salón de mediano tamaño en donde estaban los famosos espejos distorsionados. En uno me veía flaco como un viejo poste de madera; en otro me veía aún más gordo. En uno tenía los pies larguísimos, y en otro el cuello era como si fuera de una jirafa. Había un espejo que dividía el cuerpo en pedazos: la cabeza y los hombros por un lado, y la cintura y los pies por otro. Era curioso y divertido, pero era inofensivo.

Pero las distorsiones del pensamiento que hacemos a diario no son tan divertidas, ni tan inofensivas. Constantemente distorsionamos lo que vemos acerca de nosotros mismos y de los demás. Es como si estuviéramos en la casa de los espejos: a veces nuestros defectos los vemos grandísimos, y nuestras cualidades mínimas, como en el espejo donde la cabeza se ve muy grande y el resto del cuerpo muy chiquito. A veces enfatizamos solo lo que vemos negativo en la persona que tenemos enfrente a nosotros, y no vemos el resto, como en el espejo donde sólo se veían secciones del cuerpo.

Hagamos un repaso de los distorsiones de pensamiento más comunes:

1. Etiquetar a las personas y a uno mismo: En vez de reconocer que cada persona es una mezcla de cualidades y defectos, cuando etiquetamos estamos categorizando a alguien o a nosotros mismos de una manera negativa. Reducimos a las personas a objetos que tienen una

sola dimensión y les ponemos una etiqueta: "torpe", "engreída", "falsa", "aburrido", etc. Las etiquetas pueden ser "benignas" como cuando usamos adjetivos neutrales como "ella es detallista..." o "él es reservado". Pueden ser dañinas como cuando nos referimos a alguien con palabras como "ella es lenta", "él es un ermitaño". O también pueden ser hirientes, como cuando usamos epítetos agresivos: "ella es una loca", "eso no sirve para nada" "¡eres retrasado", etc.

2. Pensamiento unidimensional: Cuando creemos que las cosas sólo pueden ser o entenderse de una manera, nos peleamos con el mundo y reaccionamos agresiva e impulsivamente con las cosas, la gente y nosotros mismos.

3. Descalificar lo positivo. Esta distorsión actúa como un filtro mental que elimina cualquier aspecto positivo de uno mismo o de las personas. Nada positivo que te digan de ti misma es verdad; pero eso sí, todo lo negativo que se te ocurra es real y verdadero.

4. Generalización: En ocasiones pensamos que porque algo ocurrió una vez, va a pasarnos todo el tiempo. Este pensamiento irracional nos lleva a cometer errores de juicio y finalmente a reaccionar por la frustración que nos produce esperar que el mundo funcione de esa manera.

5. Catastrofizar: Cambiar la dimensión y la importancia que tienen las cosas. Hacer que las cosas parezcan un desastre. Un rasguño es una herida profunda. Un desacuerdo es una situación terrible. Todo pierde proporción y al hacerlo, sin querer, nos empujamos a reaccionar automáticamente.

6. Confundir la emoción con la razón: A veces pensamos que lo que sentimos es la verdad, cuando la realidad es otra. Nuestros sentimientos y emociones no reflejan necesariamente lo que ocurre afuera. Puedo 'sentirme' despreciado por alguien y reaccionar violentamente, cuando realmente es solo que esa persona está enfocada en hacer otras cosas.

Veamos un ejemplo que muestra qué tan inexactos y rígidos pueden ser nuestros pensamientos y cómo nos alejan de nuestras metas y nuestros sueños. El caso del esposo que descalifica todo el esfuerzo de su pareja, ilustra tristemente el poder negativo de las palabras. En su forma de hablar denota una manera de construir la realidad muy tóxica pues, en unas cuantas palabras, actúan los cuatro hábitos venenosos.

Todo el esfuerzo que yo hice ella lo pisoteó

Una pareja había llegado a terapia. Como muchas, venían por 'problemas de comunicación'. Cada uno asumía que la culpa de sus problemas era de la otra persona. Eran una buena pareja pero eran muy dramáticos, y a la vida en pareja no le hace bien el drama. A partir de la tercera sesión los esposos habían empezado a mejorar su interacción y estaban entendiendo qué les había pasado y cómo se habían perdido el uno del otro. Estaban siendo capaces de verse a sí mismos de manera menos reactiva. La pareja había estado trabajando fuera de la consulta para hacerse más conscientes de su diálogo interno, tanto estando solos como estando en compañía de su pareja. Habían empezado a poder ver cómo sus propios estados emocionales los hacían tornarse reactivos. Iban haciéndose responsables de sus propias emociones y sus propios pensamientos.

Pero en la cuarta sesión, luego de un incidente menor, el esposo había descargado agresivamente una amarga sentencia: "¡todo el esfuerzo que yo hice ella lo pisoteó!". La forma como se expresaba era dramática.

Las palabras tienen una fuerza muy grande para transmitir información y para crear realidades, tanto dentro de la mente como en la relación con nuestra pareja. Ante un evento que no se había desenvuelto cual él esperaba, el esposo sentía que su mujer había destrozado todo el esfuerzo que habían hecho. Sus palabras eran un reflejo de su mundo emocional, pero también moldeaban e influían ese mismo mundo emocional.

Este hombre estaba construyendo su propia realidad emocional influido por sus hábitos mentales venenosos y su diálogo interno negativo. Sin querer, estaba distorsionando la realidad con el uso de la palabra pisoteado; una palabra que implica desprecio, mala voluntad, desvalorización, etc. Además, estaba escindiendo la realidad cuando decía que todo lo adelantado se había perdido, sin poder reconocer los avances que habían hecho en las últimas semanas. Estaba juzgando la realidad cuando decía que ella lo había hecho, como implicando que lo había hecho a propósito y que sola-mente era ella la responsable. Finalmente, estaba personalizando la realidad cuando decía que era él quien había hecho el esfuerzo para que la relación mejorara.

Esa forma de expresarse es tan común y tan dañina entre las parejas... y en esta pareja era solo el comienzo de un ciclo negativo que les impedía ver la situación de manera más realista. Y lógicamente, esos comentarios tan negativos por parte del esposo, eran una carnada que invitaba a que la esposa reaccionara de vuelta contra él, acusándolo como en efecto lo hacía, y criticándolo y distorsionando también ella la realidad. Y de allí... at infinitum... el círculo vicioso de insultos y distorsiones podía durar minutos u horas. Ya fuera que durara horas o minutos, era agotador para ambos.

Le pedí al esposo que tratara de expresarse serenamente y le aclarara a su esposa a qué se refería, usando de lo que habíamos revisado en las reuniones anteriores y evitando caer en los hábitos venenosos. Luego que el esposo comunicara mas serenamente lo que le estaba pasando, comentó que la frase era una exageración, y aunque expresaba lo que había sentido en ese momento, no reflejaba exactamente la realidad de cómo él veía las cosas en su relación con su esposa. Este hombre fue capaz de decirle a su esposa que realmente ambos estaban esforzándose por mejorar las cosas, que él estaba esperanzado y de verdad sentía que lo estaban logrando, pero que le frustraba que no fuera perfecto.

El autor Miguel Ruiz, en su libro "Los Cuatro Acuerdos" habla de la importancia de ser impecables con la palabra. Nuestras palabras tienen poder; no sólo sobre las personas con las que vivimos y compartimos nuestra vida, sino sobre nosotros mismos: ellas construyen nuestras realidades mentales e impactan la forma como vemos el mundo. El esposo del ejemplo anterior tiene derecho a expresar sus emociones como desee. Pero también tiene el deber de usar responsablemente su lengua y sus palabras. Y todos nosotros debemos saber que la elección de palabras que hagamos cambia nuestra forma de ver las cosas y construye realidades positivas o negativas, según nuestra elección.

En esencia, hemos visto cómo los cuatro hábitos venenosos nos llevan a reaccionar automáticamente. Nuestra tarea es hacerlos visibles y cambiar su uso por el de los hábitos bondadosos, como proponemos en los ejercicios adelante.

Preguntas reflexiones, y ejercicios del capítulo 4:

1. Encontrar el lado positivo de las cosas...

   Para algunas personas encontrar el lado positivo en cada momento es fácil: ellos recuerdan sin dificultad los eventos positivos de cada día y se enfocan en lo bueno de las personas. Para muchas otras, se trata de un hábito que hay que aprender con esfuerzo, tomando conciencia de cuánto daño nos hacen estos hábitos mentales.

2. Haz una lista de todas las cosas...

   Haz una lista de todas las cosas agradables (al menos diez) que te han pasado en los últimos tres días. Piensa en grandes y pequeños eventos, aún los que parecen insignificantes. Cuando termines la lista, revísala y medita sobre cada punto. Toma conciencia de cómo te sientes luego de hacerlo. El poner atención a estos aspectos positivos nos predispone a responder con serenidad. Ahora haz otra lista, pero en esta ocasión de las cosas que te incomodan que hayan ocurrido en los últimos tres días.

   Luego de hacer las dos listas, reflexiona sobre cada una de ellas y toma conciencia de cómo te sientes. Observa cuál de las dos listas es mayor y cuál "pesa" más. Reflexiona en las ventajas y desventajas de cada una de las dos listas y los motivos por los cuales una es más larga o corta que la otra. ¿Hasta qué punto el peso de una u otra tiene que ver con tus actitudes? ¿Cuáles de los hábitos mentales venenosos son los que más pesan en la parte negativa de tu balanza? Piensa ¿qué pasaría si pudieras recordar constantemente las cosas positivas que te ocurren? Si la lista negativa es más larga, nota cómo tu atención determina lo que recuerdas. Vuelve a pensar en los últimos tres días y encuentra cosas positivas pequeñas, si quieres insignificantes y obvias que han ocurrido y que también son valiosas.

3. Vuelve a leer la poesía "los Demás" de Alberto Cortéz

   Mientras la lees, subraya las frases con las que te identificas. Escribe lo que piensas sobre lo que dice. ¿Tienes ejemplos de cómo tú haces algunas de estas cosas que menciona la poesía "los demás? Piensa cómo estas formas de pensar te llevan a reaccionar.

4. ¿Escindes a veces la realidad?

   Si es así, cuando te enfrentes a alguna situación tensa o persona que te resulta incómoda o negativa, trata de integrar las características positivas con las negativas de la situación y observa cómo cambia tu actitud para mejor.

5. Busca un ejemplo de cada uno de los hábitos venenosos en tu vida. ¿Para cuál de los cuatro hábitos venenosos te resultó más fácil encontrar ejemplos? ¿Cuáles son los hábitos venenosos que practicas con más frecuencia? Puede ayudarte el pensar en personas específicas en tu vida: tu esposo, tu esposa, tus padres, tu jefe, algún compañero de trabajo, etc. Piensa en las personas que te irritan, o en las situaciones en donde has reaccionado; allí probablemente es donde más fácilmente puedes notar cuando estás usando los hábitos venenosos.

6. Regresa a la historia del hombre que creía que el mecánico quería robarlo. Identifica qué hábitos mentales venenosos estuvo usando este hombre en su encuentro con el mecánico. Escribe alguna situación en que tú has podido reaccionar como él en el pasado.

7. Identifica y cambia tus pensamientos irracionales.

   Los hábitos mentales venenosos se convierten en pensamientos irracionales automáticos, que son como una grabación digital que suena dentro de nuestra cabeza sin que nos enteremos quién la ha hecho sonar. Cuando ocurre un evento que nos disgusta, inmediatamente tenemos pensamientos irracionales que nos alejan de la solución adecuada. Para neutralizarlos, hay que confrontarlos con pensamientos positivos que nos permitan "entrar en razón". Pero algunas veces los pensamientos automáticos son tan fuertes que toman a nuestra mente como un rehén y las ideas racionales no pueden escucharse. A partir de allí, estamos a merced de la fuerza de la irracionalidad y de la impulsividad y, lógicamente, reaccionamos. Los pensamientos irracionales son frutos indeseables que crecen en el jardín de la mente cuando no la cuidamos. Nos acompañan en menor o mayor grado a todos nosotros. Sin embargo, en la medida que nos hacemos más conscientes de ellos, podemos irlos eliminando.

   Las frases que siguen representan pensamientos distorsionados que nos empujan a reaccionar. Fíjate cuáles te parecen comunes entre amigos y familiares, y cuáles usas tú. Al final, escribe por qué son irracionales y como pueden llevar a las personas a reaccionar.

   "Yo tengo derecho a mi ira".

   "Ellos son los responsables por lo que hicieron".
   "Es por culpa de ellos".
   "La vida es una mala vaina".

   "No se puede confiar en nadie".
   "Hay mucha más gente mala que buena en el mundo".

"Al final, nada dura, todo es una porquería pasajera".
"yo perdono pero jamás olvido".
"Es culpa de ella/él que yo esté tan bravo".
"No puedes dejar que nadie vea cómo te sientes".
"Necesito que me quieran, mientras eso no ocurra no puedo estar bien".
"Las cosas tienen que ser perfectas, si no están mal".
"Las personas son malas".
"¿Por qué siempre todo lo malo me pasa a mí?"
"Yo no debería tener que pasar por esto."
"Nunca ocurre nada bueno en mi vida."
"Lo que siento es lo que siento: yo no puedo controlarlo o cambiarlo".
"Yo tengo que sacrificarme por ellos".
"¡Por qué siempre lo hacen mal!".

En segundo lugar, cada una de ellas representa un ejemplo de uno o más de los hábitos mentales venenosos. Identifica cuál de los cuatro hábitos venenosos sustenta cada una de las frases que leíste arriba.

En tercer lugar, suplanta las frases negativas con una frase más positiva. Toma todos los pensamientos negativos escritos arriba y neutralizados con un pensamiento racional o positivo.

5. UN CUARTETO PERVERSO

El Cuarteto Perverso es un 'conjunto musical' que no hace música. En vez de melodías, solo tocan chirridos disonantes que nos hacen querer salir huyendo. Son las cuatro emociones negativas, que aún siendo parte importante de la existencia humana, generalmente nos invitan a actuar sin pensar y reaccionar automáticamente. Permíteme presentarte al cuarteto de las emociones negativas:

La ansiedad (y su hermano mayor, el miedo)

La tristeza (y su hermana mayor, la depresión)

La vergüenza (y su compañera de desventuras, la culpa)

La ira (y su hermano menor el enfado)

Estas cuatro emociones y su coro acompañante son en buena medida responsables de muchas de nuestras reacciones. Conocerlas bien y aprender a escuchar con tranquilidad su música terrible, sin reaccionar ante ellas, es básico para vivir una vida feliz y tranquila. Pero no se trata de rechazarlas o reprimirlas. La meta es más bien abrazarlas, entenderlas y manejarlas adecuadamente.

Lo que buscamos es traducir en palabras los mensajes que nos quieren transmitir este cuarteto y aprender a sacar música de sus instrumentos. Esa es la tarea básica para manejarnos bien y aprender a responder. Empecemos por la ansiedad y el miedo.

La ansiedad

La ansiedad es la emoción más estudiada por los científicos, quizás porque es la más frecuente.

Cada uno de nosotros tenemos debilidades que nos hacen sentir inseguros; temores arraigados de nuestra infancia, problemas que no hemos terminado de resolver, defectos de carácter que nos ponen nerviosos y a la defensiva; en fin, botones sensibles que -al ser apretados- nos ponen ansiosos.

La ansiedad es una forma que usa el cerebro para mandar información. El mensaje es algo así como: "¡alerta... están pasando cosas para las cuales no estamos preparados... No bajes la guardia!" Ese mensaje activa al organismo para una eventualidad o un peligro. Pero cuando su frecuencia, intensidad o duración es excesiva, o aparece en momentos que no se amerita, le llamamos "ansiedad generalizada", y produce limitaciones en la vida de las personas y en su capacidad de adaptarse al medio circundante.

Esta ansiedad generalizada es causante de reacciones automáticas y está en la base de muchos problemas emocionales. Cuando estás ansioso reaccionas con sobresalto; te asustas con facilidad, no puedes pensar con claridad, te paralizas, etc. Muchos expertos consideran a la ansiedad como un factor común en la sintomatología de gran cantidad de las personas que acuden a consultas de atención primaria de los hospitales y centros de salud.

El miedo

Por otro lado, si la ansiedad es el temor a algo vago o indiferenciado, el miedo es el temor a una amenaza real. Existen tres reacciones automáticas al miedo: huimos, peleamos o nos paralizamos. Cuando se trata de un peligro físico o psicológico inminente, cada una de ellas, puede ayudarnos. Sin embargo, muchas veces discutimos (peleamos) sin necesidad, nos aislamos (huimos) cuando enfrentamos una situación incómoda, o nos quedamos congelados (paralizamos), en momentos en que sentimos peligro cuando hubiera sido mejor responder.

Una de las reacciones típicas al miedo es la paralización o congelamiento. Cuando alguien se "congela", su cerebro está reaccionando a un fuerte estímulo de peligro. La paralización es parte de las reacciones adaptativas al miedo. Cuando una persona dice "¡Me quedé congelada del miedo! está diciendo literalmente lo correcto. La gente se paraliza de miedo, como las zarigüeyas que se hacen las muertas cuando se ven atacadas por un predador muy grande. Otra de las reacciones ante el miedo es la pelea. Algunas personas están siempre a la defensiva y reaccionan agresiva o violentamente, aún cuando la situación se hubiera podido resolver con una conversación franca o simplemente dejando pasar un poco el tiempo. Finalmente, la última reacción típica al miedo es la huida o evitación. Y algunas personas simplemente reaccionan huyendo de las situaciones que les causan angustia o ansiedad, en vez de enfrentarlas de manera sensata y superarlas.

La ansiedad arruinó el día del aniversario

Una linda pareja terminó la celebración de aniversario amargadísimos. Era su catorceavo aniversario de bodas y la esposa había reservado para ir a cenar a un restaurante de comida de autor. Había enviado a los niños a dormir con su hermana, y preparado todo para tener una velada relajada y tranquila... ¡y seguro que con un poco de romance...! Sin embargo, el esposo había estado trabajando muy duro en las últimas semanas, y estaba ansioso por la instalación de unas máquinas nuevas en su trabajo.

Finalmente cuando llegó a la casa, venía contrariado. No había podido terminar los trabajos y a la vez se sentía mal por llegar tarde para salir a la cena con su esposa. Luego de bañarse apurado, habían salido los dos para su cita. Todo iba muy bien: la pareja estaba muy contenta cenando y tomando un buen vino. Pero en el fondo, este hombre estaba preocupado por el desempeño de las nuevas máquinas que habían comprado recientemente. Sin embargo, había logrado desconectarse un poco del trabajo, y estaba disfrutando la conversación con su esposa.

Cuando terminaron, a eso de las diez y treinta de la noche, recogieron el auto y salieron para la casa. Pero en el camino de regreso, el esposo recibió una llamada de la fábrica que lo dejó frío. El supervisor comentó que una de las máquinas nuevas se había atascado y el trabajo se había detenido. Hasta allí llegó la velada especial. El esposo se agitó pensando por lo que podía implicar este problema para los trabajos que tenían que entregar.

La ansiedad se fue transformando en enojo y el esposo se fue enfureciendo con su socio porque "él fue quien había querido comprar esas máquinas". De un segundo a otro se fue exasperando y empezó a maldecir y gritar contra los proveedores de la máquina, contra su socio y contra él mismo. "¡desgraciados...!", "¡Yo sabía que esas máquinas no iban a funcionar cuando hubiera volumen!", "¡pendejo que soy...!" Cuando la esposa lo trató de tranquilizar y decirle que se serenara, explotó contra ella y le gritó que no tenía ni idea del esfuerzo que estaba él haciendo, teniendo tanto trabajo en la fábrica. La esposa le increpó que si era así, por qué mejor no se iba para la fábrica. Con eso, el esposo aceleró el carro y cuando llegaron a la casa dejó a su esposa y salió como un bólido de fuego en el auto.

La situación de estrés, y las emociones negativas del hombre lo habían dominado: no había sido capaz de serenarse ni había respondido con maestría. La ansiedad que sintió y la ira que generó al pensar que él "sabía que esto iba a pasar", y su impaciencia y frustración por sentir que su esposa no lo entendía, lo llevaron a reaccionar con intolerancia, impulsividad y agresivamente y, a arruinar el momento.

Días después el esposo reconoció que existían otras opciones para manejar el problema, pero que no se dio el tiempo para pensarlas. Por ejemplo, podía haber llamado al supervisor en jefe y negociar con él para asignar a otras personas; o pudo haber llamado a su socio para que él se hiciera cargo; o en el peor de los casos pudo haber calculado exactamente cuánto retraso implicaba esa maquina averiada, y ver si simplemente podía esperar a la mañana siguiente. También reconoció que al menos podía haberle explicado a su esposa un poco más tranquilo lo que estaba ocurriendo. El esposo reaccionó por el miedo y la ira que sintió antes de evaluar exactamente de qué se trataba la situación, y bajo el criterio de proteger el trabajo, perdió una importante oportunidad de disfrutar y fortalecer su relación con su esposa.

Quizás uno de los temores más comunes y menos conocidos que experimentan las personas es el temor al rechazo. Sentirse dejado a un lado, echado a atrás o abandonado es una experiencia muy fuerte, y algunas personas han aprendido a 'esperar' que los demás los abandonen. Esas personas anticipan constantemente que van a ser abandonadas o traicionadas. Eso los lleva a sentirse ansiosos y a estar en constante zozobra. De hecho, con frecuencia estas personas se sienten no tomadas en cuenta o "abandonadas" sin que realmente haya habido un abandono de por medio.

En la literatura clínica está descrita la compleja vivencia que sienten algunas personas cuando experimentan que alguien no las ha valorado o tomado en cuenta como ellas deseaban. Esto genera un vacío emocional, combinando con tristeza, ira, angustia, miedo y frustración terrible. Se trata de un coctel emocional que lleva a quienes lo experimentan a sentirse realmente mal y a reaccionar con agresividad o violencia contra quienes sienten ellos que los han abandonado, o contra ellos mismos.

Cuando estas personas vienen a una consulta, deben recibir un tratamiento psicoterapéutico que les ayude a manejar y regular sus emociones. Esta condición puede ser diagnosticada como un 'desorden de personalidad volátil', y que discutimos adelante, en el capítulo 7, cuando hablamos de la importancia de aprender a serenarnos a nosotros mismos. Las personas con este tipo de problema deben buscar tratamiento psicoterapéutico que se base en el modelo de la Terapia Dialéctica Conductual o en el modelo de terapia basada en la Mentalización.

La familia de las emociones negativas

Muchos expertos consideran que las emociones (tanto las positivas como las negativas) pueden agruparse en familias que están vinculadas entre sí por las funciones adaptativas que cumplen. Las familias de las cuatro emociones negativas que nos hacen reaccionar varían según sean sus matices, de situación a situación, pero tienen un núcleo central, y son las siguientes:

VERGÜENZA: sentirse inadecuado, inseguro socialmente, timidez, culpabilidad, remordimiento, humillación, arrepentimiento, mortificación y contrición, sentirse culpable.

IRA: disgusto, desdén, molestia, desprecio, menosprecio, frustración, aborrecimiento, aversión, repulsión, furia, resentimiento, cólera, exasperación, indignación, venganza, acritud, animosidad, fastidio, irritabilidad, hostilidad y, tal vez al extremo, violencia, y odio patológico.

TRISTEZA: pesadumbre, congoja, aflicción, pesar, melancolía, pesimismo, autocompasión, soledad, abatimiento, desesperación y, en casos extremos depresión.

MIEDO: ansiedad, aprensión, nerviosismo, preocupación, consternación, inquietud, cautela, incertidumbre, pavor, temor, terror, y en niveles extremos fobia y pánico.

Los celos

Una persona celosa busca que su pareja permanezca cerca y trata de que no tenga una relación cercana con nadie más. Esto casi siempre causa incomodidad en la pareja y, produce problemas y malestar en la relación.

Sin embargo, hay que poder distinguir entre celos inofensivos, y celos patológicos que se manifiestan a través de control excesivo, hostilidad, y hasta hostigamiento. La diferencia entre ambos tipos de celos está en que las personas con celos patológicos exigen que su pareja no se relacione con otras personas". Se trata de personas que practican "casi a la perfección" los cuatro hábitos mentales venenosos: dividen, juzgan, personalizan y distorsionan la realidad. Su inseguridad los hace tornarse paranoicos, y vigilan obsesivamente cada gesto, cada movimiento, cada llamada de su pareja, y tienden a ser controladores y hasta a reaccionar violentamente.

Además, tienden a reaccionar de manera pasivo-agresiva, haciéndose las víctimas o tratando de manipular a sus parejas de diverso modo, o frustrando los momentos buenos que tienen como pareja. Las personas celosas resultan insaciables en su necesidad de confirmación de amor, seguridad y exclusividad.

La Tristeza

Cuando estamos tristes el mundo parece un lugar oscuro e inhóspito. A muchos nos da a veces ese "bajón" emocional y sentimos como un hueco en el centro del pecho. El dolor impide que aflore el buen humor, o que uno vea una solución a los problemas o sienta esperanza. Sentimos tristeza cuando alguien querido se va, o cuando perdemos algo. También sentimos tristeza cuando no logramos lo que queríamos con todas nuestras fuerzas, cuando perdemos a alguien o a algo o en fin, cuando algo termina. Cuando no resolvemos emocionalmente las pérdidas en nuestra vida, la tristeza nos puede llevar a una combinación de reacciones de congelamiento emocional, aislamiento y evitación, a fuertes reacciones agresivas o hasta violentas.

La Soledad

A veces nuestra tristeza surge de la soledad. A los seres humanos nos gusta y nos conviene estar cerca unos de otros. Las personas somos capaces de hacer muchas cosas para no sentirnos solos; como estar con personas que nos hacen daño. Somos capaces de aturdir nuestra conciencia con tal de no sentir soledad.

Una paciente joven, atractiva e inteligente, me contó entre lágrimas, las cosas que hacía para no sentirse sola.

Cómo salía con hombres que no le simpatizaban, sólo por no estar sola; y cómo se involucraba sexualmente con ellos para aturdirse. Todo para luego sentir ira y aborrecimiento contra ella misma. El miedo a la soledad la hacía correr de una relación a otra sin ponerse a pensar qué era lo que estaba buscando en una pareja, ni la importancia de estar, primero que nada, en paz con ella misma. Reaccionaba impulsivamente evadiendo sentir la tristeza de haber crecido en un ambiente familiar con muy poco amor y con un padre crítico y burlón.

La Depresión

Cuando están deprimidas, las personas tienden a reaccionar. Si estamos deprimidos anticipamos consecuencias negativas de todas las acciones y sentimos un displacer constante. Cuando una persona se deprime es muy probable que use los cuatro hábitos venenosos: dividir, personalizar, distorsionar y juzgar la realidad. Por tanto debe tratar de vigilar sus pensamientos y usar los hábitos mentales bondadosos en lugar de los venenosos. Sabemos que existen varios tipos de depresión y que algunos de ellos tienen un fuerte componente genético. Pero también sabemos que la depresión se alimenta de pensamientos negativos que distorsionan y agrandan los aspectos negativos de lo que nos pasa. Entonces, tenemos que retar la supuesta validez de estos pensamientos negativos y decidirnos a dejarlos atrás.

En el ejemplo de un hombre que se queda sin trabajo, que sigue adelante, vemos como la tristeza y el vacío lo paralizan y lo empujan a reaccionar impulsivamente. La depresión es una condición seria, y cualquier persona que piense que está deprimida debe buscar ayuda profesional que le permita encontrar un camino de vuelta a un estado de ánimo positivo y saludable. De igual manera si tú conoces a algún familiar que creas esté deprimido, debes seriamente estimularlo a buscar ayuda profesional.

Un hombre que se quedó sin trabajo

Un hombre había trabajado como gerente en una compañía de producción durante más de 12 años. Ahora, la compañía había sido vendida a una transnacional, y las órdenes de la sede eran traer su propio personal para llenar los puestos claves. Si bien este hombre ya se lo esperaba, había contemplado la esperanza de que su despido no ocurriera, y que los nuevos dueños consideraran quedarse con él. Ahora, el desánimo lo tenía paralizado. La pérdida de su trabajo lo estaba llevando, paso a paso hacia una inercia y él no parecía darse cuenta ni ser capaz de hacer algo para detener su rápida caída.

Se quedaba tendido en la cama hasta entrada la mañana y a veces no salía en todo el día de la casa. Sus hijos eran los que llevaban la peor parte: ellos trataban de animarlo y le compraban el periódico todos los días. Ambos trabajaban, estudiaban y trataban de hacer su vida lo más normal posible. Hablaban con sus tíos buscando ayuda; les preocupaba mucho su padre.

La tristeza por la pérdida laboral estaba llevando a este hombre al camino de la depresión. Sus reacciones eran de congelamiento emocional: estaba como un zombi, sin poder expresar nada, ni usar su frustración para movilizar su energía. Otras veces explotaba de la nada: en la mesa a la hora de la cena, uno de sus hijos se había quejado que se había acabado la mantequilla y el padre había explotado: "¡pues anda y búscala tu mismo!, o ¡si no ve a comprarla al supermercado, a ver si la consigues...! O ¡si no vete a la casa de algún amigo a ver si allá comes mejor!". Quedar sin trabajo es una experiencia muy fuerte, y a algunas personas les resulta difícil salir del ciclo de reacciones de inactividad, agresividad, y aislamiento.

Como vemos, la tristeza ralentiza la velocidad con que hacemos las cosas, nos nubla la mente y nos impide poner atención a lo que está pasando en el momento presente. Así, en algunas ocasiones, la tristeza nos puede llevar a reaccionar impulsivamente, sobre todo cuando se combina con otras emociones. La tristeza se mezcla con mucha facilidad con la culpa y con la ira, y en esa unión genera reacciones impulsivas, pasivo-agresivas o violentas.

El hombre del ejemplo anterior tenía necesidades reales. Su pérdida era muy real. Necesitaba consultar a un especialista. Además de hacer ejercicio, salir a buscar trabajo todos los días, leer material positivo, reinventarse personalmente, aprender a entender sus propias emociones y cambiar sus actividades y su diálogo interno. Mientras no lo hiciere tanto él como su familia seguirían sufriendo.

La Vergüenza

La vergüenza nos puede llevar a reaccionar con furia o a huir de una situación, pero más frecuentemente nos paraliza o nos congela. Evitamos situaciones cuando nos sentimos inadecuados, por el temor de experimentar vergüenza. También nos congelamos al abochornarnos, o nuestra ira puede activarse en cuestión de centésimas de segundo cuando pasa algo que nos hace sentirnos expuestos, vulnerables o imperfectos.

Nivia me contaba cómo se había sentido avergonzada al hacer una presentación en el trabajo y cómo sus reacciones posteriores habían sido de congelamiento y luego de ira contra sí misma. Me contó que todo había sido en vano: "Ufff... fue por gusto tratar de hacer la presentación... el gerente hizo un gesto de desgano y desaprobación y me sentí como una cucaracha... Me quedé congelada y sin poder decir palabra como por 15 segundos... que me parecieron un siglo... "Luego cuando llegué a mi puesto poco me faltó para salir huyendo; me sentía horrible... como si todo el mundo me estuviera viendo. No podía ni hablar". Nivia tenía un diálogo interno muy negativo y hacía evaluaciones irreales de sí misma. Los sentimientos de vergüenza la perseguían y le impedían desarrollarse profesionalmente.

Sacando a la luz las voces de la vergüenza

Las raíces de la vergüenza están generalmente en nuestra infancia, en experiencias de rechazo, burla o invalidación vividas con nuestros padres, maestros, parientes, vecinos, amiguitos u otras personas extrañas. Nuestros padres nos pueden haber avergonzado sin querer o a propósito mientras éramos pequeños. Luego, nosotros mismos como padres y madres, podemos también haber avergonzado a veces sin querer a nuestros sus hijos si los criticamos duramente cuando cometen algún error o nos burlamos cuando hacen algo mal, o si nos reímos de algún defecto que tienen. También genera vergüenza no poder sentir lo que uno siente, como cuando los padres invalidan los sentimientos de sus hijos e hijas, o cuando los obligan a esconder o enmascarar sus emociones. Como por ejemplo, para un niño pequeño tener que sonreír aún cuando se siente infeliz. Otras de las situaciones que puede generar vergüenza es sentirse invisible dentro de la familia.

Las personas que han sido avergonzadas en la infancia llevan las voces de sus abusadores en su cabeza. Esas voces los perturban y los hunden en sentimientos de minusvalía. Sus ecos están constantemente opinando acerca de la forma cómo hacen las cosas. A veces las reacciones de ira, congelamiento o huida, son producto una activación de esas voces críticas dentro de nuestra mente. Y nuestra responsabilidad como dueños de nuestra propia vida es sacarlas y expulsarlas nuestra mente y nuestra vida.

Por otro lado, si las relaciones íntimas que tenemos no son sanas, podemos experimentar vergüenza en ellas. ¿Qué pasa si nuestra pareja nos ignora, se burla, nos trata mal o hasta nos insulta? ¿Qué pasa si hay violencia o agresión en nuestra relación de pareja? Muchas personas atrapadas en relaciones de pareja donde hay violencia psicológica internalizan las voces negativas de quienes los abusan. Su autoestima se va deteriorando hasta el punto que se sienten incapaces y reaccionan dudando de sí ante todo, inmovilizándose y perdiendo la capacidad de decidir por si mismos, y sintiéndose estúpidos o estúpidas sin razón. He atendido particularmente mujeres, pero algunos hombres también, que siguen involucradas e involucrados en estas relaciones simplemente porque han llegado a creerse los comentarios despreciativos que hacen sus esposos o esposas.

Martillándose el cerebro

Una vez atendí a Soledad, una mujer que había sido sometida a negligencias y maltratos psicológicos durante años. Desde pequeña era muy inapetente, pero su madre era muy impaciente y lejos de ayudarla, lo que hacía era obligarla a comer, empujándole la comida en la boca con una cuchara. Además, la madre de Soledad la comparaba con las vecinitas, que eran más extrovertidas y comían bien. Con la excusa de que era muy delgada, la madre la obligaba a tomar jarabes vitamínicos y aceites que le daban nauseas y le provocaban ganas de vomitar, pero si vomitaba la castigaban encerrándola en su cuarto. Lo peor era que como tenía una mala dentadura, siendo una niña de no más de diez años, la obligaban a ir a un dentista que literalmente la amarraba a una silla para hacerle las limpiezas y extracciones.

Para auto consolarse, y sin saber exactamente cuando había empezado, siendo una niña aún, Soledad había desarrollado el hábito de golpearse la cabeza contra la almohada o contra su puño cerrado. Veinte años más tarde, siendo adulta y madre de varios niños, cada vez que se sentía avergonzada, se iba a su cuarto y empezaba a darse golpes en la frente con el puño, con un libro o con una almohada. Estaba "martillándose el cerebro" según ella misma decía. Se quedaba así por largos ratos, horas incluso, hasta que se dormía. Durante la adolescencia le fue muy difícil tener amigas y amigos, pues con tan baja autoestima evitaba el contacto con otros jóvenes por temor de ser rechazada.

Las vejaciones que sufrió de parte de su madre, sin duda enferma mental ella misma, desarrollaron en Soledad una vergüenza crónica que la volvió incapaz de enfrentarse a muchas situaciones de la vida. Era una mujer atractiva pero se sentía muy fea. Tenía una gran capacidad y mucha intuición y sagacidad para los negocios, pero pensaba que era incapaz de valerse por sí misma y no se había atrevido a ir a la universidad. Soledad había interiorizado la voz de su madre que le decía "tú no vales nada".

Cuando un hombre la miró y cortejó por primera vez, no dudó en casarse con él, apenas tres meses luego de conocerlo. Al tiempo descubrió que era un hombre inestable, que consumía drogas sin que ella lo supiera y que también empezó a maltratarla emocionalmente. Soledad no podía ver que la relación era abusiva pues estaba acostumbrada a recibir abuso de las personas que supuestamente la querían. La relación duró lo suficiente para tener tres hijos, uno seguido del otro. Pero después de cinco años de casados se divorciaron. No contaban con las herramientas para superar esos enormes problemas emocionales que tenían.

Sin embargo, luego de la separación y el divorcio, Soledad aprendió a hacerse cargo de su vida, a poner límites a la gente, incluida su madre y su ex marido que aún seguía menospreciándola. A los pocos meses de divorciada consiguió entrar en la universidad para luego, años después, terminar la carrera. Descubrió que si se defendía y ponía límites a los demás, no sentía deseos de golpearse. Además, poco a poco, después de un trabajo de crecimiento emocional arduo, logró restablecer relaciones saludables, y encontró una nueva pareja que la validaba y la respetaba. Actualmente Soledad está casada y tiene una relación de pareja saludable.

Mi primer vals a los 40

Durante mi adolescencia, me vi agobiado por sentimientos de vergüenza, asociados específicamente a mi obesidad. Fui un niño y un adolescente sumamente obeso, y tanto yo como los que me rodeaban estábamos muy conscientes de eso. La época de las fiestas de quince años me resultó un martirio. Nunca me atreví a bailar con ninguna muchacha porque, entiendo ahora, mi diálogo interno me decía algo así como "¡todo el mundo sabe que un gordo se ve ridículo bailando!". Me atreví a hacerlo por primera vez arrastrado por una amiga, estando ya en la universidad estudiando psicología. Con el apoyo de los amigos de mi época universitaria, y mi propio proceso de crecimiento personal esos eventos quedaron atrás. La vergüenza cedió terreno a una moderada y serena aceptación, y sobretodo agradecimiento, de tener y vivir en mi cuerpo.

Lo curioso es que todos estos sentimientos volvieron muchísimos años después, teniendo cerca de los cuarenta años, en el quince años de una sobrina. A la hora del vals, y no estando obeso, los sentimientos de vergüenza de la adolescencia me inundaron nuevamente. Me quedé totalmente congelado, mientras veía bailar a la quinceañera con su papá, su abuelo, sus tíos hasta llegar a amigos de la familia y finalmente a cada uno de los muchachos que estaba en la fiesta. Una vergüenza que yo pensaba se había ido regresó sin previo aviso; y me robó el momento, congelado por la reminiscencia de un pasado de dolor y autoconsciencia negativa. La experiencia me hizo reflexionar sobre el peso que tenían algunas experiencias del pasado aún en ese entonces en mi vida. Gracias a Dios, un año después llegó el turno de otra sobrina, y entonces, a los 40 años, me atreví a dar mis primeros pasos de vals.

El Enfado y la Ira

Nacemos con la capacidad de expresarnos. Aún recién nacidos podemos comunicar cuando nos sentimos incómodos o frustrados. Un bebé de apenas tres meses puede mostrar una clara reacción de desagrado cuando se le da a probar el jugo amargo de una toronja. Un niño de tres años mostrará claramente su enojo gritando o llorando cuando le retiran un juguete que quería usar.

De pequeños nuestra capacidad de manejar los sentimientos de enojo es casi nula. A medida crecemos desarrollamos esta habilidad, sobre todo a través de ver el ejemplo de nuestros padres. Ya de adultos, cuando sentimos enfado tenemos recursos emocionales que nos ayudan a mesurar nuestras respuestas ante la frustración.

En circunstancias que ameritan protegernos de alguna amenaza es perfectamente apropiado enfadarnos. Por ejemplo, si en una conversación difícil mi interlocutor hiciera comentarios ofensivos, y yo pusiera mi boca apretada, frunciera el ceño, arrugara mis ojos, esos datos serían información muy valiosa para indicarle a mi interlocutor que no me está gustando la manera como está hablándome, y que el tono de la conversación no es de mi agrado. El enfado nos indica que algo debe ser cambiado. Sin embargo, aún cuando reconocemos que el enojo tiene sus beneficios, también a diario vemos a muchas personas reaccionar con ira descontrolada ante situaciones que no representaban una amenaza.

Por otro lado, la ira es como una hermana mayor del enfado. La gente que experimenta ira con frecuencia lleva las de perder... Por ejemplo, en una investigación de casi trece mil personas se encontró que quienes tienen altos niveles de ira también tienen tres veces más probabilidades de sufrir un ataque cardíaco que aquellos que tiene niveles bajos de ira. Otra investigación encontró que los estudiantes de medicina que tendían a reaccionar violentamente en los años universitarios tenían cinco veces más probabilidades de tener infartos cardíacos años después, cuando ya eran médicos. Muchos investigadores piensan que la ira predice la enfermedad coronaria con más exactitud que la diabetes y la hipertensión. Por lo visto, la ira mata.

Hacer las paces con la ira

La psicóloga Karina Davidson, del Instituto para la Salud Cardiovascular de Nueva York, ha desarrollado un programa para enseñar a los hombres hostiles a disminuir el tiempo que permanecen enojados, para lograr así bajar los riesgos de enfermedad coronaria. Davidson piensa que no se trata ni de tragarse el enfado, como hacen algunas personas que prefieren mantener silencio en vez de confrontar constructivamente a la situación. Tampoco se trata de descargar toda la ira que uno pueda tener. Ambos extremos son negativos y las investigaciones científicas lo prueban contundentemente. Las personas que tienen mejor salud son quienes manejan de manera flexible sus emociones, sin llegar a perder el control, pero sin tragarse tampoco sus emociones. Se trata de personas que expresan asertivamente su enfado frente a una situación tensa y que son capaces de revisar qué es lo que está pasando dentro de ellos cuando sienten enojo o ira. Las personas que reconocen que la ira es un sentimiento que puede encubrir otros sentimientos están mejor preparadas para responder y no reaccionar.

Muchos hombres y mujeres necesitan dejar de vivir a merced de sus emociones de ira descontrolada. Hay personas que no pueden reconocer su enfado, mientras que otras que lo reconocen, no pueden expresarlo. De un lado hay quienes expresan el enfado con una intensidad muy fuerte, mientras que otros empiezan a expresar su enfado de manera adecuada pero rápidamente pierden la compostura y terminan reaccionando agresiva o violentamente. Finalmente hay otras personas que están crónicamente enfadadas y viven arrastrando una actitud de enfado permanentemente. Ninguna de estas actitudes es adecuada. La clave es escuchar nuestro enfado y encontrar formas apropiadas de expresar su enojo.

Quiero los spaguetinni ¡al dente!

Aquella vez habíamos ido a cenar con unos amigos. Estábamos en un restaurante con otras tres parejas conversando agradablemente cuando -de repente- uno de nuestros acompañantes entró en una discusión con el mesero, luego con el Maître D´ y finalmente con el gerente del restaurante. El asunto era que los spaghetinni no estaban realmente "al dente", como él los había pedido. Toda la situación fue vergonzosa y no hizo más que arruinar parte de nuestra cena. Su esposa estaba apenadísima y no fue sino con mucho esfuerzo que todos pudimos recomponernos y tratar de disfrutar del resto de la velada.

Mi amigo después se dio cuenta de lo que había hecho y entre chistes se excusó. Evidentemente podía estar un poco molesto, pero la reacción agresiva a la frustración fue totalmente inapropiada. Nuestro amigo había mostrado su incapacidad de procesar, entender y contener sus estados emocionales. Además, era evidente que los hábitos mentales venenosos se le habían presentado en una fracción de segundo en la mente y lo habían llevado a perder la compostura. Actuó volátilmente ese día, y eso afectó sus relaciones interpersonales. Parece evidente que no tenía capacidad para entender y mentalizar sus propias emociones y pensamientos. Quizás no sabía serenarse cuando sentía algo que le disgustaba o le causaba una emoción de malestar. En fin, sus reacciones lo hacían quedar muy mal.

Muchas personas enfadadas sienten que no pueden pensar con claridad. Y es verdad; cuando reaccionamos con enojo descontrolado o con ira, nuestra capacidad de pensar, tratar de entender diferentes motivaciones de las otras personas y establecer un juicio claro de las cosas, se ve afectada. Como si fuera poco, nuestra habilidad para comprobar si lo que hemos interpretado es cierto o no, y nuestra capacidad de ver las consecuencias de nuestras reacciones, como en el caso de arriba, también se ven disminuidas. Por eso dicen los expertos que las emociones fuertes nos impiden mentalizar las situaciones y actuar positivamente. Las investigaciones más recientes en neurociencia parecen sustentar la sabiduría popular que dice que "el enfado nubla la razón". Muchas personas crónicamente enfadadas no recuerdan los detalles de las cosas que dicen o hacen cuando han tenido un estallido de ira. Sin embargo, esto no los excusa... tienen que hacerse responsables de las consecuencias de su conducta.

La Frustración

Nos frustramos cuando se presenta una discrepancia entre nuestros deseos y lo que la realidad nos impone. Si estamos frustrados es porque esperábamos algo que no pasó, o porque no esperábamos algo que sí pasó. Tú esperabas que el motor de tu auto arranque como siempre lo hace, pero ese día, el auto no encendió: ¡Qué rabia! O esperabas que el restaurante Shawarma estuviera abierto y estaba cerrado. O esperabas que tu mejor cliente te volviera a comprar los productos y equipos este año, y no pasó.

Algunas veces la frustración es saludable, particularmente si la transformamos en acción afirmativa. Particularmente si nos lleva a organizar y dirigir nuestra energía y a hacer algo diferente para conseguir una meta o mejorar algún aspecto de nuestra vida o hasta de la sociedad. La frustración nos puede llevar a tratar de detener una injusticia y a confrontar una situación de opresión social.

Si la usamos sabiamente, es decir, permitimos que la frustración pase por el tamiz de la conciencia, la frustración puede ayudarnos a perseverar en una meta que parece imposible, como salir de la pobreza, terminar nuestra educación, transformar una situación laboral injusta. La frustración puede ser el aliciente para confrontar y salir de una relación injusta con una persona que está sacando provecho o está abusando de nosotros, o está manipulando los hechos y está mintiendo y aprovechándose. O para cambiar algo dentro de nosotros mismos, que nos impide seguir adelante.

Como veremos abajo, el caso de Angelita, una mujer involucrada en una relación marital injusta y abusiva, es un ejemplo de uso constructivo de la frustración. Pero el caso de Zinedine Zidane, un famoso futbolista francés, es un ejemplo penoso de mal uso de esa misma emoción.

Decir ¡basta!... Usar para bien la frustración

Luego de docenas de discusiones y arrepentimientos de su marido, Angelita confrontó por última vez a su esposo, y le pidió que se fuera de la casa. La frustración y el agotamiento que sentía tras haber confirmado que su marido mantenía una relación paralela con otra mujer desde hacía dos años habían llegado a su máximo. Ella había comenzado a sentir y darse cuenta que la relación entre los dos no estaba bien desde hacía varios años, pero no lograba atar los cabos. Solo sabía que no se sentía bien, que se sentía sola y no mirada. Pero aún así negaba los comentarios de sus amigas cuando le decían que veían a su marido raro y muy alejado. Hasta que empezó a recibir llamadas ofensivas de alguien. Por algún motivo, eso fue lo que la desbordó.

Angelita había tolerado durante meses la situación, y estaba tratando de hacerle ver a su marido cómo se sentía, pero no había encontrado qué hacer. Su esposo parecía no entender, sino que más bien lo negaba todo y le decía que era ella la que estaba loca. Le decía a Angelita que nada pasaba y que no pusiera ella la relación en peligro por sus sospechas infundadas. Además, su esposo no había querido ir al pastor de la congregación, no había escuchado a su propia madre, no había querido ir a hablar con el ginecólogo de ella, ni con una terapeuta de parejas. Un amigo de la pareja les había recomendado ir al programa de la iglesia Católica especialmente hecho para buscar la recuperación de parejas con problemas... pero nada. Tampoco había aceptado. Luego de mucho pensarlo, Angelita había empezado a planear su estrategia de separación. Ya tenía calculado cómo habría de mantenerse económicamente ella sola con sus hijas, y estaba lista. Dos días después, le dio a su esposo un ultimátum: o dejaba a la amante, o se tendría que ir de la casa. Un mes después Angelita dijo ¡basta! El día siguiente, con ayuda de un hermano, el marido estaba fuera de la casa. Angelita estaba muy triste, pero se sentía tranquila, porque muy adentro, sabía que había hecho lo correcto.

Esta mujer había usado su frustración como combustible para la asertividad, y para darle la vuelta a algo que no estaba bien. Le seguirían meses difíciles, pero sabía que no quería seguir allí, donde había estado por tantos años.

Lamentablemente, la gran mayoría de las veces nuestro manejo de la frustración es negativo y nos causa muchos problemas. De hecho la frustración se conviete casi en un estilo de vida para algunas personas. Se diría que se dedican a la frustración con intensa pasión, convirtiéndose en expertos en el arte de quejarse, pasarla mal, sentirse maltratados, y desilusionados de todo. Viven bajo el lema "la vida es una porquería", y eso, de alguna manera les da una justificación para andar reaccionando una y otra vez. Lamentablemente son personas que siguen cayendo en un hueco que ellos mismos han cavado con el mal manejo de sus emociones y sus hábitos mentales negativos.

Una cabeza dura como la piedra... Usar mal la frustración

Un curioso ejemplo de cómo el mal manejo de la frustración puede hacer girar el curso de los hechos –para mal- ocurrió en la final por la Copa del Mundo de Fútbol en Alemania 2006. Cuando faltaban pocos minutos para terminar el partido, en el minuto 110 exactamente, el jugador italiano Marco Materazzi insultó fuertemente al jugador francés Zinedine Zidane, quien luego de escuchar los insultos, se volteó y le propinó un contundente cabezazo en el pecho al jugador italiano, tumbándolo al piso y dejándolo, aparentemente, seriamente adolorido. Aún cuando el árbitro central, Horacio Eliozondo, no vio la falta, su asistente, el árbitro Darío García, corrió a señalarle la situación y Eliozondo procedió a sacarle tarjeta roja a Zidane. En ese momento Zidane sale expulsado de la cancha y minutos después el partido termina.

El fin de la historia es conocido por todos... El partido se decidió a penales, perdiendo Francia, cinco a tres goles. Muchos expertos en fútbol dicen que una final a penales con Zidane jugando en el equipo francés, seguramente hubiera tenido otro resultado. Si bien es cierto que Materazzi estaba provocándolo, la reacción violenta de Zidane, seguramente llevó a Francia a perder el campeonato de fútbol del año 2006. Fue una triste manera de perder un campeonato en el que muchos veían claramente victorioso al equipo francés. También fue una fea forma de terminar el juego para Zidane, quien de paso, jugaba su último partido antes de retirarse.

Una de las formas sanas de liberarse de la frustración es trabajando en la aceptación de las cosas tal y como son y no personalizar las situaciones, aún cuando nos inciten o nos inviten a ello. A veces, mientras más tratas de resistirte a algo, peor se ponen las cosas. Cuando las aceptas, puedes manejar mucho mejor las cosas. Es que el propio acto de pelear genera resistencia y sin querer hace peor las cosas. A veces cuando dejas de pelear y empiezas a aceptar un poco las cosas como son, de repente algo empieza a cambiar.

La Hostilidad y la Impaciencia

La hostilidad es una actitud que se cimenta en emociones de ira, frustración y rabia. Se concretiza en pensamientos y comportamientos agresivos persistentes. Las personas hostiles están siempre a la defensiva. Mantienen una actitud negativa frente a los demás. Quizás tienen un objetivo específico, es decir, son hostiles hacia alguna persona o grupo, y su disposición a responder se ve despedazada por estos pensamientos y emociones. Las personas hostiles emanan una señal no verbal que parece decir "no te acerques, no te metas conmigo".

Cuando las cosas no ocurren a la velocidad que uno quisiera, aparece la impaciencia. Nos impacienta tener que esperar que nuestra compañera del equipo termine su parte del trabajo. Nos impacienta tener que escuchar a un amigo que no deja de hablar de sí mismo. Nos impacienta que nuestra hija no se haya aprendido la dichosa poesía para el examen del miércoles. También nos impacientan cosas del diario vivir, como tener que esperar en el embotellamiento de tráfico para ir al trabajo o regresar a casa. Nos impacienta la cajera que no sabe cómo cobrarnos los medicamentos que acabamos de comprar en la farmacia. Sin embargo, la impaciencia actúa contra nuestros propios intereses porque nuestra incapacidad de esperar hace que las cosas salgan mal, como en el caso de Darío y Gustavo, padre e hijo, que vinieron a consulta por insistencia de la esposa de Darío, Dona.

La pareja tenía una buena relación, pero Dona sufría mucho por la constante impaciencia de su Darío, que no toleraba a las personas, según él, lentas. Quería que todo fuera rápido, e insistía en que todos a su alrededor hicieran bien las cosas desde la primera vez. Darío era particularmente reactivo con su hijo mayor, Gustavo, de veinte años. Gustavo era un joven tranquilo, probablemente distraído y con poca energía. Definitivamente tenía un ritmo mucho más pausado que su padre. Pero las peleas y frustraciones no lo iban a mejorar. Al padre le molestaba que estudiara poco, que se le perdieran las cosas, o que dejara todo para último minuto. Especialmente le molestaba que fuera descuidado con sus responsabilidades. Él, Darío, era alguien que se había superado sólo, y a los quince años ya trabajaba. Ahora le gritaba a su hijo o no le dirigía la palabra cuando llegaba del trabajo. Había decidido ignorarlo. No podía tolerar que su Gustavo no fuera tan bueno o tan rápido como él.

Fue la madre, Dona, la que insistió en que su esposo viniera a mi consulta con su hijo. En verdad el joven estaba afectado y se ponía aún más nervioso cuando oía que el padre se acercaba. Le tocaba a esta familia restablecer las relaciones sobre la base de aceptar a cada uno como era realmente. Gustavo no era como Darío hubiera querido y seguramente quería cambiar su conducta por su propio bien, pero al rechazarlo lo único que estaba logrando era empujarlo hacia el desánimo y la depresión. Darío reaccionaba agresiva y pasivo agresivamente con su hijo, y estaba cayendo en el hábito mental venenoso de juzgar y distorsionar la realidad.

Las emociones negativas: como chispas de fuego en la paja seca

Como hemos visto, las reacciones automáticas no ocurren en un vacío. Provienen de situaciones adversas, o de condiciones dentro de nosotros, de pensamientos automáticos y de emociones como la ansiedad, la vergüenza, el miedo, la depresión, la tristeza o la ira. Son emociones que sentimos con mayor o menor intensidad en diferentes momentos del día a día, y que tenemos que aprender a manejar. Les hemos llamado "negativas" porque generan una experiencia emocional desagradable. Es desagradable sentirlas y si las sentimos con mucha frecuencia y por períodos prolongados, causan daño a nuestra salud emocional y física. Pero sobretodo porque generan actitudes y patrones de percepción negativos que nos hacen reaccionar automáticamente.

Hasta aquí hemos oído tocar al cuarteto perverso. Hemos oído su desafinada melodía y hemos podido ver cómo añaden leña al fuego de nuestras reacciones automáticas. A continuación, se encuentran un grupo de herramientas, ejercicios y reflexiones encaminadas a ayudarte a lograr hacer las paces con el enfado, la frustración y la impaciencia, y aprender el manejo de estas emociones.

Preguntas, reflexiones y ejercicios del capítulo 5

1. Recordar cómo se expresaban las emociones negativas en nuestra familia de origen:

Aprendimos mucho sobre cómo manejar nuestras emociones negativas viendo cómo las manejaban nuestros propios padres. A veces vimos reacciones impulsivas o agresivas de nuestros padres. Otras veces, la expresión de emociones negativas era prohibida. Algunos fuimos testigos de reacciones agresivas, impulsivas o violentas. Algunas personas crecieron en familias donde el conflicto se evitaba al máximo, y nunca aprendieron a dirimir diferencias de manera serena. Entonces, cuando llegan a la vida adulta y se encuentran con situaciones difíciles, reaccionan impulsivamente.

Es probable que nuestras reacciones automáticas tengan conexión con los aprendizajes que hicimos –sin darnos cuenta- mientras crecíamos. Por eso, en los próximos ejercicios te proponemos que te remontes a tu infancia y adolescencia y recuerdes: ¿dirías que tus padres respondían o reaccionaban cuando se experimentaban emociones negativas? ¿Acaso se evitaba hablar de las cosas negativas y cada diferencia se resolvía con silencio, aislamiento o sarcasmo? Con los ejercicios que siguen puedes conseguir algunas respuestas que te ayudarán en tu proceso de crecimiento emocional, sobretodo para asegurarte de que eres tu el o la editora de tu propia historia.

2. ¿Cómo se expresaba el miedo en tu casa?

El miedo nos empuja a retirarnos o a veces a atacar. Cuando no entendemos la situación que está ocurriendo el cerebro tiene que determinar si debemos huir, atacar o congelarnos. Cuando hemos vivido situaciones de gran miedo en la infancia y adolescencia, a veces nuestra mente queda condicionada para reaccionar de la misma manera en el futuro. ¿Se sentía miedo en tu familia? ¿Cuándo alguno de tus hermanos(as) sentía miedo, podía hablar de ello? ¿Recuerdas haber podido hablar de algún miedo que hubieras tenido? ¿Si alguien decía sentir miedo se le respetaba, o por el contrario se hacía burla de ello o simplemente se le ignoraba? ¿Los miembros de la familia respondían o reaccionaban cuando alguien sentía miedo?

3. ¿Cómo se manejaba la vergüenza en tu casa?

La vergüenza congela y arruga nuestro cuerpo. Cuando sentimos vergüenza nos paralizamos o nos retiramos a un lugar donde podamos estar solos. Más tarde nos auto recriminamos y podemos reaccionar impulsiva o agresivamente con otros o con nosotros mismos. ¿Sentías vergüenza por alguna situación familiar o de tus padres mientras crecías? ¿Había un ambiente de sana autoestima o por el contrario se usaba la vergüenza como forma de disciplinar a los hijos? ¿Se respetaba a cada uno de los chicos tal y como eran, o se les comparaba unos con otros o con otros chicos? ¿Sentiste vergüenza mientras ibas creciendo o durante tu adolescencia? ¿Puedes pensar qué hacías con los sentimientos de vergüenza? ¿Los miembros de la familia respondían o reaccionaban cuando alguien sentía vergüenza?

4. ¿Cómo se expresaba la tristeza en tu casa?

La tristeza nos lleva a recogernos en nosotros mismos, o acto seguido a agredir aquello que nos genera pérdida. ¿Viste a tus padres alguna vez tristes? ¿Estaban siempre tristes? ¿Si alguien mostraba su tristeza se le respetaba, o por el contrario se hacía burla de ello o simplemente se le ignoraba? ¿Había una expresión saludable de la tristeza o por el contrario se encubría la tristeza con enojo, o con actividad frenética? ¿Los miembros de la familia respondían o reaccionaban cuando alguien sentía tristeza?

5. ¿Cómo se expresaba el enojo en tu familia?

Cuando nos sentimos atacados reaccionamos atacando de vuelta. La comprensión que tengamos de la situación y la construcción que hagamos de la realidad en ese momento es determinante para nuestra reacción emocional. Para manejar las emociones de enojo necesitamos sentir con moderación y poner en palabras lo que sentimos. ¿Era permitido el enojo, o por el contrario se te prohibía enojarte? ¿Acaso algún miembro de tu familia descargaba de manera descontrolada su ira sobre otro miembro de la familia o contra otras personas? ¿Se maldecía como forma de manejar la ira en tu familia? ¿Los miembros de la familia respondían o reaccionaban cuando alguien sentía enojo o ira?

6. Reflexiona sobre tu manejo emocional en tu vida presente

Entre las emociones negativas... ¿cuál te ha llevado a reaccionar? O... ¿Cuál te ha causado más problemas? ¿Cómo cambiaría tu vida si moderaras la expresión de esa emoción? Haz una nota mental para recordar "darte cuenta" la próxima vez que sientas esa emoción. En ese momento detente, respira profundo y describe cada paso de la situación que te llevó a sentirte así y cuáles fueron tus reacciones ante la situación.

7. Mentalizar las emociones de los demás

Ayuda mucho a responder el entender cómo otras personas se pueden sentir en diferentes situaciones. A eso le decimos "mentalizar" las emociones de los demás. Las personas con inteligencia emocional pueden mentalizar cómo es que ellos mismos se están sintiendo y cómo es que están sintiendo las personas a su alrededor. Entender a la otra persona es como meterse dentro de su cabeza y entender cómo está pensando o sintiendo. Eso ayuda mucho a no reaccionar impulsiva o agresivamente.

Para mejorar tu capacidad de mentalización, toma una noticia, un poema o un pequeño cuento y trata de identificar las emociones que experimentan cada uno de los personajes que forman parte de la historia, la noticia o el poema. Identifica las emociones que siente el personaje principal, y también las que otras personas de la historia están experimentando. Describe además qué cosas podrían estar pensando las otras personas en la historia. Además, escribe qué podrían estar "diciéndose a sí mismos" cada uno de los personajes de la historia mientras estaba pasando toda la acción que se narra en el relato. Trata de comprender y mentalizar las múltiples perspectivas que puede sentir cada uno de los personajes de esta narración y finalmente trata de entender qué estaría pensando la persona que escribió la historia.

Practica repetidamente este ejercicio y coméntalo con otra persona y verás cómo mejora tu capacidad de mentalizar.

8. ¿Cómo es tu Paleta de Emociones?

Los pintores usan una pequeña tabla de madera ligera que llaman "paleta" en donde van colocando pequeñas cantidades de los colores que van a usar para pintar sus cuadros. Cada pintor tiene su paleta y en ella se ven los colores que usa con frecuencia. De igual forma tú tienes una "paleta emocional" donde están registradas las emociones que más usas. ¿Cuáles son los colores de tu paleta emocional? Usando la lista de emociones que está arriba, reflexiona un momento y escribe cuales son las siete emociones que más usas para pintar el cuadro diario de tu existencia. ¿Cuáles son los colores o las emociones que más abundan? ¿Hay serenidad, constancia, tranquilidad...? ¿Hay, esperanza, alegría, pureza...? ¿Hay enojo, tristeza, ira, enojo rencor...?

Si quieres diagrama cuáles son las emociones más importantes o que más comúnmente expresas...de tu "paleta emocional". Si lo haces varias veces, notarás que cada día tu paleta emocional cambia constantemente. Estar consciente de tus emociones te aleja de la reactividad emocional y te dispone a responder con maestría y dominio personal.

9. Aprender el lenguaje de las emociones

Aprender a comunicar sentimientos y pensamientos es fundamental para poder responder. De lo contrario no podremos explicar a nuestros amigos, compañeros, pareja y familiares, qué es lo que nos está pasando en un momento dado. Muchas personas reaccionan porque no pueden explicar a los demás o a sí mismos, lo que están sintiendo. Por eso, una de las formas más efectivas para controlar nuestras reacciones automáticas es desarrollar nuestro lenguaje emocional.

A continuación, en la próxima página, te presento un cuadro de los nombres de las emociones más frecuentes. Es solo para identificar las emociones que experimentas en diferentes momentos del día. Usa el cuadro como una guía para un diario emocional que te permita familiarizarte con tu mundo emocional. Con tu pareja, o un amigo o amiga cercana, conversa una o dos veces por semana acerca de

Reaccionar o Responder

las emociones que has experimentado durante los últimos días.

Listado de emociones

Aburrimiento	Mezquindad	Plenitud	Empatía
Hostilidad	Cólera	Desconsuelo	Solidaridad
Alegría	Miedo	Prepotencia	Espanto
Humillación	Compasión	Deseo	Sorpresa
Alivio	Nostalgia	Fluir	Esperanza
Impaciencia	Confianza	Rabia	Temor
Amor	Obnubilación	Desesperación	Estupor
Impotencia	Confusión	Rebeldía	Templanza
Angustia	Obstinación	Desgano	Euforia
Indiferencia	Congoja	Recelo	Ternura
Ansiedad	Odio	Desidia	Excitación
Indignación	Culpa	Rechazo	Terror
Añoranza	Omnipotencia	Desolación	Éxtasis
Inquietud	Curiosidad	Regocijo	Timidez
Apatía	Optimismo	Desprecio	Fastidio
Insatisfacción	Decepción	Rencor	Tranquilidad
Inseguridad	Paciencia	Repudio	Frustración
Armonía	Depresión	Duelo	Tristeza
Interés	Pánico	Resentimiento	Fobia vacío
Arrojo	Desamparo	Ecuanimidad	Existencia
Intriga	Pasión	Resignación	Hastío
Asco	Desamor	Enfado	Valentía
Ira	Pena	Resquemor	Hostilidad
Asombro	Desánimo	Enojo	Vergüenza
Irritación	Pereza	Satisfacción	Serenidad
Calma	Desasosiego	Entusiasmo	
Lujuria	Pesimismo	Seguridad	
Cariño	Desconcierto	Envidia	
Melancolía	Placer	Serenidad	
Celos	Desconfianza		

6. RESPONDER O REACCIONAR ADENTRO DEL CEREBRO

¿Has pensado qué ocurre en tu cerebro cuando estás en peligro, o sientes miedo? ¿Qué ruta recorre cada pensamiento y sentimiento que experimentas en esos momentos? Todos sabemos que el cerebro está formado por millones de células que se llaman neuronas. Y también sabemos que el cerebro procesa la información que recibe de los órganos de los sentidos y de nervios que tienen sensores conectados a nuestros órganos internos y músculos. Y que finalmente organiza la información y decide qué respuestas dar, a qué estímulos poner atención y a cuáles dejar de lado. Pero es realmente difícil imaginar la rapidez con que nuestro cerebro hace todo esto. Estamos hablando de centésimas de segundo.

Hace años, cuando estudiaba psicología en la Universidad Santa María La Antigua, en Panamá, compré un libro que explicaba el funcionamiento del cerebro humano... y lo leí y lo leí varias veces, maravillado. Pero hace poco, haciendo espacio en mi biblioteca y sacando libros viejos para regalar lo encontré y lo revisé nuevamente. Quedé maravillado otra vez... pero esta vez porque descubrí que gran parte de lo que había escrito en ese libro de hace 25 años resultaba ahora obsoleto.

En efecto, en los últimos años, el desarrollo de las neurociencias ha permitido comprender de manera cada vez más precisa cómo funciona cada parte del cerebro, y cómo y dónde se ubican las diferentes funciones cerebrales, y cómo funciona ese órgano capaz de cambiar y modificarse a sí mismo. La Neuroplasticidad Afectiva es un ejemplo de estas nuevas ciencias. Estudia cómo interactúa el cerebro con el resto del cuerpo para permitirnos sentir emociones y tener pensamientos; y cómo las emociones, los pensamientos y las percepciones se integran para permitirnos aprender de las experiencias que tenemos en la vida. Por otro lado, la Psico-Neuro-Inmunología estudia cómo nuestra mente puede ayudarnos a curar las enfermedades del cuerpo más rápidamente, y la intrincada relación que existe entre salud, enfermedad, resiliencia y disposición mental. Estos y cientos de nuevos estudios nos ayudan, entre otras cosas, a entender por qué algunos reaccionamos mientras que otros logramos responder con maestría.

Hoy conocemos que el cerebro no es un órgano unitario, sino que está formado por un gran número de núcleos independientes pero interconectados que trabajan juntos para permitir que nos adaptemos exitosamente a las situaciones de la vida diaria.

Richard Davidson, profesor de neurociencia de la Universidad de Wisconsin, afirma que cualquier conducta compleja, como responder, no se asienta en una sola región cerebral sino que es el resultado de un trabajo integrado de distintas regiones. Es decir, no existe un centro cerebral concreto que regule solo el funcionamiento de todas las emociones. Pero sí existen áreas especializadas que –con el apoyo de otros grupos de neuronas se hacen cargo de ciertas funciones emocionales. En el proceso de responder probablemente intervienen, entre otras áreas, el tálamo, la amígdala cerebral, el hipocampo y la corteza pre-frontal.

Las rutas del cerebro

La capacidad para responder depende de la integración fluida entre todas estas áreas del cerebro. Los estímulos de fuera y de dentro del cuerpo llegan a través de las neuronas a la estación central del cerebro, el Tálamo, de donde, ya convertidos en impulsos nerviosos, pueden seguir dos rutas: la reacción o la respuesta. Una ruta va directamente a la Amígdala y de allí regresa a la Corteza Motora y a los músculos para poder mover el cuerpo rápidamente en situaciones potencialmente peligrosas. La otra ruta va directamente al Hipocampo y a la Corteza Frontal. En esa ruta es donde los Lóbulos Pre-frontales analizan la información con detenimiento bajo diferentes perspectivas almacenadas en el 'disco duro' del hipocampo y otras estructuras cerebrales. Luego de pasar bajo la 'supervisión' del Lóbulo Pre-frontal, entonces la información pasa a la Amígdala, ya puesta en contexto y, solo entonces somos capaces de responder.

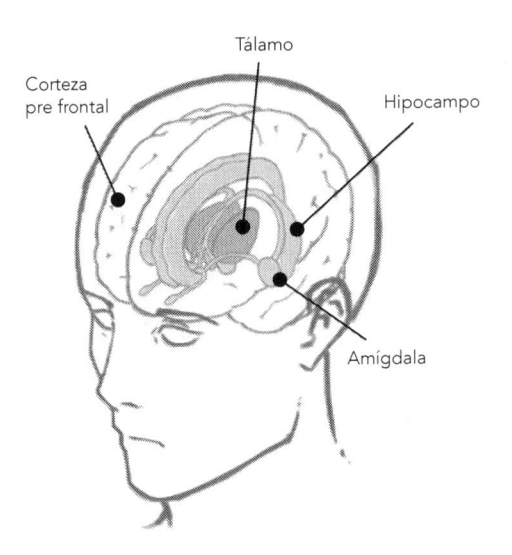

Mientras la Amígdala hace un reconocimiento rápido, la Corteza Pre-Frontal y sus asociados evalúan las diferentes opciones que tiene la persona para actuar. En base al análisis de las consecuencias inmediatas, a mediano y largo nuestro Lóbulo Pre-frontal luego 'conversa' con la Amígdala sobre la situación, y finalmente una acción meditada se dispara desde nuestro cerebro. Lamentablemente, este último proceso toma tiempo, y a las amígdalas (una por cada hemisferio cerebral) les gusta actuar rápido. La corteza puede requerir literalmente un buen par de segundos, mientras que a las amígdalas les toma centésimas de segundo recibir la información y enviar su orden de proceder o detener la acción. Se diría que a veces las amígdalas proceden sin preguntarle al lóbulo pre-frontal.

Visto así, se podría decir que cuando las vías neuronales de intercambio de información están abiertas y conectadas entre sí, la Corteza Pre-Frontal logra, como me decía un cliente, "detener el aceleramiento que se trae la amígdala". Cuando esto ocurre, respondemos. De otro modo, cualquier cosa, por insignificante que sea, nos hace reaccionar. Por ejemplo: tu esposo no hace exactamente cada una de las compras que le pediste para la fiesta del sábado en la tarde y te enojas con él y reaccionas pasivo agresivamente. O tu secretaria no te consigue la cita con el abogado para mañana a las diez de la mañana y le tiras el teléfono. O tu hija adolescente no escucha tus consejos de madre y le dices que es una malagradecida.

Si las vías de interconexión entre el Lóbulo Pre-Frontal y la Amígdala se cortan o son muy débiles por falta de práctica, los mensajes típicos del Lóbulo Pre-Frontal tales como: "revisemos ésto con calma...", o "veamos con detalle de qué se trata...", no pueden llegar a la Amígdala. De alguna manera esta última pareciera estarle diciendo a la primera "¡No te metas! ¡Eres muy lenta! ¡Déjame manejar éste asunto a mi manera...!".

La Vía Panorámica y la Autostrada

Hace varios años, mi esposa Mayi y yo hicimos un viaje por Italia. Habíamos ido a la ciudad de Cannes, en Francia, por motivos de trabajo de ella, y cuando terminaron las reuniones, alquilamos un automóvil con la intención de llegar hasta Roma. Tan solo treinta minutos después de salir de Cannes, ya estábamos en el Principado de Mónaco, y de allí, en cuestión de cuarenta minutos llegamos a Génova, Italia. Entonces, nos subimos a la famosa Autostrada, la súper carretera que el Estado italiano construyó en la década del 80 y que permite ir en pocas horas desde Génova a Roma. La Autostrada es una maravilla de la ingeniería de caminos, ¡casi no hay que frenar el auto por largos periodos! Es una línea casi ininterrumpida que en lugar de rodear, subir y bajar montañas, simplemente, y gracias a túneles increíbles, las atraviesa. El efecto es mágico: nada obstaculiza el trayecto del viajero en la A-12. Uno no ve más que las señales de tránsito que indican cada uno de los pueblecitos y pequeñas ciudades que se encuentran mucho más abajo, al borde de la costa.

Mayi y yo íbamos muy contentos y veíamos entre los riscos, muy abajo y a nuestros pies la Vía Panorámica, una carretera antigua, sembrada de sinuosas curvas y bajadas abruptas que circunvalaban los montes e iban uniendo los pueblecitos de la Liguria, una larguísima costa llena de cerros y farallones boscosos que en algunos lugares deja terrazas frente al mar donde se han asentado pequeños poblados de pescadores y villas de veraneo.

"¡Hasta aquí!", dijimos de repente. "No se trata sólo de llegar al destino sino de disfrutar este paseo", y nos bajamos en la siguiente salida y nos encontramos con carreteras secundarias que nos permitieron conocer cada pueblito. El viaje fue entonces mucho más largo: un rebaño de ovejas nos forzó a detener la marcha por unos minutos; vimos los árboles de olivo junto a los de lima. Y fuimos estudiando la estructura sinuosa del terreno. Al punto que se nos hizo tarde y terminamos durmiendo en un hotel en el pueblo La CincueTerre, formado por cinco minúsculas aldeas. Aunque avanzamos lento, el viaje fue más rico porque nos dedicamos a conocer los pormenores y a disfrutar los detalles de la arquitectura, los rostros de la gente; casi el ritmo de la vida en aquel lugar. En esencia: conocimos el lugar.

Neurológicamente hablando, esa es la diferencia entre responder y reaccionar. Para tránsitos rápidos y en situaciones de apuro o emergencia: la Autostrada. Para realmente entender la situación y su contexto total, elija la Vía Panorámica.

Algunas Estructuras del Cerebro que regulan Reaccionar o Responder

Tálamo. Libera al menos nueve neurotransmisores que actúan como inhibidoras o estimulantes en la secreción de otros neurotransmisores que dirigen la conducta. Integra y procesa la información que entra y sale del cerebro. Conduce, inhibe y estimula y redirige las señales que se generan en el sistema nervioso.

Amígdala. Centro emocional y buscador de estímulos potencialmente perjudiciales para la supervivencia. Recoge las señales de peligro y evalúa rápidamente si atacar, huir o pararse en seco. Nos alerta cuando se producen situaciones potencialmente peligrosas, y nos tranquiliza en otros momentos. Muy importante para la detección de las señales de miedo y las reacciones ante éste.

Hipocampo: Registra y almacena recuerdos sobre las circunstancias de los eventos. Evalúa el contexto en el que se producen los acontecimientos. Recibe la información ya procesada que viene de la Corteza Pre-Frontal y pone en perspectiva el conjunto de la situación. Nos ayuda a dar una respuesta emocional apropiada a la situación. Esto es muy importante porque uno de los problemas más comunes en los desórdenes emocionales, es que la expresión de la emoción tiende a darse en un contexto inapropiado, en una intensidad inapropiada y con las personas inadecuadas.

Corteza Pre-frontal: La parte que nos hace más distintivamente humanos. Allí se generan las "funciones ejecutivas" de planeación, reflexión, toma de conciencia y la regulación y control de nuestras emociones. Controla, regula, analiza, integra, planea, y da prioridad a la acción.

De pueblo en pueblo por la Vía Panorámica

La ruta de los Lóbulos Pre-Frontales y el Hipocampo procesa la información involucrando las funciones de pensamiento superiores, racionales y reflexivas de la mente. También es una ventana hacia dentro de nosotros mismos y nos convierte en testigos de lo que estamos viviendo y haciendo. La ruta más lenta nos permite decidir mejor qué hacer en cada momento, después de haber sopesado las opciones que tenemos en cada situación. No vamos 'a mil por hora', sino que vamos tratando de entender qué es lo que está pasando, cuáles son las razones y las explicaciones de los eventos que estamos viviendo y de las conductas de las personas con las que estamos interactuando.

Los Túneles de la Autostrada

La ruta que procesa la información usando sólo la amígdala fue diseñada para asegurar la supervivencia en situaciones de peligro, y para lograrlo se desconecta de los procesos superiores de la mente -es decir, de la corteza pre frontal-para dejar a la persona lista para reaccionar automáticamente sin que medie pensamiento alguno.

Aún cuando tiene una función evolutiva valiosa, en nuestro mundo moderno, el tránsito por la Autostrada lleva a la persona a estar en constante estado de alerta mental, y la expone a reacciones impulsivas y a respuestas rígidas y repetitivas. En la Autostrada no se hace reflexión ni se consideran los matices particulares de la situación. Cuando nuestro cerebro usa sólo la Autostrada para enfrentarse a un estímulo no podemos entender el punto de vista de los demás, ni poner las cosas en perspectiva, ni analizar las consecuencias futuras de nuestra conducta y actuar en concordancia. En ese estado dañamos nuestras relaciones, nos metemos en problemas con los demás, y herimos a nuestros seres queridos.

Las rutas del cerebro

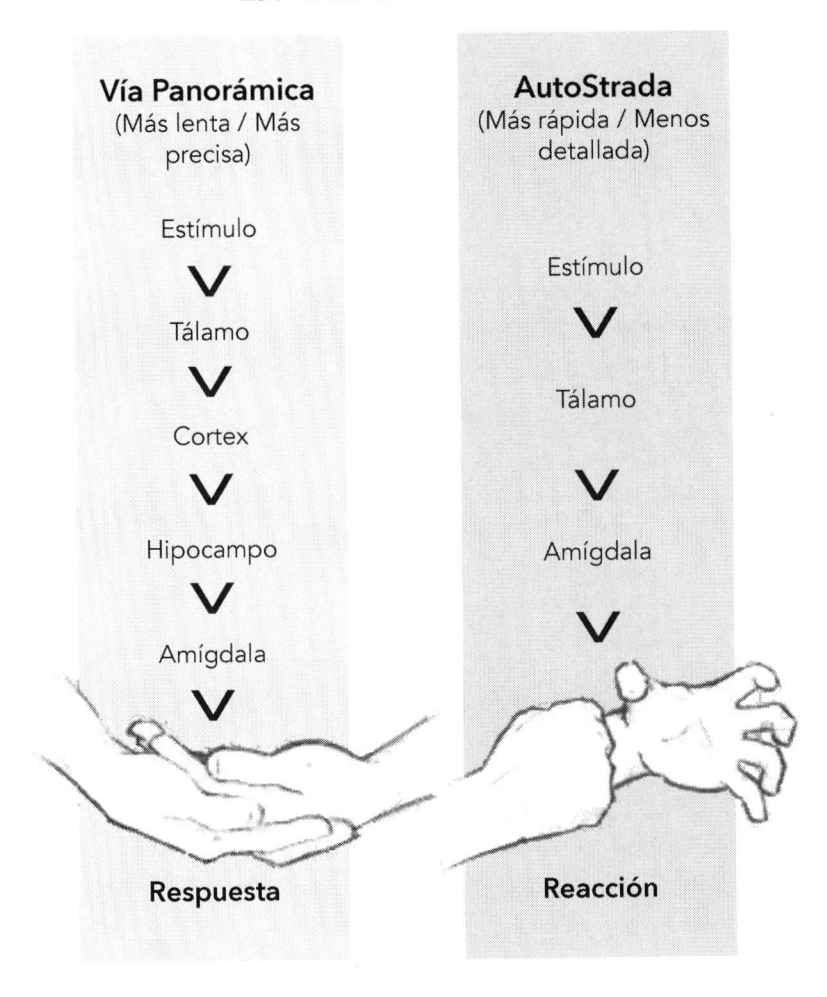

Vía Panorámica
(Más lenta / Más precisa)

Estímulo
∨
Tálamo
∨
Cortex
∨
Hipocampo
∨
Amígdala
∨

Respuesta

AutoStrada
(Más rápida / Menos detallada)

Estímulo
∨
Tálamo
∨
Amígdala
∨

Reacción

Tanto en la vida profesional, como en las relaciones en casa, con los amigos o en la calle, las reacciones impulsivas, que resultan de la incapacidad de tomar la Vía Panorámica para ver las cosas de otro modo, pueden causarnos serios problemas.

Clementina está secuestrada por su amígdala

"Siento que no puedo estar tranquila. Me sobresalto de la nada... Me da miedo todo, y de repente me pongo brava con cualquiera o se me va la mente al limbo. No me puedo concentrar en el trabajo", me explicaba Clementina desesperada. La causa de su zozobra: su esposo había sido infiel. Habían estado casados por ocho años y ella pensaba que su matrimonio era muy bueno. Era verdad que tenían discusiones pero su marido y ella disfrutaban de muchas cosas juntos: el cine, recibir amigos en casa, hacer planes para el futuro, y por encima de todo, amaban a sus dos hijos.

En los últimos meses, Clementina había estado viajando mucho, y una noche su marido se enredó con una muchacha más joven que él. La relación duró muy poco porque él no pudo más llevar la carga de la mentira y se lo contó a su esposa. Pero lejos de superarlo, habían pasado cuatro meses y Clementina se sentía peor. "Yo sé que él me dijo la verdad y le creo... o quiero creerle, pero no puedo sacarme la duda de la mente. ¿Por qué lo hizo? ¿Le gustó más con ella que conmigo...? De la nada me vienen imágenes y lo veo a él estando con la otra mujer ¡Uhgg! ¡Me da rabia y asco... y quiero matarlo!".

Clementina estaba secuestrada por su amígdala; y por eso sentía un peligro enorme amenazando la continuación de su mundo y de su forma de vida. La amígdala hiperactiva hacía que no pudiera oír la radio: cualquier canción que hablara de infidelidad la llevaba por la Autostrada directo a un callejón oscuro, ni podía ver televisión: cualquier insinuación del tema la ponía a llorar y terminaba preguntándole a su marido detalles acerca de la otra mujer.

No era que no quisiera poner de su parte; o que quisiera seguir martirizándose como decía su esposo. Sencillamente, su amígdala no estaba dispuesta a olvidar por temor de que volviera a pasar y quedara desprotegida. Fue necesario que Clementina realizara el trabajo de autoconsciencia: de analizar sus reacciones impulsivas, de hablarse a sí misma, de aprender a respirar y a tranquilizarse. Al igual, se requirió que el marido asistiera a terapia; para entender qué pasaba con él y reparar la confianza dentro de la pareja. y que la pareja revisara sus formas de mantener un balance en sus vidas. Toda la madurez, paciencia y apoyo del esposo, durante varios meses fueron necesarios para que Clementina -y su amígdala- volvieran a sentirse tranquilas.

No siempre cuando reaccionamos estamos secuestrados por la Amígdala, a veces apenas estamos influenciados por ella, y con eso es suficiente. Como en el caso de otra mujer, Clara María, que vivía estresada y con miedo que su novio la controlara y reaccionaba agresivamente hacia él. Luego de reaccionar sentía temor que él la abandonara y nuevamente reaccionaba, ahora entrando en pánico y tornándose dependiente del novio. Todo era producto de una estructura mental asociada a su infancia: el padre de Clara María había sido muy controlador y, aunque nunca le pegó, le dejaba de hablar por días o semanas cuando ella no lo obedecía. Ahora, como una adulta, ella era muy reactiva a cualquier actitud que pareciera un atisbo de control, y a la vez entraba en pánico cuando las personas que quería, como su novio, se enojaban.

Clara María se dio cuenta que en esos momentos en que reaccionaba con su novio, se conectaba con su infancia cuando su papá la castigaba o dejaba de hablar cuando ella trataba de ser firme o decidir qué quería hacer. Esa reacción rápida y cortante con su novio era inapropiada y desproporcionada a la situación actual y era producto de una contaminación del pasado en el presente. Cuando pudo tomar conciencia de ésto, y reconocer que el pasado no tenía fuerza sobre su presente, se disolvió su reactividad y pudo acercarse y desarrollar una relación sólida con su pareja.

Esta incapacidad de concentrarnos en el presente y tomar la Vía Panorámica para ver todos los ángulos de la situación es un indicativo de que estamos dejándonos llevar por la amígdala, y hacerlo interfiere con nuestra habilidad de pensar claramente y mantener una conexión emocional con las personas que nos rodean.

Los pensamientos rumiantes

Algunas personas tienen un disgusto y rápidamente lo olvidan, mientras que otras se quedan con sus resentimientos por horas o días. Ese tiempo que pasa entre la emoción negativa y el retorno a la calma es la clave para comprender por qué algunas personas son muy propensas a mantener emociones destructivas, mientras que otras no. En otras palabras, todo depende de cuánto tiempo demoras en auto-serenarte.

En una investigación, se mostraban fotos de crímenes y accidentes a un grupo de voluntarios. Los investigadores midieron el tiempo que las personas demoraban en volver a sentirse tranquilos luego de ver estas fotos, y registraron (a través de estudios de tomografía por emisión de positrones) la activación de la amígdala mientras veían los estímulos y después de haberlos visto. Quienes retornaban más rápidamente al estado original de tranquilidad eran los que presentaban una activación menos intensa y más breve en la amígdala, a la vez que una mayor activación de la Corteza Pre-frontal izquierda (área ligada a las emociones positivas).

Los investigadores estudiaron luego la vida cotidiana de los voluntarios que participaron en la investigación, y descubrieron diferencias entre aquellos con amígdalas tranquilas y aquellos de amígdalas híper activas. Encontraron que las vidas de los primeros mostraban más sentimientos de confianza, optimismo y entusiasmo, mientras quienes los segundos presentaban más pesimismo, irritabilidad y pensamientos rumiantes. Las diferencias en los patrones de activación de la amígdala han sido constatadas incluso en niños, demostrando que algunos chicos tienen amígdalas más tranquilas que otros y en situaciones de estrés, se serenan más rápido.

Además, la investigación demostró que si el grupo que se recuperaba más rápido de un acontecimiento negativo recibía instrucciones de controlar voluntariamente sus emociones, por ejemplo, diciéndose a sí mismas frases como "no tengas miedo" o "frena esa rabia", podían hacerlo eficientemente. De manera que estas personas poseen una mayor capacidad de control de sus emociones cuando se les pide que lo hagan.

Por si fuera poco, su cuerpo funcionaba diferente. Las personas con amígdalas tranquilas presentan menos cortisol en la sangre, que es una hormona secretada por las glándulas suprarrenales (ubicadas sobre los riñones), que desempeña el papel fundamental de liberar glucosa a la sangre para disponer de más energía para resolver situaciones de alarma. También tienen mayor inmunidad contra enfermedades, lo que significa una mejor salud física.

Estas personas presentan niveles superiores de actividad de los linfocitos, que son una defensa básica del sistema inmunológico para aniquilar muchos tipos de microbios, bacterias y antígenos que penetran nuestro organismo, desde células cancerosas hasta el resfriado común.

Cada vía tiene su razón de ser, su momento y su importancia

Científicos consideran que la evolución ha mantenido estos dos caminos neurológicos porque ambos son importantes y eficaces para la supervivencia de la especie humana. Tanto la Autostrada como la Vía Panorámica, por así decirlo, llegan a Roma. La Autostrada es directa, rápida y logra su cometido antes que la Vía Panorámica. En situaciones de peligro, ese "antes" puede significar la diferencia entre la vida o la muerte. Por su parte, la Vía Panorámica aunque es más lenta, es mucho más precisa y clara.

En ese sentido, cuando una persona está en control de sí misma y es dueña de sus respuestas, el Lóbulo Prefrontal funciona como timonel de un barco que lleva la dirección que el capitán ha decidido es la mejor para traer al barco a puerto seguro. Cuando hay una situación de peligro real, la amígdala es nuestra mejor amiga. Pero, como hemos visto, cuando la amígdala nos tiene prisioneros, cuando nos hemos acostumbrado a una sobre excitación de la Amígdala, esta situación nos pone a la defensiva y reaccionamos automáticamente, con impulsividad, agresividad pasiva o hasta con violencia en situaciones sin mayor importancia.

Preguntas, reflexiones y ejercicios del capítulo 6

1. Haz una lista de las conductas y decisiones que hayas tomado 'con la Amígdala' y 'con la 'Corteza Pre-frontal' y reflexiona sobre sus beneficios y consecuencias.

2. La próxima vez... "Cuenta hasta 10..."

   Este remedio contra la impulsividad gana mayor validez gracias a investigaciones recientes sobre el manejo de la ira. El lóbulo pre-frontal necesita un poco más de tiempo que la amígdala cerebral para barajar todas las opciones y entender qué curso de acción debe tomar. De manera que la idea de contar hasta 10 para serenarnos es válida. Es fruto de la sabiduría popular que reconoce que es preciso dar suficiente tiempo a la mente para poner en contexto y entender bien cada situación.

   Lo que muchas veces ocurre es que no sabemos que el contar hasta 10 por sí solo no funciona, tiene que ir acompañado por el ejercicio mental de buscar otras formas de entender la situación. Debemos hacer el esfuerzo consciente de ver la mente y entender qué es lo que nos está enfureciendo, al igual que por visualizar las consecuencias negativas de un mal manejo del enojo y explorar otras alternativas de acción. La próxima vez que sientas rabia o que veas que estás cerca de reaccionar intenta serenarte y cuenta pausadamente y acompañando tu respiración hasta que vayas sintiendo que tu enojo se disipa.

3. Las Cuatro "P"

   A algunas personas les sirve usar técnicas o fórmulas de memoria para recordar rápidamente que hacer para mejorar el momento presente y desactivar la urgencia de la amígdala. Una de esas fórmulas es la de las 4 P.

Sirve para recordar, una por una, cuatro acciones concretas que podemos realizar en silencio, cuando estamos a punto de reaccionar, y que invariablemente nos ayudan a responder reflexivamente:

PAUSAR - PONDERAR - PEDIR - PROCEDER

Pausar: Lo primero que tenemos que hacer para evitar reaccionar es detenernos, dejar de hacer lo que estoy a punto de hacer es hacer una pausa, detener la acción, hacer un tiempo fuera, desconectarnos un momento, salir de la habitación, o dejar de estar pensando esos pensamiento que nos "calientan la mente".

Ponderar: Una vez que hemos hecho la pausa, tenemos que ponderar lo que está ocurriendo. Ponderar es ver las implicaciones de lo que nos está ocurriendo con otros ojos, tratar de ver qué importancia real tiene la situación que nos está preocupando. Examinar nuestros pensamientos con una visión crítica. Desconfiar de nuestra certeza para ver las cosas y atrevernos a verla de otra manera menos implacable.

Pedir: Pedir es hablar con Dios. Esta es otra forma de orar, de hablar y atrevernos a pedir aquello que necesitamos, pues quien pide está orando y pidiendo claridad y discernimiento a un poder superior a uno mismo.

Proceder: Luego de hacer los tres pasos anteriores podemos seguir adelante, con la seguridad de que estaremos respondiendo y no reaccionando. Probablemente seguimos ya con otros ojos, con otra forma más objetiva y menos acalorada, que nos permite manejarnos sin reaccionar impulsivamente.

4. Establece un diálogo interno saludable

   Otra forma de controlar las reacciones de la amígdala es a través de establecer un diálogo interno saludable para identificar en qué momentos tu Amígdala se activó antes que tu corteza pre frontal en la última semana. Para detener los pensamientos rumiantes cambia de actividad, muévete de lugar, escribe las rumiaciones negativas y luego tira el papel. Además escribe y reflexiona sobre las veces que has reaccionado con la amígdala producto de esos pensamientos rumiantes.

5. Recuerda respirar...

   Respirar profunda y pausadamente hace un corto circuito a la amígdala. Además, estar consciente de nuestra forma de respirar puede tener un impacto dramático en nuestra salud emocional y física. Ya fuera que necesitamos reducir el estrés o aprender a darnos tiempo antes de contestar, los ejercicios de respiración pueden ayudarnos a darle ese tiempo al lóbulo pre frontal para evaluar las mejores opciones de respuesta a una situación. Pero más allá, respirar intencionalmente nos puede ayudar a ver la vida desde otro ángulo. La forma como respiramos impacta todos los aspectos de nuestra vida. Pero en el mundo moderno no nos parece importante preocuparnos por respirar bien. Sin embargo, todas las tradiciones religiosas del mundo estudian y recomiendan mejores formas de respirar. Y esto es así porque existe una correlación entre nuestros pensamientos, nuestros sentimientos y la forma cómo respiramos. Enfocar nuestra conciencia en la respiración es una excelente forma de tranquilizar nuestra la amígdala y relajarnos.

   Nuestra respiración refleja como en un espejo nuestro mundo emocional. Suspiramos con alivio, nos ahogamos de rabia, jadeamos de tristeza, dejamos de respirar por cuando sentimos miedo. Cambiar la forma como respiras cambia tu atención y tu estado anímico, porque los patrones de respiración muestran y pueden redireccionar nuestras emociones. Es difícil mantenerse tenso o con ansiedad o hasta con ira si estás respirando de una manera relajada.

Maestros yoguis y médicos occidentales, todos concuerdan en que no respiramos bien. Este antiguo remedio contra el enojo ha pasado la prueba del tiempo. Cuando estamos ansiosos o enojados, que es cuando más fácilmente reaccionamos, nuestra respiración es entrecortada, poco profunda y más rápida. Esa respiración nos prepara para la acción de ataque o huida, y es parte de lo que la evolución ha diseñado para ayudarnos a sobrevivir. Lo contrario a la respiración de miedo, ataque o huida es la respiración profunda, serena y más bien lenta. Como cuando estamos en la parte superior de una gran meseta y vemos un hermoso valle lleno de árboles y flores multicolores. Allí nuestra respiración es profunda, nos embarga un sentimiento de asombro por la belleza de la naturaleza y nos llenamos plácidamente el cuerpo de aire fresco y puro. Asimismo es la respiración profunda de la que estamos hablando.

La respiración profunda, sacando hacia afuera la parte inferior del tórax o el estómago, y no el pecho, es una buena forma de detener el enfado. Lógicamente, el remedio casero a veces no funciona porque queremos que sea inmediato. Aquellos que hemos entrenado a un periquito a repetir palabras hemos visto lo simple que es. Sí, realmente es muy simple, lo que hace que resulte muy difícil es que requiere de perseverancia. Es lo mismo con la respiración: tratar de tranquilizarnos con tres bocanadas profundas de aire sin que ésta haya sido una practica frecuente para el manejo del enojo en el pasado, puede ser un poco desalentador. A veces puede funcionar, pero otras veces, no. La práctica de la respiración se debe sustentar en un hábito que practiquemos en nuestra casa o en nuestro trabajo, tanto cuando estamos en situación de estrés, como cuando estamos en una situación en la que queremos explotar de rabia. No podemos pedirle al perico que *hable* después de haberlo entrenado por diez minutos; simplemente no funciona.

Hay varias cosas que puedes hacer para aprovechar el poder de la respiración como herramienta para responder. Cuando estés tenso, levántate y trata de inspirar todo el aire que puedas, detén por un segundo y lentamente suelta todo el aire. Puedes contar de 1 al 8 al inhalar, detener contando 1 y 2, y después exhalar contando nuevamente desde el 1 al 8.

A medida respiras, trata de usar imágenes, palabras o frases para acompañar y hacer más real tu respiración: Imagina que el aire que respires es tibio y cálido, o que con cada respiración inhalas Fortaleza, paz, o gratitud. Y cada vez que exhalas, imagina que con el aire que botas, sacas cualquier emoción negativa que estés sintiendo. En un día cálido, imagina que tu respiración te refresca y tranquiliza todos los rincones de tu cuerpo. Si el día es frío, imagina que estás inhalando un aire tibio y protector que envía a todo tu cuerpo una sensación de protección y calidez

Tómate un receso para respirar: cuando te estés poniendo ansioso o enojado en medio de una situación difícil pide simplemente permiso para ir al baño... y ve a otro cuarto a respirar por unos minutos.

SEGUNDA PARTE: RESPONDER

"Somos lo que hacemos con frecuencia..."
Aristóteles

Responder nos permite vivir más plenamente; nos hace soberanos de nuestro comportamiento y nuestras emociones. Esa "soberanía interior" la conseguimos a través de paciencia y disciplina, y a través de ejercicios y técnicas sencillas que practicamos diariamente para aprender a auto regularnos emocionalmente. La conseguimos también manteniendo presente las ventajas que trae, a nuestros seres queridos y a nosotros mismos, el responder en vez de reaccionar.

En esta sección, entre los capítulos siete al once, encontrarás una serie de ideas, ejercicios, herramientas y algunas pistas, para practicar conductas que nos ayudan a responder más y reaccionar menos. Esto no se consigue con píldoras o remedios mágicos sino con la práctica cotidiana de ejercicios. Para lograr un cambio tendremos que revisar algunas de nuestras actitudes negativas y abrir nuestra mente a soluciones más serenas a la frustración normal de la vida. En los grupos de alcohólicos anónimos dicen que las tres herramientas más importantes que se necesitan para dejar de beber son: "mente abierta", "buena voluntad" y "honestidad". Esto mismo basta para aprender a responder.

En el capítulo siete (7) discutimos los beneficios de tres herramientas poderosas que contrarrestan nuestra tendencia a reaccionar: hacer pequeñas pausas de silencio;

ejercitar la tolerancia y practicar el auto consuelo. Estas son herramientas que nos ayudan a serenarnos y facilitan la educación de nuestra mente.

En el capítulo ocho (8) describimos una forma de meditación conocida actualmente con el nombre de "Mindfulnes", que tiene un efecto poderoso en nuestra capacidad de discernir y detener nuestra tendencia a reaccionar, allí en el mismo momento que está a punto de ocurrir.

En el capítulo nueve (9) hablamos de las emociones positivas, que representan un antídoto a esos malestares y disgustos que tanto nos empujan a reaccionar. En el capítulo diez (10) hacemos una revisión de que hemos llamado "hábitos mentales bondadosos", que representan una forma natural y saludable de construir la realidad.

Algunas de las técnicas o herramientas que se presentan en esta segunda parte son de rápido uso y sirven para detener las reacciones automáticas en el momento en que están ocurriendo. Otras buscan estimular tu capacidad de auto serenarte o cambiar tus actitudes frente a las situaciones, las personas y sobre todo, frente a ti mismo. Como verás, te propongo el desarrollo de nuevos hábitos de pensamiento que, al final del día, se convierten en comportamientos y actitudes. Estos nuevos hábitos bondadosos son el antídoto a los cuatro hábitos venenosos que te llevan a reaccionar. Finalmente, en el capítulo once (11), hacemos reflexiones finales del arte de responder y su relación con la sabiduría.

7. AUTO CONSUELO, SILENCIO Y TOLERANCIA

El nuevo gerente de ventas

María Ángeles era una vendedora con más de 10 años de experiencia en una prestigiosa cadena de tiendas. Era constante, servicial y amable con los clientes y compañeros. Casi siempre lograba cumplir con sus metas mensuales. Pero tres meses atrás habían nombrado a un nuevo gerente de ventas. En un principio, María Ángeles pensó que el nuevo gerente traía buenas ideas, pero luego de un par de meses, se dio cuenta que era machista e inflexible. Ella y sus compañeras pronto salieron de la fantasía en la que habían caído. Pensaban que el nuevo gerente las apoyaría para conseguir mejores comisiones. Lejos de esto, las comisiones bajaron y las metas mensuales de ventas subieron desproporcionadamente. El nuevo gerente había resultado un patán. María Ángeles ahora vivía de mal humor y su estómago se retorcía cuando llegaba al trabajo. En su casa, sus dos hijos adolescentes notaban que estaba irritable, impaciente y reaccionaba por cosas insignificantes.

Para completar el cuadro, a la hora de dormir, sentía que no descansaba; se despertaba con cualquier ruido y de manera inmediata le venían a la mente los pensamientos sobre su trabajo. María Ángeles pensó en confrontar al nuevo gerente o a los dueños de la compañía. Pensó en renunciar de un día para otro y dejarles vacante el puesto para ver cómo resolvían sin ella. Pero después se dijo a sí misma que no haría ni una ni otra cosa.

Finalmente decidió tomar las cosas con calma, tomar una actitud más de "observadora", alejándose un poco de la situación. No tenía por qué perder todos los años que había invertido en su trabajo, ni dejarse enervar por la actitud del gerente. Para serenarse, María Ángeles empezó a escribir lo que sentía, a ratitos, cuando podía, para entenderse mejor a sí misma y ver sus opciones. Palabras y oraciones salían de su pluma con rabia y enojo. Luego de un rato se detuvo, observó y leyó todo lo que había escrito y escribió varias preguntas:

Pregunta: *"¿Por qué me pongo tan tensa cuando este hombre entra en la oficina?"*

Respuesta: *"Me estoy preparando por si él me llega a atacar"*.

Pregunta: *"¿Por qué le tengo miedo?"*

Respuesta: *"Porque no me gusta cómo el trata a las otras vendedoras y a mí... y no me gusta que me traten como a una niña estúpida o una persona incompetente"*.

Pregunta: *"¿Necesito que ese tipo apruebe todo lo que yo hago para sentirme que soy competente?..."*

Luego de escribir esta última oración, María Angeles se quedó pensando en esta pregunta por varios minutos y luego se respondió:

Respuesta: *"¡No! Aún cuando él es mi supervisor y evalúa mi trabajo, no necesito que él decida por mí si soy competente, estúpida o lenta o no lo soy.* "Yo sé que soy competente y sé hacer muy bien mi trabajo, sin importar qué piense él acerca de mí".

Este simple ejercicio la ayudó a ganar perspectiva frente a los eventos. Estaba decidiendo que su autoestima y su auto concepto no podían depender de lo que éste jefe particular pensara acerca de ella. Con su diálogo interno positivo, se recordaba a sí misma que era competente y que aún cuando cometiera errores, estos eran mínimos o totalmente razonables.

Mientras llegaba el momento de hablar con el jefe, María Ángeles empezó a trabajar en su diálogo interno:

"Soy una vendedora competente aún cuando este hombre no lo vea así."

"Mis clientes me buscan y confían en mí."

"Yo no voy a permitir que sus problemas se conviertan en mis problemas."

"Yo me puedo expresar con este hombre de adulto a adulto."

Al final de varios días de estar auto-serenándose, María Ángeles habló con el gerente sobre la forma cómo él la estaba tratando y con firmeza le pidió que la ayudara a encontrar una manera cordial y respetuosa de comunicarse. Pudo serenarse a sí misma y responder. Dejó de tragarse su mal humor y de desarrollar malestares e incomodidades físicas. Eventualmente, es posible que María Ángeles decida trabajar en otro lugar, pero sin duda manejó muy bien la situación. Su respuesta fue productiva, beneficiosa y de altura. Ahora ella sentía que tenía más control sobre su propia vida laboral y podía manejar sus emociones y su conducta de manera saludable y productiva.

La capacidad de serenarnos a nosotros mismos

El ejemplo de María Ángeles muestra como una persona logra auto-serenarse. Ella encontró una forma de hacerse dueña de la situación. Es posible que la capacidad de serenarnos a nosotros mismos sea una de las habilidades psicológicas más importantes para el ser humano. Es básica para el desarrollo de buenas relaciones intra e interpersonales, y para manejar situaciones difíciles en la vida. Por ejemplo, las personas que tienen poca capacidad de auto-serenarse se sienten impotentes, disgustadas, heridas, abandonadas, paralizadas o atacadas con facilidad. Pueden sentir disgusto o rechazo ante situaciones que el resto de la gente consideraría inocuas; son personas que tienden a tomar de manera personal comentarios de otras personas.

Todos usamos nuestra capacidad de serenarnos a nosotros mismos cuando nos consolamos en momentos difíciles de nuestra vida. Ya sea que empecemos a silbar cuando estamos pasando por un paraje un poco sombrío y solitario, o nos tranquilicemos diciéndonos palabras como *"todo va a salir bien... quédate tranquila"*, lo que estamos haciendo es auto-serenarnos. También nos auto-serenamos al rezar cuando estamos preocupados; o al echar nuestra cabeza hacia atrás en el sillón de la terraza y sentir el aire fresco de la mañana, o nos damos un baño tibio luego de un día agotador de trabajo, o simplemente cuando respiramos profundamente.

La mayor parte de las personas ejercitamos nuestra capacidad de auto serenarnos sin darnos cuenta. El bebé que tiene el pañal mojado y se mete el pulgar en la boca y empieza a chuparlo está practicando una forma rudimentaria, de serenarse a sí mismo. El niño de 10 años que pide que le preparen una taza de chocolate caliente luego de un gran susto se está auto serenando de una manera que puede ser perfectamente sana.

Todos aprendemos a desarrollar esta capacidad mientras vemos cómo nuestros propios padres nos consuelan cuando estamos tristes, enojados o ansiosos. Esa capacidad en nuestros padres de comprendernos y aceptarnos aún cuando estemos enojados, con miedo, tristes, ansiosos o contrariados, nos ayuda a, por así decirlo, "metabolizar" nuestras propias emociones negativas. El reflejo de nosotros mismos que vemos en los ojos de nuestros padres nos permite entender qué nos está pasando, y nos va enseñando a serenarnos a nosotros mismos en la gran cantidad de momentos en que la vida es menos que perfecta.

A muchas personas el auto-serenarse les resulta natural. Los buenos cuidados que recibieron y las experiencias positivas que tuvieron con sus padres y demás personas adultas cuando eran bebés y niños les permitieron desarrollar la capacidad de auto-regulación emocional. Sin embargo, para otras personas es muy difícil evitar que surjan fuertes emociones negativas cuando algo malo les ocurre. Los cerebros de estas últimas personas tienen rutas neurológicas acostumbradas a transitar por estaciones de miedo, ira, vergüenza, etc., y a esperar lo peor de los demás, y a veces hasta de sí mismos. Tienen cicatrices emocionales producto de experiencias difíciles. Puede ser que tengan memorias que no recuerdan con completa claridad. Pueden haber vivido algún descuido parental en su crianza, o experiencias negativas que les generaron temor cuando eran niños.

Finalmente, algunas personas que tienen dificultad para serenarse pueden haber experimentado algún abuso físico, psicológico, verbal o hasta sexual. La huella que queda de estos eventos en lo profundo de la mente, hace que les resulte difícil serenarse a sí mismos en momentos de estrés. O por lo menos serenarse a sí mismos de maneras saludables. Por eso reaccionan impulsivamente, o congelándose, o violentamente, o caen en formas perjudiciales de manejar el malestar emocional. A veces se tornan obsesivos y rígidos. Otras veces se distraen compitiendo y echándole la culpa a los demás de todo lo malo que les pasa. Otros se vuelcan a tratar de complacer a todo el mundo. Por último, algunas personas con poca capacidad de serenarse a si mismos desarrollan compulsiones para evitar sentir malestar emocional, y terminan aturdiéndose la conciencia con drogas, alcohol, o actividades perjudiciales y compulsivas.

Caridad se merecía su certificado

Algunas personas sienten emociones tan fuertes que sufren muchísimo por cosas que otros considerarían de poca importancia. Como fue el caso de una paciente, que llamaré Caridad, que estaba en psicoterapia porque tenía explosiones de ira con su esposo y con frecuencia se sentía rechazada o agredida por la gente, por cosas realmente nimias. Caridad me decía: *"yo me he dado cuenta que siento las cosas más fuerte que el resto de la gente... Particularmente más fuerte que mi esposo y mis amigas. Y eso me molestaba y me hacía mucho daño. Ahora estoy aprendiendo a reconocerlo, tolerarlo y manejarlo hablándome a mí misma, ayudándome a tranquilizarme y a ver las cosas en perspectiva. No apegarme a mi forma de ver las cosas cuando estoy mal... Yo sé que yo siento más fuerte que lo que siente otra gente... no es que sea raro o mentira, es solo que a veces siento más fuerte que los demás..."*

Una herramienta que usaba Caridad para sentirse mejor era recordar que sus pensamientos eran solo eso: unos pensamientos, y no la verdad absoluta. Sabía que cada persona, inclusive su esposo, veía las cosas de diferente modo. Además estaba aprendiendo a no distorsionar la realidad cuando se sentía devaluada. Caridad estaba aprendiendo a serenarse a sí misma a través de actividades sencillas, y le estaba funcionando.

Un día me preguntó: *¿habrá un momento en el que usted me de un certificado de graduación que diga que ya me curé?* Caridad tenía una historia realmente difícil: había crecido con una madre psicológicamente enferma, que no había podido cuidarla, y un padre que prácticamente la había abandonado. Entonces le propuse que revisáramos cuánto había avanzado en su proceso de crecimiento emocional, en su capacidad de serenarse a sí misma y en su capacidad de manejar las emociones negativas. Al hacerlo, y ver todo lo que había avanzado, Caridad me dijo que se sentía mucho más capaz de poner en palabras lo que sentía y que sabía cuidarse a sí misma y tranquilizarse cuando se sentía rechazada. Me explicó cómo era capaz de *desacelerarse* cuando se ponía furiosa, y que estaba moderando sus estados emocionales difíciles, sobre todo cuando su esposo no entendía lo que le estaba pasando. Entonces yo le dije que en efecto, yo estaba de acuerdo con su evaluación de su progreso y sin duda alguna "se merecía su certificado".

La clave de la mejoría de Caridad era su capacidad para identificar los hábitos venenosos y suplantarlos por hábitos bondadosos. Además era capaz de mentalizar sus estados emocionales sin reaccionar impulsivamente, y sobre todo, auto serenarse consistentemente cuando estaba sola y surgía una emoción negativa. Entonces sonrió y dijo: "*¡es verdad... yo me merezco ese certificado!*"

Unas palabras sobre los trastornos de Personalidad Límite

Algunas personas reaccionan con una frecuencia y con una intensidad fuera de lo común. Sufren cambios repentinos de estado de ánimo. Tienden a estructurar el mundo dentro de categorías rígidas, todo es blanco y negro. Además fácilmente experimentan emociones profundas de abandono cuando las cosas no salen como ellos quieren. Son muy impulsivos y pueden pasar de sentir tristeza a sentir ira de un momento a otro. Estas personas pueden sufrir de una condición llamada personalidad volátil o personalidad límite. Las personas volátiles caen constantemente en el hábito de escindir la realidad. El porcentaje de personas que podrían entrar dentro de un diagnóstico clínico es reducido (3% al 5% de la población), pero muchos expertos creemos que existen muchísimas más personas que reaccionan así en diferentes momentos, y que solo muestran uno que otro de los rasgos de este tipo de personalidad.

Las personas con este desorden no toleran situaciones negativas; establecen relaciones muy intensas de amor/odio y tienen explosiones de ira sin aparente motivo o por incidentes mínimos. Además tienen dificultad para mantener planes y metas personales a largo plazo; experimentan una sensación de vacío cuando alguna persona importante para ellos no los valora como ellos sienten que debe ser; y muestran una tendencia a la depresión por períodos cortos de tiempo (unos días) luego de lo cual vuelven a sentirse bien o como si nada.

Finalmente, en los casos más graves, la angustia, la ira y el dolor emocional que estas personas sienten es tan fuerte que pueden llegar a presentar intentos de suicidio, en una combinación desesperada de tratar de dejar de sentir dolor y angustia, unirse psicológicamente a la parte interiorizada del agresor que le inculcó, en su infancia, que no servían para nada, y como una forma improductiva y terrible de solicitar ayuda.

Si tu, al leer estas líneas, te identificas con los rasgos de personalidad límite, o conoces a alguna persona que también los presenta, es importante buscar ayuda profesional con terapeutas especialistas en el tratamiento de los "trastornos de personalidad". En una buena terapia, las personas que tienen este trastorno de personalidad logran superar esta limitación emocional y vivir más plenamente.

Como vemos, la habilidad de responder está directamente ligada a la capacidad de serenarnos a nosotros mismos. Pero para eso tenemos que darnos cuenta de lo que nos está sucediendo mental, emocional y en nuestro cuerpo. Poder verbalizar lo que nos está pasando con empatía hacia nosotros mismos es el camino a la madurez. Poder entender nuestros propios estados emocionales y auto calmarnos es valiosísimo como herramienta para responder.

En la película de Robert Zemerick "Naúfrago", Tom Hanks representa el papel de Chuck Nolland, un empleado de Federal Express que va de regreso de una misión de trabajo en un avión de la compañía, que se accidenta y cae al mar en el medio de las islas tropicales de Malasia. El personaje de la película logra sobrevivir sólo durante casi cinco años en una pequeña isla que se convierte en su hogar. Luego de todo este tiempo, Nolland decide lanzarse al mar en un improvisado velero hecho de desperdicios que el mar le ha traído. Es rescatado, días después, por un buque carguero.

Al regresar a su hogar, encuentra que su esposa, creyéndolo muerto, se ha casado con otro hombre con el que tiene una niña pequeña. En una de las escenas finales, un antiguo compañero de trabajo le pregunta "¿cómo toleraste perder todo, volver cinco años después, y darte cuenta que tu esposa estaba casada con otro hombre?" Nolland le comenta que estando solo en la isla, había estado a punto de tirarse por un precipicio, pero que en el último momento encontró algo dentro de sí mismo que lo había detenido. El personaje comenta que era una voz interior que le decía que debía seguir adelante. En su soledad, en una situación extrema, Nolland había podido serenarse a sí mismo creando un interlocutor imaginario: hablando con la pelota de voleibol que había llegado a la playa. Su conversación constante con la pelota o "Wilson", por extraño que pareciera, era una forma de mantener su salud mental. Nolland y el papel que él mismo le asigna a Wilson, describen certeramente la esencia de la capacidad de serenarnos a nosotros mismos: una voz interna que nos ayuda a poner las situaciones en perspectiva y nos tranquiliza. En el caso de la película, una voz que es capaz de sacar a este hombre de los bordes de la desesperación en una situación de soledad total y mantenerlo con esperanza y fe en un futuro, para luego regresarlo a la cordura.

Ita Proyectaba Ideas en su Mente

La capacidad de auto serenarnos no es un invento de la psicología; es una capacidad natural del ser humano, que encontramos en todas las personas, producto de sus experiencias en la niñez. Un ejemplo de auto serenarse para bajar la intensidad de una emoción de miedo o preocupación y detener una reacción impulsiva ocurre cuando construimos historias hablándonos a nosotros mismos en un momento de tensión. Tal y como lo hacía Ita.

Ita me contó una vez que, desde niña, había aprendido a tener "pensamientos bonitos" cuando se iba a dormir. Eso le facilitaba dormir tranquila cada noche. Disfrutaba mucho de su hábito. De niña pensaba en sus amiguitos y amiguitas y lo que había hecho ese día. Después cuando se casó y tuvo hijos pensaba en ellos y armaba historias agradables de cómo cada uno de ellos se iba a desarrollar en la vida. Años después hilvanaba pensamientos agradables acerca de cada uno de sus 13 nietos. Tenía 81 años cuando me lo contó, y a los 89 años todavía seguía haciéndolo. Para ella ese auto consuelo era automático.

Para muchas otras personas esta capacidad de auto consuelo es como un saber profundo e intuitivo que nos ayuda a serenar nuestro ánimo cuando la vida nos propina golpes o nos "regala" dolores y tristezas. Por ejemplo, cuando alguien nos rechaza, cuando cometemos algún error o cuando ocurren malos entendidos entre nosotros y algún ser querido. Para algunas personas es fácil y natural. Otras personas, sobre todo aquellas con esquemas relacionales dependientes o de evitación tienen que hacer un esfuerzo consciente para auto consolarse, porque sus expectativas de las cosas, la gente y de sí mismos son negativas. Pero todos tenemos que aprender a auto serenarnos para llevar una vida tranquila.

Si no hay enemigo interior, el enemigo exterior nada puede hacernos

A veces somos nuestro peor enemigo, y nos convertimos en terribles críticos de nuestra conducta. Si podemos decir que "estamos en buena compañía" cuando estamos solos, es que tenemos una buena capacidad de auto-consuelo. Hay muchas maneras de auto serenarnos. A veces nos consolamos con una buena siesta; otras veces caminando por el parque, disfrutando de la naturaleza la naturaleza o escuchando música suave. Algunas personas se van de compras al centro comercial. A veces lo hacemos buscando la palabra de aliento de un amigo o una frase significativa de alguno de los libros sagrados que cada religión tiene. Sin duda, algunas formas son más positivas que otras. Meditar, respirar con conciencia, rezar, hacer ejercicio, practicar algún voluntariado, son todas formas de auto consolarnos constructivamente que poco a poco nos ayudan a desarrollar una actitud de paz, tranquilidad y aceptación que es incompatible con las reacciones automáticas.

Una de las formas más comunes es el diálogo interno alentador. El auto consuelo se ejemplifica en frases como "yo decido responder ante la provocación que me hacen"; o "yo sé que puedo hacer un buen trabajo, aunque no resulte perfecto" o "está bien no haber ganado, realmente disfruté y aprendí mucho en la competencia". El auto consuelo es un conocimiento profundo de que "yo estoy bien" aunque no sea perfecto. También se observa cuando somos capaces de "tomarnos un segundo" para hacer silencio, respirar profundamente y acomodar nuestra mente, nuestras ideas y nuestros pensamientos.

Otra de las mejores formas de cultivar el auto consuelo es a través del fortalecimiento de la vida espiritual. He observado cómo, al desarrollar una vida espiritual, las personas que han tenido una historia de terribles privaciones, abuso o maltrato, logran niveles de adaptación y funcionamiento psicosocial muy buenos. Una vez atendí a una mujer, que llamaré Maricarmen, que había sido abusada físicamente por su padre desde pequeña. Luego había sido abusada sexualmente por un profesor de la escuela adonde asistía cuando era adolescente. Aún cuando la mente de Maricarmen había sido desgarrada por el abuso reiterado, y de hecho necesitó mucho apoyo, terapia y medicamentos antidepresivos, su capacidad de auto-consuelo y su fe en Dios la habían movido por encima del trauma y le permitían funcionar y reconocer que tenía esperanza. En la época más difícil de su recuperación, cuando los recuerdos traumáticos la perturbaban mucho, Maricarmen solía mandarme mensajes de texto en el celular. Algunos eran declaraciones exactas que daban fe de su proceso de reconocimiento del daño recibido y su resolución inquebrantable de superarlo. Pero la mayor parte de ellos era de contenido espiritual: versículos de la Biblia, imágenes con temas espirituales, y narraciones de experiencias de diferentes personas que se habían superado gracias a la fe. Creo que mandármelos a mí era una excusa para que ella misma le mandara esos mensajes a su alma y a su conciencia; una manera creativa de ayudarse a sanar las memorias que la perturbaban.

Hacer silencio

El silencio es el descanso del alma.
Es alimento y pausa que refresca.

William Penn

Una de las herramientas básicas para desarrollar la capacidad de responder es recuperar el silencio. Ese silencio bueno que nos permite reconectarnos con nosotros mismos. Mahatma Gandhi decía que la mitad del dolor y el sufrimiento del mundo se terminarían si las personas aprendiéramos la virtud de estar en silencio. Gandhi practicaba estar en silencio varias horas al día; su rutina era sencilla y aprovechaba cualquier momento para estar en silencio y meditación.

En las cartas y pensamientos que Gandhi le escribiera a su amigo Anand Hingorani entre 1944 y 1946 con el fin de consolarlo tras la muerte de su esposa, se encuentran interesantes reflexiones sobre el papel del silencio y cómo éste puede contrarrestar la fuerza de las emociones negativas. Veamos:

¿Por qué caemos tan a menudo en la mentira,
ya sea por miedo o por vergüenza?
¿no sería mejor, en lugar de ello,
que guardáramos silencio o,
desechando todo temor, dijéramos francamente
lo que pensamos?
A diario constato lo importante que es el silencio.
Es importante para todos, pero para quien se deja absorber totalmente por su trabajo, el silencio es oro.
Cuando una persona ha convertido en costumbre
no saber lo que dice, ha llegado el momento
de que se desprenda de tal costumbre,
para lo cual ha de mantener la boca cerrada
y los labios sellados.
Un sabio ha dicho que el silencio nos dispone
al conocimiento de nosotros mismos
y hace que nuestra vida exterior
sea conforme con la vida interior.
Cuando alguien ha perdido la paciencia
debe refugiarse en el silencio
y no hablar hasta que haya recobrado la calma.

Mahatma Gandhi
Cartas a un Amigo

Quizás por eso otro pensador de origen hindú, pero radicado en Estados Unidos de América, el médico Deepak Chopra, dice que para mejorar nuestra vida debemos aprender a estar en silencio. Nadie debe perderse la oportunidad de estar en silencio un par de horas, una mañana, o hasta veinte y cuatro (24) horas, dice Chopra. Y es cierto pues las cosas que aprenderíamos de nosotros mismos nos servirían para toda la vida. Podemos empezar por quince minutos una vez por semana, que se aumentarán hasta llegar a media hora varias veces por semana. La idea es poder empezar a mirar para adentro y cultivar la interioridad; y empezar a mirar hacia fuera con una capacidad renovada para redescubrirlo todo.

El silencio y la capacidad de responder

Una de las funciones más importantes del silencio es apoyar la comunicación. Es lógico: si no hacemos silencio, no escuchamos lo que el otro quiere decirnos. Si no escuchamos, no puede haber buena comunicación y reaccionamos automáticamente. Dejar que la otra persona nos cuente qué es lo que está sintiendo o pensando es parte fundamental de la buena comunicación. Si no hay espacios de silencio en nuestras conversaciones, no escuchamos lo que quieren decir los demás. Las parejas que hablan a la vez reaccionan porque no se escuchan. No hacen silencio. Mientras tu novio o tu esposa te está hablando tu tarea es escuchar, pero de verdad. Para eso debemos estar atentos y enfocados.

Por otro lado, responder tiene mucho que ver con escucharse a sí mismo: al cuerpo, a la mente, a nuestros pensamientos, a nuestro corazón. El simple acto de entrar en silencio por unos minutos nos ayuda a reconocer qué es lo que queremos en verdad. Posiblemente algunas personas ya tienen mucha capacidad de estar en silencio y conocerse a sí mismos. Pero para la mayor parte de las personas es un esfuerzo: aprender a escuchar su voz interior a través de estar en silencio. De esa manera, y poco a poco, aumenta la capacidad de responder, y con cada descubrimiento personal se encuentra un pequeño motivo de serena celebración.

Una nota de advertencia: Así como hay un 'silencio bueno', también hay un 'silencio malo'. Es estar en silencio como una reacción pasivo-agresiva. Como el silencio de una mujer, que se disgustaba y se quedaba callada, con un silencio cargado de emociones negativas. Cuando le preguntaban qué le pasaba, esta mujer decía "nada... aquí... pensando". Puede ser que uses el silencio para atacar a tu cónyuge o a tus hijos. Ese silencio es malo. No te va a ayudar a responder. Debes eliminarlo. El silencio que te ayuda a responder es el que te permite mirar para dentro, serenarte, y ver las cosas con otros ojos.

Tratamiento de aguas residuales

El diálogo interno es una herramienta para serenarnos. Pero el diálogo interno negativo es muy perjudicial. A veces es tan solo un detalle que nos molesta... como una piedrita en el zapato. Otras veces es un dolor terrible que se siente como una daga en el corazón. Algunas personas creen que no tienen control de su diálogo interno negativo; simplemente no se les ocurre cuestionarlo ni saben cómo confrontarlo. Alguien me decía *"no sé qué decirme, no sé qué puedo hacer..., yo no sé las respuestas"*, cuando le preguntaba qué hacía cuando tenía pensamientos negativos que lo atormentaban. Simplemente no había desarrollado la capacidad de *"hablarse intencionalmente y de manera positiva a sí misma"*.

Algo parecido pasa cuando creemos que porque está escrito en un libro debe ser verdad. ¿Sólo porque está escrito en tinta sobre papel y ha sido publicado es verdad? ¡Eso es absurdo! Es lo mismo pasa con el diálogo interno: "¿Solo porque lo pensamos es verdad?" ¡Falso! Los pensamientos ocurren o 'aparecen' en nuestra mente. No nos pertenecen; y no porque pensamos algo significa que algo es así. A veces tenemos que hacer una limpieza de pensamientos residuales en nuestra mente, pues tenemos mucho desecho que no sirve para nada, más que para contaminar nuestra vida y maltratar nuestras emociones.

Tal era el caso de Tania, una mujer que reaccionaba impulsivamente y era grosera con sus compañeros de trabajo. En el fondo, las reacciones de Tania tenían que ver con que se sentía decaída y decepcionada, porque en la compañía donde trabajaba acababan de nombrar jefa a una persona que había entrado después que ella a la firma. "Es un salario más alto que el mío" me dijo Tania. "Yo siempre estoy analizando y tratando de ver por qué pienso, y por qué pasan las cosas. ¡Todo sería más fácil si yo aceptara que no tengo capacidad y que me va a ir mal y punto!"

Al preguntarle a qué se refería, Tania reflexionó un poco y me dijo: "Es que eso que ustedes llaman "dialogo interno" en mi propia vida no es más que un constante crítica a mi misma"

Tania nunca había aprendido a cuestionar su diálogo interno. No se daba cuenta que a través de su hábito venenoso de distorsionar la realidad, su mente creaba estas historias falsas y tristes acerca de su supuesta limitada capacidad, que luego la llevaban a estar de mal humor y a reaccionar en situaciones que no tenían nada que ver. Creía que el éxito de otras personas significaba su fracaso como profesional. Literalmente, Tania se tragaba esas distorsiones por vía de su diálogo interno. Había aprendido a hacerlo desde niña, comparándose con sus hermanas y escuchando a su padre lamentarse de todo lo que pasaba a su alrededor. Ahora era automático y Tania sentía que no sabía cómo pararlo.

Tania trabajó rápidamente y aprendió a identificar y modificar los pensamientos negativos que tenía. A los pocos meses su rendimiento laboral mejoró. Pero sobre todo fue su bienestar emocional el que logró un gran cambio: Fue capaz de reconocer que su contribución en la compañía era substancial, más allá de que le hubieran ofrecido una oportunidad a otra persona en lugar de a ella. Aprendió a confrontar su diálogo interno de manera eficiente. Era como si su trabajo, en una compañía de tratamiento de aguas residuales, limpiando las aguas servidas y devolviéndoles su pureza, fuera una metáfora de lo que ella tenía que hacer para limpiar las aguas turbias en su mente, que estaban contaminadas con sus ideas falsas, improductivas y distorsionadas. Ahora no solo las aguas estaban tratadas: Tania había puesto una planta de filtrado para sus ideas negativas, y esta planta interior era más eficiente que las que instalaba en las ciudades donde trabajaba.

La tolerancia: un aliado para responder.

Lo primero que uno ve cuando llega al grupo de Alcohólicos Anónimos de San José, en esa pequeña comunidad de montaña de El Valle de Antón, son dos letreros grandes: uno que cuelga sobre las vigas del techo, y otro labrado sobre la misma piedra de la tribuna. Las dos dicen lo mismo: "TOLERANCIA". Y es que si alguien necesita tolerancia somos los adictos de cualquier tipo: a las drogas, al alcohol, a la comida (como yo), al sexo, al juego, etc. Pero ¿serán los adictos los únicos que necesitan tolerancia? Me temo que no. Todos necesitamos esa actitud básica de entender que el mundo no está hecho a la medida de nuestros deseos. Cuando pienso por qué está escrita esa palabra en grande en la tribuna del grupo de A.A. pienso que es que los adictos quizás aprenden a drogarse en un intento fallido de auto medicar su intolerancia con el mundo y consigo mismos. En los testimonios y el compartir los alcohólicos en recuperación de todo el mundo piden tolerancia para sí y agradecen la de sus compañeros.

En su sentido moderno la palabra tolerancia es sinónimo de aceptación de la diversidad, y de evitar confrontaciones por motivo de las diferencias. Significa aceptar que las cosas no son siempre como uno quiere. Son la tolerancia y sus parientes cercanos (la paciencia, la aceptación y la compasión) los que han llevado a los pueblos y las culturas del mundo a dar grandes pasos hacia la comprensión de lo qué significa realmente ser humano. Ser tolerante implica entender que 'diferente de mi' no es sinónimo de peligroso, extraño, raro, basura, malo o diabólico. Al cultivar la tolerancia se nos facilita convivir en paz con personas que son, superficial o profundamente, diferentes a nosotros, y bajamos nuestro nivel de activación emocional y muestra reactividad ante la gente que no es como nosotros.

Es curioso que haya personas que son parecen ser muy tolerantes a la diversidad, pero en la intimidad de las relaciones son bastante intolerantes. Quizás tolerancia significa 'actuar con compasión frente al otro', sea quien sea.

Quizás sobre todo frente a quienes tenemos cerca. Esto nos cuesta porque siempre tenemos buenas razones para pensar que el otro está equivocado o que actúa en contra de nosotros, o que si nos quisiera de verdad haría las cosas de modo diferente. Por eso tolerar implica serenarnos cuando otra persona está momentáneamente fuera de sí o cuando actúa en base a prejuicios. Tolerancia es reconocer que pocas veces una reacción impulsiva genera cambios favorables. Tolerancia significa reconocer cuán frágiles somos y cuán frágil es la vida humana.

Cuando pienso en tolerancia, vienen a mi mente enseguida algunos personajes de la historia. En primer lugar Juan Pablo II, con su increíble capacidad de ver más allá de los hechos y las palabras; de leer el corazón de la gente y hablarle directamente al corazón. Después pienso en el Dalia Lama del Tíbet, que al ser preguntado quién había sido su mayor maestro contestó, luego de pensarlo un buen rato, que había sido Mao Tse Tung, porque nadie como Mao lo había obligado a practicar la tolerancia, tan importante en su religión.

Hay varias áreas de acción para la tolerancia: tolerancia hacia el mundo y las personas que nos rodean en nuestro entorno social; tolerancia a la frustración, cuando las cosas no salen como desearíamos; tolerancia al dolor físico y a las limitaciones personales y, finalmente, tolerancia al malestar emocional. Una última área donde ejercer la tolerancia, y a veces la más difícil, es hacia nuestro lado oscuro: a nuestros defectos y nuestras debilidades; a lo que los psicólogos jungianos llaman "nuestra sombra". La tolerancia con uno mismo es en verdad una forma de auto consuelo que tiene un efecto beneficioso entre todas las personas que nos rodean.

Odalis y su bebita en las horas de la madrugada

La bebé de Odalis lloraba a todo pulmón. Eran las 2:00 a.m. y no quería el biberón, no aceptaba el chupete, no quería agua y por más que su mamá le daba golpecitos en la espalda no sacaba ningún gas. Odalys, ya desvelada, puso la bebé en la cuna. Encendió las luces, despertó al esposo y le dijo: "esta chiquilla no para de llorar, ya no sé qué hacer". El esposo no atinó a hacer mucho más "ya, ya cálmate, no llores, no llores...", le decía a la niña, como si fuera capaz de entenderlo, y aumentaba el tono de la voz y el enojo. Odalys se iba exasperando más y tuvo que morderse los labios para no gritar a su esposo. Decidió mejor salir fuera del cuarto a tomar un poco de aire. Luego fue al baño y se refrescó la cara con agua. Acto seguido se sentó, respiró profundo y trató de pensar... Poco a poco fue recordando lo que le había dicho su mamá hacía unos días: "Acuérdate lo que dijo el pediatra... los bebés saben decir cuándo algo les pasa, así que si está llorando y no para, algo le pasa".

Se levantó y fue al cuarto, revisó el pañal desechable de la bebé y vio que estaba limpio... ¿qué será?... pensó otra vez. De repente le abrió la boca a la bebé y paso su dedo índice por la encía: ¡allí estaba! Una pequeñísima aspereza en la encía se lo explicó todo... aunque tan sólo tenía 5 meses, a la bebe ya le estaba saliendo el primer diente de leche. Al ver esto, Odalys se tranquilizó y empezó a colocarle una crema en la encía, y comenzó a hablarle con cariño a la bebé, pidiéndole disculpas por no haberse dado cuenta antes del problema. Al poco rato la bebé aceptó el biberón, dejó de llorar y se durmió.

Odalys había empezado a reaccionar impulsiva y agresivamente con su bebé y su marido. La situación de estrés, la impotencia de no saber qué hacer, el cansancio acumulado y la incapacidad de mentalizar le estaban cobrando una cuota muy grande a ella y a su bebé, hasta que decidió hacer algo al respecto. Sus respuestas le permitieron resolver el problema y además de auto serenarse, y consolar a su querida hija.

Tolerancia al malestar emocional y la frustración

Todos tratamos de cambiar lo que nos molesta, sea una piedrita que se nos ha metido en el zapato, un vendedor insistente que no nos deja revisar en paz la mercancía, o un pensamiento avergonzante que nos hace sentirnos inadecuados. ¿Cómo tratamos de eliminar ese malestar? Lamentablemente muchas veces reaccionando. Asimismo todos tratamos de evitar el dolor emocional: Buscamos relaciones sanas, gente que nos ayude a crecer y disfrutar de lo bello que tiene la vida. Todos tratamos de ir poniendo límites y alejándonos de personas, ambientes y situaciones que son tóxicas y nos hacen daño.

Lamentablemente con eso no basta. Gran cantidad de veces en la vida tenemos simplemente que tolerar la angustia, la incomodidad y la frustración porque podemos hacer poco o nada para cambiarla. Por ejemplo, no podemos cambiar de trabajo de un día para otro solo porque el jefe hoy nos llamó la atención. No podemos evitar todo el dolor de una enfermedad que no sana rápidamente. No podemos evitar tener diferencias con nuestra pareja, no podemos lograr que nuestros parientes políticos nos quieran. Todas estas cosas y muchas otras muy personales nos angustian y va generando una frustración que puede terminar en una reacción, o una cadena de reacciones, malos humores, ruptura de relaciones, entre otras.

El dolor emocional, y las enfermedades, incomodidades y molestias físicas son parte de la vida y no podemos evitarlas muchas veces. Tenemos que aceptar este hecho a riesgo de que al no hacerlo nuestras reacciones nos arrastren hacia más malestar y más dolor. Tolerar la frustración es una de las habilidades que más nos ayudan a responder.

Preguntas, reflexiones y ejercicios del capítulo 7

1. La silla vacía

Tenemos una manía muy fuerte de buscar el culpable. Desde pequeños todos aprendemos que cuando algo malo pasa, ha de haber siempre un culpable. Si el niño se golpea la frente con la mesa el papá grita: "¡Mesa mala, mesa mala!". Y así, crecemos pensando que todo lo malo pasa por algún culpable. Pero eso nos lleva a reaccionar constantemente. Nos justificamos en nuestras reacciones porque pensamos que es la otra persona la que tiene que cambiar. Cuando nos sentamos en la silla vacía podemos mentalizar las motivaciones de la conducta de los demás, sus deseos, sus emociones y sus puntos de vista. Es una forma de ponernos en los zapatos de la otra persona. Con eso aprendemos a ser mucho menos reactivos frente al comportamiento de los demás. Veamos cómo funciona:

a. Coloca dos sillas una frente a la otra. Siéntate en una de las sillas e imagina que frente a ti está sentada la persona que te irrita o con quien mantienes algún tipo de diferencia. Durante un par de minutos, háblale a la silla como si esa persona estuviera sentada allí mismo, y comunícale lo que piensas y lo que sientes con respecto a la situación que te mantiene irritado(a). Una cosa importante: hazlo serenamente, pensando que esa persona quiere escucharte y que tanto ella como tu merecen respeto. Considera que seguramente ambos tienen razones válidas para ver las cosas tal como las ven. Es importante que de verdad te imagines que esa persona se encuentra sentada en la silla frente a ti y de verdad, tanto tú como ella, desean entender al otro.

b. Luego de un par de minutos, siéntate en "la silla vacía" e imagina que tú ahora eres la persona que estuvo sentada en esa silla, y trata de responder a lo que te comentó la otra persona, exponiendo sus puntos de vista. Repite este ejercicio para ponerte en el lugar del otro por no más de 10 minutos, para empezar a entender las opiniones y formas de ser de los demás. Luego de hacerlo reflexiona de qué te diste cuenta y qué descubriste acerca de cómo "la otra persona" ve las cosas.

2. Tener la mente en mente

La mentalización es la capacidad de estar consciente de tus estados mentales y los estados mentales de los otros. Se caracteriza por una actitud de curiosidad por lo que está ocurriendo en la mente. La mentalización es una forma natural de comparar diferentes perspectivas de un mismo hecho, y de crear nuevos modelos de pensamiento.

Cuando se nos activa un esquema de apego negativo, o cuando el cuarteto perverso toca su música estridente, es cuando más necesitamos mentalizar. Cuando las emociones están más 'calientes', o cuando los hábitos mentales venenosos están matizando nuestra percepción de la realidad, allí es donde más hay que mentalizar. El centro de la mentalización es la habilidad de entender los estados mentales y las emocionales propias y de los demás; ver las cosas desde diferentes perspectivas y compararlas. La clave de mentalizar es ver las dos caras de la moneda.

Haz el siguiente ejercicio: Trata por un momento de salirte de ti mismo y piensa que eres otra persona. Por ejemplo: trata de entender los pensamientos y las emociones que podría estar sintiendo alguno de los personajes de un cuento o una novela que hayas leído. O trata de entender los pensamientos o emociones del mismo autor que escribió la novela. ¿Cómo se sentiría estar en los zapatos de esa otra persona? Usa las siguientes habilidades: Curiosidad, apertura, preguntarse siendo inquisitivo, no juzgar, y asombro o maravilla por lo que ocurre. Cuando no mentalizamos nos va mal, pues vemos las cosas desde un solo ángulo. La mentalización ayuda a la gente a recordar que hay muchas perspectivas.

3. Ejercitar el músculo de la Empatía

Nos encanta creer que somos empáticos, pero quizás no lo somos tanto como pensamos. Haz una lista de cinco personas: La primera que sea alguien que no conozcas, pero que sepas quién es y la puedas observar. La segunda, ha de ser alguien que conozcas superficialmente, como un compañero de trabajo, o un vecino. La tercera persona puede ser un amigo. La cuarta persona puede ser algún amigo casual o un pariente. La quinta persona podría ser tu madre, tu padre, tu pareja, o un hijo o una hija. Con cada una de estas personas, empezando con la que no conoces, imagina cómo está pensando y qué estado emocional está teniendo esa persona en este momento. Trata de imaginar dónde está la persona, qué hace, qué emociones y pensamientos puede estar teniendo. Luego sigue con la otra persona, y así sucesivamente hasta llegar a la persona más cercana a ti. Al hacer el ejercicio, anota los sentimientos que te genera el tratar de entender el punto de vista de esas personas. Analiza lo siguiente:

Piensa que eres esa persona por unos minutos: ¿en qué me parezco yo a esa persona? ¿Cómo toleraría descubrir que yo también tengo algunos de los defectos que más aborrezco en los demás? Trata de pensar en cosas positivas sobre esas personas. Este ejercicio para estimular el músculo de la tolerancia apoya la capacidad de mentalizar a las personas y poder entender que lo que le pasa a ellos no tiene que ver con nosotros. Eso nos puede ayudar a responder.

4. Jugar Tortuga

En un momento en que sientes que estás a punto de estallar ante una situación molesta y necesitas tranquilizarte, te puede resultar positivo hacer "como la tortuga". Mark Greemberg director del Programa de Investigación para la Prevención del Departamento de Desarrollo Humano y Estudios de Familia, de la Universidad de Pensilvania enseña a los niños de primer grado de primaria a "jugar tortuga". A todos nosotros nos puede hacer muy bien aprender esta técnica.

Las tortugas evocan la imagen de sabiduría por su conducta pausada. La fábula de la liebre y la tortuga es un ejemplo de esta percepción. Greemberg narra que cuando están frente a una situación extraña, peligrosa o confusa, las tortugas se recogen dentro de su concha por unos minutos para poder pensar y ordenar sus ideas. Según este experto "jugar tortuga" permite a los niños darse un tiempo para saber qué es lo que les está pasando y cómo deben actuar. Greemberg ha estado enseñando a los niños a 'jugar tortuga' por más de 10 años. Su programa empezó con niños sordos, pero de allí creció a lo que es hoy: un programa de inteligencia emocional para niños y adolescentes se usa en decenas de escuelas en Estados Unidos. Los niños aprenden a jugar tortuga cada vez que sienten que está pasando algo que los irrita y ante lo cual podrían reaccionar inadecuadamente.

Según la fábula de la tortuga que Greenberg narra a los niños, en un monasterio budista un viejo maestro se cruza con un joven discípulo de apenas 11 años. El viejo monje observa que el niño venía triste y pregunta qué pasaba. El discípulo entonces cuenta que acababa de tener una pelea con otro niño por una tontería. Y cuenta que a veces siente muchas emociones fuertes que le hacen muy difícil practicar la serenidad y la tolerancia que todos los monjes en el convento le tratan de enseñar. El viejo monje le dice entonces al niño que había una manera de manejar sus emociones para nunca perder la serenidad y la alegría. "Se trata de hacer como la tortuga" le dijo el monje. "Cuando te sientas turbado o tenso, furioso o indeciso, recógete dentro de ti mismo, dobla tus brazos y haz como si te metieras en tu caparazón" y el monje hizo un gesto de cerrar los ojos y recogerse de brazos y piernas por un momento, y luego sonrió al discípulo y siguió su camino hacia el templo. A los pocos días, el joven discípulo estaba jugando con otro niño y ocurrió que se sintió enojado, en ese momento recordó lo que le enseñó su maestro y se recogió en sí mismo. Se tranquilizó y a los pocos minutos se sentía bien nuevamente y supo cómo responderle a su amiguito. Cuando salió de su concha vio al viejo monje que le estaba sonriendo, aprobando su comportamiento.

Los niños a los que Greenberg enseña este truco saben tomarse turnos para practicar 'jugar tortuga', haciendo los diferentes roles. Una vez alguien hace de maestro, otra vez hace de niño tortuga y otra vez de niño que molesta al primero. Jugar Tortuga es una forma de detener la reacción en el momento preciso que se nos viene encima.

5. Ver el rostro de Dios en quien nos enfada

Una técnica muy usada por diferentes tradiciones religiosas es la de visualizar el rostro de Dios, de un maestro específico o de alguna figura que se venera cuando tenemos en frente a esa persona que nos irrita. Esta técnica puede llegar a ser muy efectiva porque nos saca del ´calor del momento´ y nos ayuda a recordar la condición de bondad de cada una de las personas, sean honestos o maleantes, buenos o malos, nos ayuden o nos hagan daño, nos agraden o no. El trabajo con los opuestos se considera como una forma muy eficiente para ayudarnos a aliviar nuestra tendencia a reaccionar automáticamente. En algunas tradiciones cristianas, es bien sabido que los monjes proponían a los novicios que cuando estuvieran frente a una persona que les era desagradable se imaginasen estar frente al mismo Jesús.

En la tradición budista, se recomienda sobreponer el rostro de nuestra propia madre en cada una de las personas con las que nos encontramos, especialmente aquellas que nos enfadan, nos critican o no nos quieren bien. Lo mismo con aquellas personas que vemos que están sufriendo. Algunos ejercicios espirituales de las iglesias católica y protestante proponen ver el rostro de Jesucristo en cada una de las personas con las que nos encontramos en nuestro diario vivir. Ya sea que se siga la propuesta budista o que nos propongamos ver el rostro de Cristo en aquella persona con la que hemos tenido un problema, la idea es crear una imagen opuesta que desactive las emociones negativas que nos genera aquella persona, y al hacer esto rompamos el círculo vicioso.

Como dice San Ignacio de Loyola "descubrir el rostro de Dios en todo y en todos". Con aquellas personas que nos irritan, o son nuestros enemigos abiertos o velados, o simplemente con aquellas personas que nos caen mal, la idea debe ser anteponer una imagen positiva antagónica con las emociones de ira, desprecio y enfado.

Una variante de este ejercicio pareció resultar muy provechosa a una pareja volátil que atendí hace unos años. El esposo era increíblemente reactivo a lo que él consideraba una "lentitud y falta de cuidado con los detalles de la casa" de su esposa. Su intolerancia a que ella fuera diferente de cómo él esperaba lo podía hacer explotar y ser hiriente. Este hombre pudo darse cuenta que lo que hacía era una especie de intento de reparación de su relación con su propia madre, y le impedía relacionarse en el presente con su esposa. Le dije que cada vez que sentía que iba a explotar de ira, se imaginara el rostro de cada uno de sus hijos superpuesto sobre el rostro de su esposa. Con esa indicación lo despedí, sin saber si esto funcionaría o no. Cuando regresó a la consulta me contó que le había servido hacerlo. Ahora cada vez que se enojaba, se concentraba y lograba ver el rostro de sus hijos sobre el rostro de su esposa. Eso lo ayudaba a tranquilizarse y poner las cosas en perspectiva. Siguió usando este ejercicio y, poco a poco, a medida que aprendía otras herramientas de auto dominio y de relacionamiento efectivo conjuntamente con su esposa, logró casi eliminar totalmente su reactividad y recobrar su relación de pareja, y además recobrar a su familia.

6. Tiempo fuera

El 'tiempo fuera' se debe usar cuando estamos a punto de perder el control. En la psicoterapia y consejería de grupos para hombres violentos se usa porque además de detener la conducta violenta, ayuda a identificar emociones así como a alejarse en el momento en que todavía pueden detenerse. Sirve para controlarnos antes de, por ejemplo, ir a golpear una mesa, tirar objetos, insultar, gritar, auto agredirnos o agredir a otras personas. Sobre todo sirve cuando necesitas detener de un solo tirón la conducta negativa. Sin embargo, no sirve si no se usa correctamente, y no se debe abusar de ella porque puede llegar a impedir que las personas puedan conversar de temas importantes. Para aplicar el tiempo fuera sigue los siguientes pasos:

a. Cuando sientas que el enojo aumenta (tu cuerpo se pone tenso como si fueras a explotar, te empiezas a sentir frustrado o fuera de control) tienes que decirlo en voz alta a tu pareja, esto sirve como un control externo y como un patrón de reconocimiento. Puedes decir algo como "Estoy empezando a sentir mucho enojo y necesito tomarme un tiempo fuera".

b. Sal de tu casa por unas horas, y durante ese tiempo dedícate a caminar, leer un libro, ver televisión o pasear por una tienda, o conversar con un amigo o amiga que entienda tu problema de ira. No puedes tomar alcohol y no deberías conducir un auto.

c. Cuando regreses pregúntale a tu pareja si quiere hablar. Si ambos quieren hablar y se sienten tranquilos, escucha su punto de vista y coméntale que fue lo que te hizo reaccionar. Es posible que quieras hablar sobre lo que pensaste y sentiste cuando tomaste tu tiempo fuera. Si uno de los dos no desea hablar sobre la situación, respeta la necesidad de tu pareja de no hablar sobre el asunto. En cualquier caso, si sientes que te estás volviendo a enojar, tómate otro tiempo fuera.

Para que el 'tiempo fuera' te funcione, tienes que ser capaz de identificar las sensaciones que tu cuerpo te envía cuando empiezas a sentirte reactivo, así como los pensamientos típicos que te llevan a reaccionar y los estresores personales que están echando leña al fuego emocional en un momento dado. Por eso, el tiempo fuera tiene que funcionar en conjunto con otras técnicas de relajación y de reconocimientos de las emociones y los pensamientos negativos que aumentan la ira.

Uno de los factores más importantes es reconocer el diálogo interno negativo, puesto que es responsable de buena parte de las reacciones agresivas y violentas. El tiempo fuera es efectivo si se presenta como una técnica para los casos extremos para detener nuestras reacciones violentas, pero el objetivo no es que se utilice en cada momento que nos sentimos enojados, dejando a nuestro interlocutor con la palabra en la boca. Eso desvirtúa el buen uso de la técnica. Tiempo fuera no es sinónimo de "me voy porque no me interesa la conversación contigo", sino que se debe usar para evitar situaciones emocionales cargadas o peligrosas mientras vamos mejorando nuestra habilidad asertiva y nuestra capacidad para enfrentar los sentimientos de enojo. La meta es que adquiramos otras habilidades y destrezas para hacer frente a las situaciones frustrantes sin llegar al tiempo fuera.

7. Detenerse y observar

Un ejercicio que ayuda para empezar a saborear la habilidad de estar en silencio es simplemente detenerse por un momento y observar lo que está ocurriendo en éste preciso instante, en silencio: sentir nuestra propia respiración, poner atención y escuchar los sonidos que tienes alrededor. Trata de 'escuchar el silencio' por unos 3 a 5 minutos y siente cómo tu ritmo interior cambia.

8. Cambiar el foco de tu atención

Cuando se dispara un Esquema de apego Inseguro o un Esquema de apego de Evitación, quedamos atrapados en un pensamiento y una emoción negativa que nos impulsa a reaccionar. En ese momento sirve 'limpiar tu mente' y distraerte. Cuando decimos 'distraerse', queremos decir hacer algo que dirija nuestra atención en sentido contrario e impida reaccionar impulsivamente. Distraerse es buscar cosas entretenidas que podamos hacer para auto serenarnos cuando estamos propensos a reaccionar impulsivamente. La idea es que tengamos varias opciones de qué es lo que podemos hacer cuando nos inunden estas emociones negativas y un plan específico para saber exactamente qué hacer en lugar de lo que estamos pensando en ese momento. Quizás más tarde, en una o dos horas, podremos volver a ver las cosas en su justa medida y podremos decidir cómo responder.

¿Qué cosas puedo hacer para a distraerme en el momento en que estoy entrando en pensar hábitos mentales venenosos y que estoy empezando a tener emociones negativas y siento que voy a reaccionar? En el cuadro que sigue hay veinticuatro actividades que pueden ayudar a distraerte en momentos que estás a punto de reaccionar.

24 cosas que hacer para distraerte

1. Leer literatura insipacional.
2. Rezar, mantener un contacto con Dios.
3. Tomar un baño tibio.
4. Escuchar música positiva, bailar rítmicamente.
5. Ver un programa de televisión que te haga reir.
6. Hacer ejercicio con moderación.
7. Escribir todos tus pensamientos y emociones en un diario.
8. Jugar con y acariciar una mascota.
9. Sacar a caminar a tu perro.
10. Cocinar un postre.
11. Bordar.
12. Dibujar libremente sin preocuparte de lo estético.
13. Pintar con marcadores o témpera.
14. Caminar entre la naturaleza.
15. Trabajar en el jardín.
16. Tocar un instrumento músical.
17. Escribir poesía o un cuento.
18. Leer chistes en internet.
19. Ver una película cómica.
20. Jugar juegos de video.
21. Hacer rompecabezas.
22. Limpiar tu habitación.
23. Ver revistas de arte.
24. Llamar por teléfono a un amigo.

La clave está en que cuando uno se siente agitado, disgustado, rabioso, o muy apesadumbrado, negativo y acongojado, hay que ocuparse para distraerse. Sacarte a ti mismo del foco de las preocupaciones de tu mente y distraerte en otra cosa, tal y como lo hacía una paciente que atendí hace muchos años.

Silvia llamaba "ardillitas" a las cosas que hacía para alivianar el peso de los pensamientos negativos y las preocupaciones que le hacían deprimirse y reaccionar aislándose y evitando a la gente. A continuación está lo que Silvia escribió recomendándonos a todos *"cómo conseguir ardillas"*...

¿Qué hacer para conseguir Ardillas?

Ardillas son las actitudes positivas, los pensamientos positivos, las ganas de estar feliz, y la manera como resuelves un problema.

Ardillitas son el cielo, la tierra, el aire que respiramos, el viento y la lluvia. Ardillitas pueden ser animales, personas, inclusive cosas. Ardillita es lo que tu quieras que sea, lo que tu necesitas en ese momento para reponerte de algo; lo que necesitas para decir: "yo puedo".

A las ardillas se les puede querer; pueden ser permanentes, como también pueden aparecer un día y volver a aparecer durante el día dos y tres veces. Se pueden crear, como también se las puede encontrar. En algunas ocasiones ellas te encuentran a ti. Son tangibles e intangibles y no las pierdes, nunca las pierdes, no las puedes perder porque en el fondo están ahí, solo hay que saber cómo buscarlas, encontrarlas o crearlas. Consigue un amigo: Un verdadero amigo que sea bueno para ti, que sea fiel a los ideales de la amistad, como lo son el respeto, la tolerancia y la sinceridad. Que te haga reír, es una de las características más importantes, que esté contigo en las buenas, y en las malas te de un hombro donde apoyarte. Pero que de igual manera sea firme en decirte que debes levantarte y echar para delante. Un amigo no es alguien que te dice sí a todo, un verdadero amigo sabe cuándo y cómo decirte que estás haciendo algo mal y debes corregirlo y de igual manera halaga o celebra contigo tus logros.

Ten una mascota: Ya sea perro, gato, pez, loro, caballo, ratón, planta. Llegar a la casa y saber que alguien te está esperando o que alguien depende de ti, te hace sentir necesitado, importante, inclusive querido.

Busca un oficio: Busca algo que hacer, el mejor amigo de la depresión y la pereza es la ociosidad, busca algo que hacer. Sal a caminar, saca al perro a pasear, limpia el cuarto, recoge la basura, pinta la casa. Algo que te mantenga ocupado es una buena ardilla.

Date lujos: NO comprarte joyas y gastar todo el dinero que tengas. Darte un lujo de vez en cuando, como comerte un dulce de chocolate si estás a dieta, salir cuando está lloviendo solo por mojarte en la lluvia, tomarte un día de descanso, un día de no hacer nada, ...¡hasta no bañarte un día! (sólo uno...), o hacer una fiesta con los amigos solo porque sí.

Escribe, pinta, darle rienda suelta a la imaginación, desahogar pensamientos, plasmar ideas es bueno para conseguir ardillas.

Lee: leer un buen libro relaja, te trasporta a lugares inimaginables, te desconecta de la realidad por unos instantes. Silvia superó el fantasma de su depresión con una combinación de voluntad férrea, medicamentos y apoyo psiquiátrico, psicoterapia, y una disciplina de yoga y meditación. Actualmente es una profesional, madre y esposa feliz y consagrada.

9. Tu propio botiquín emocional

Maya Phillips dice que una de las formas más sencillas de nutrirnos emocionalmente es aumentar nuestra conciencia de las situaciones y actividades que nos dan placer y alegría. Phillips cree que con solo pensar en aquello que nos produce tranquilidad, nuestra actitud cambia. Si hacemos una lista de esas cosas y las tenemos a mano, nos podemos proveer de elementos de auto consuelo que nos ayuden a ver y sentir las cosas de manera diferente.

Prepara tu botiquín: revisa la lista de emociones positivas del capítulo 9 y identifica cuáles de esas emociones has sentido en los últimos días. Cierra los ojos un momentito, respira profundo un par de veces y trata de recordar, momentos felices. Saborea ese recuerdo, así sea por dos minutos, y siéntelo como si fuera ahora mismo.

10. Subirse al balcón

Una mujer me decía: *"Mis niveles de tolerancia cambian a lo largo del día, en un momento puede que sienta que tengo mucha tolerancia, pero de repente recibo mucho estrés y puedo reventar".* Su experiencia no es diferente a la de miles de personas que sienten que su tolerancia varía de una situación a otra.

Para resolver esa dificultad puede resultar valioso desarrollar la capacidad de "subirse al balcón", que significa adoptar una actitud mental de desprendimiento para tomar conciencia de los sentimientos del momento, identificarlos y no dejarse llevar por ellos. El "balcón" es una metáfora que sirve para poner en imágenes y en palabras el acto de "salirnos" momentáneamente de la situación para poderla ver "desde afuera".

¿Cómo hace uno para subirse al balcón? Cada persona lo puede hacer a su manera, pero básicamente lo que queremos es que cuando te encuentres en una situación difícil, te imagines que te retiras a un lugar de calma, pienses con serenidad y analices las cosas objetivamente. Si por ejemplo estás en una negociación de trabajo que es muy difícil, puedes imaginar que la negociación tiene lugar en un escenario de un teatro y que tú subes a un balcón del teatro, desde donde ves el escenario. Allí, desde el balcón, puedes contenerte de reaccionar violentamente. La técnica del balcón se usa también con hombres violentos. Usualmente se les pide a estos hombres con problemas en el control de la ira que "suban al balcón" como una forma de prepararse de antemano cuando anticipan que van a enfrentar una situación estresante con su pareja. También se les recomienda que la usen si durante la conversación sienten deseos de reaccionar impulsivamente frente a su pareja.

8. MINDFULNESS

*Uno no decide, ni juzga, ni critica; sólo observa.
Lo mismo para la tristeza, la irritación, la frustración
y todos esos estados emocionales incómodos.
No puedes examinar algo tal y como es
si estás ocupado en aceptar o rechazar su existencia.
Cualquiera que sea la experiencia
por la que estamos atravesando,
mindfulness simplemente la acepta.
No hay orgullo, no hay vergüenza,
no hay nada personal en juego.
Lo que está allí, está allí.*

Hemépola Gutaranama,
Mindfulness en Lenguaje Sencillo

Mindfulness, Atención Plena, Vipássana o Conciencia Plena, son nombres para identificar una técnica que desarrolla la habilidad de atender a todo en general y a nada en particular. Es una forma muy antigua de meditación, con registros que indican que es practicada desde hace varios miles de años. Enseñada en muchas tradiciones religiosas de oriente, su clave es poner atención sin marcar preferencia y sin permitir que nuestras opiniones, valores, expectativas y deseos tiñan nuestras percepciones. Las personas que reaccionan, no controlan su atención, sino que se enfocan involuntariamente en algún detalle que les molesta.

Mucho nos podemos beneficiar si aprendemos a participar en la vida con la mente en atención plena y relajada. Mindfulness es una forma de meditación práctica: puedes hacerla acostado, de pie, o como sea que te sientas cómodo. No tiene que ver con sentarse con los pies cruzados y los brazos en posición de loto. De hecho una de las formas de practicarla es hacerla mientras completas tus rutinas diarias: mientras caminas, comes, conversas o simplemente respiras.

Dicho de manera sencilla, Mindfulness es estar atento o despierto en cada momento, y se cultiva simplemente poniendo atención. Poniendo atención a cosas a las que ordinariamente nunca les pondríamos atención; como los movimientos de mis dedos al escribir estas líneas o el aire que entra y sale de mis fosas nasales. Es una práctica que busca que prestemos atención y seamos más intencionales con nuestras acciones, y que no andemos en 'piloto automático' reaccionando sin saber por qué.

La palabra 'atender' tiene varios significados que nos aclaran de qué estamos hablando. Cuando decimos que atendemos queremos decir que ponemos atención. Pero a la vez, atender significa ir a un lugar, o estar presente. Si queremos decir que un amigo no vino a una reunión que tenía con nosotros decimos: Luis no atendió a nuestra cita. En ese sentido Mindfulness significa entrar en un estado de conciencia donde ponemos atención y estamos presentes, en el presente.

Todos tenemos la capacidad de entrar en ese estado de conciencia; no se necesita ningún equipo especial, ni entrenamientos extensos ni costosos. Tan solo es un poco extraño al principio, porque toda la cultura, con su sobrecarga de estímulos banales y su énfasis en 'parecer' y el 'qué dirán, atenta contra nuestros esfuerzos de atender a nuestra vida, sin preocuparnos por nada, más allá del propio momento presente.

Desconectar el piloto automático

Hace unos veinte años los ejercicios de Mindfulness fue redescubierto por la psiquiatría, específicamente en el tratamiento del dolor crónico. Actualmente es utilizada en múltiples centros médicos de Estados Unidos, Latino América y Europa como una ayuda para superar la reactividad a los estímulos del diario vivir. Si bien empezó y sigue usándose con mucho éxito para ayudar a las personas que sufrían de dolor crónico, en la actualidad se usa para muchísimos fines: desde aminorar la depresión, mejorar las relaciones interpersonales, controlar el asma, aumentar la capacidad de liderar equipos de trabajo, entre otras. De hecho hablamos de modelos de psicoterapia basados en el Mindfulness.

Por ejemplo, las personas que se sienten heridas fácilmente, pueden aprender a observar sus propias reacciones emocionales y sus propios pensamientos, y al hacerlo aprenden poco a poco a liberarse de la atadura que significa tomarlo todo como algo personal. También las personas con mucho estrés, con enfermedades o con dolor crónico se benefician de esta práctica. De hecho, muchas investigaciones demuestran que hacernos conscientes de nuestra atención, nuestros pensamientos y nuestras emociones, mejora nuestra capacidad de autorregulación emocional y disminuye nuestra reactividad. Y tiene sentido, porque recordemos que cuando reaccionamos actuamos automáticamente, no pensamos lo que estamos haciendo en el momento, sino que actuamos movidos por un impulso. En ese sentido el mindfulness apaga el 'piloto automático'.

La cena más ligera del mundo

Era la tercera clase del curso de respiración "El Arte de Vivir", y nos habían dicho que para ese día no lleváramos nada de comida. ¡Ellos nos iban a invitar a una cena! Yo fui entusiasmado, pensando que iba a ser una exquisita cena vegetariana, o en el peor de los casos un vasto surtido de bocadillos hindúes. Pero cuando llegó el momento de la cena, la instructora sacó un racimo de unas hermosas uvas rojas, grandes y redondas y nos fue dando una a cada uno de los participantes.

Entonces puso una música suave y tranquila y nos pidió que lentamente fuéramos acercando la uva a nuestra boca y fuéramos conscientes de lo que ocurría mientras hacíamos eso. Nos dijo que muy lentamente y paso a paso, fuéramos saboreando cada uno de los pedacitos que nos comíamos, que tomáramos conciencia de las texturas, de los sabores, de la humedad y de las diferentes consistencias y durezas de las distintas partes de la uva. Y todos lo fuimos haciendo, en medio de una serenidad y una tranquilidad enormes, entrando en contacto con la experiencia de comernos una uva y al final, luego de unos 15 ó 20 minutos... ¡esa fue toda la cena! Y lo interesante fue que muchos de nosotros no quisimos cenar después de la actividad.

Esa es la esencia del Mindfulness: actuar con total conciencia cada uno de los detalles en tu vida. Visto desde un ángulo más científico podríamos decir que el es una forma de poner atención a cada detalle, de manera que paso por paso vamos enseñándonos a nosotros mismos cómo desarrollar nuevas formas de manejar nuestra conducta y alcanzar un poco de sabiduría en nuestras vidas. Para eso, las herramientas de meditación de mindfulness o vipássana solamente se basan en nuestras capacidades naturales para la relajación, el poner atención y el darnos cuenta de cada cosa nos ayuda a responder y no reaccionar.

Tal parece que cuando estás presente de esta manera cada acto de tu vida se vuelve valioso: trapear el piso, cambiar una llanta, tomar un baño. Es como si cada cosa que hiciéramos fuera importante en sí misma y mereciera ser atendida con devoción: Tomarse un refresco es importante, rascarse la oreja es importante, hacer el amor es importante, mirar a la gente pasar en el centro comercial es importante. Todo es importante y valioso si se hace con Mindfulness, porque no puedes evitar reconocer el pequeño milagro que es el sólo hecho de estar vivo.

Jon Kabat Zinn, director de la Clínica Anti Estrés de la Escuela de Medicina de Massachussets, dice que la práctica diaria del Mindfulness nos va ayudando a hacernos más dueños de nosotros mismos, más capaces de responder, y más capaces de dirigir nuestra atención hacia donde queramos. Esa práctica diaria es la que nos permite después, cosechar los frutos de la calma interior que estamos buscando. De una manera resumida, se puede decir que la actitud de Mindfulness significa convertirse en alguien que observa con detalle las cosas, en alguien que es intencional con cada cosa que piensa, dice o hace; y alguien que está, aunque parezca contradictorio, más presente en su propia vida.

Cuando el 'piloto automático' está apagado y estamos conscientes a cada momento, es más fácil detener el impulso de reaccionar de nuestra amígdala cerebral; es más fácil observar tus propios pensamientos y los hábitos venenosos que estás usando para construir la realidad. Algunas personas entran en piloto automático apenas perciben algo que les molesta. No se ponen a reflexionar y tratar de entender sus propios estados mentales y qué los ha llevado a sentirse así y a reaccionar impulsivamente.

Una de las ventajas del desarrollo de la practica del Mindfulness es que reconoces que a veces menos es más. Reconocemos que podemos pasar menos tiempo en actividades automáticas, como ver televisión. Muchos de nosotros llegamos a casa y lo primero que hacemos es encender la televisión. Nuestros hijos se levantan de la cama y prenden la televisión. De alguna manera, el embotamiento de estímulos irrelevantes con los cuales somos bombardeados nos va durmiendo la conciencia. Con solo dejar de encender el televisor es probable que podamos sacar unos diez minutos al día para estar en Mindfulnes o en modo de atención plena; invirtiendo mejor nuestro tiempo. Esos cambios, poco a poco, nos hacen más reflexivos y facilitan que respondamos más y reaccionemos menos.

Mindfulness para Responder

El trabajo de Marsha Linehan se ha desarrollado buscando apoyar a los pacientes más difíciles. Linehan, a través de su investigación constante y apoyo a pacientes con severos problemas de auto regulación emocional, ha desarrollado la Terapia Dialéctica Conductual (TDC), que entre sus componentes tiene el uso del Mindfulness. La TDC es un valioso y efectivo modelo de psicoterapia para el tratamiento de los desórdenes de personalidad. Pero más allá de la TDC, Marsha Linehan piensa que el Mindfulness es una habilidad que se puede adquirir fácilmente, a través de practicar seis simples pasos. Su contribución a la comprensión de esta técnica de meditación está en la sencilla forma cómo la ha traducido en 6 pasos. Cada uno de estos pasos representa una habilidad concreta que apoya a los otros cinco. Los primeros tres pasos (observar, describir y participar completamente) describen qué hacer para responder consistentemente cuando nos sentimos disgustados; y el segundo grupo de pasos (abstenerse de juzgar, hacer lo que más nos conviene y hacer sólo una cosa a la vez) tiene que ver con cómo comportarnos en nuestra vida diaria para poder estar serenos y evitar reaccionar.

Primer paso: Observar

En Mindfulness observamos como si viéramos algo por primera vez: simplemente observamos la forma de las cosas, su textura, color, sonidos, matices, sin emitir ningún juicio o criterio. Observar así da una sensación de novedad a todas las cosas, pues vemos "con el ojo de un niño" que descubre y se fascina ante lo que tiene enfrente, sea de afuera o de adentro de nosotros mismos.

Por ejemplo, si quieres, ahora mismo, detén la lectura y concéntrate en tu respiración por un minuto... y observarla con Mindfulness. La percibes...? Solo ser consciente de ello es una forma de renovarte. Haz lo mismo con algunos músculos de tu cuerpo... ¿están tensos? O con sensaciones de incomodidad o con alguna molestia...? Simplemente obsérvalos. Practica observar otras cosas: observa el vaso de agua que te estás tomando y nota cómo te lo tomas, y cómo pasa el agua dentro de tu boca hasta llegar a tu garganta y bajar a través de ella. Observa también cómo estás sentado, o cómo se balancea tu cuerpo al caminar. Observa a la gente que para frente a ti: nota sus voces, mira con atención su caminar. El sólo observar las cosas con conciencia te dispone hacia la reflexión, y le quita fuerza a tus hábitos venenosos.

Segundo paso: Describir

Una vez que tenemos un poco de práctica en solamente observar, podemos pasar al segundo paso. Se trata de describir "con palabras" lo que ocurre en nuestra mente, y lo que ocurre fuera de ella. La idea es describir, tanto dentro mundo emocional y de los pensamientos, como también los eventos que ocurren alrededor nuestro. Describir los acontecimientos, grandes, pequeños y minúsculos, es una habilidad que estimula la mentalización y la capacidad de darse cuenta de lo que ocurre, dentro y alrededor de nosotros. Se trata de notar y expresar mentalmente aquellas cosas que observamos. La idea es simple: no podemos cambiar aquello que no podemos describir. Como hemos dicho, la mayor parte del tiempo las personas andamos en automático y, en muchas ocasiones ese vivir en automático, es lo que nos arroja a los brazos de la reacción.

Otra gran ventaja de describir, es que nos ayuda a reconocer que no somos lo que pensamos. Esto para mí es uno de los conceptos más importantes para aprender a responder. No soy lo que pienso. Mi mente y mis pensamientos son cosas que existen y que están conmigo pero no son 'yo'. Esto es un poco difícil de entender porque estamos acostumbrados a identificarnos con lo que pensamos y lo que sentimos. Cuando una persona empieza a describir desapasionadamente lo que está pensando o sintiendo, poco a poco se va separando de sus pensamientos negativos o de esa emoción negativa hasta que ambos se van haciendo débiles y más débiles. De esta manera puedes separarte del impulso y el pensamiento que te quieren llevar a reaccionar.

Por ejemplo, en este preciso momento describir todas las sensaciones físicas internas y externas que estoy experimentando, y a la vez describir los objetos que hay en el entorno sería decir algo como: "siento una molestia en la parte central de mi espalda, un poco hacia la parte derecha de mi espalda... También observo que en la mesa hay seis libros, con portadas de colores diversos: una es azul con dorado, otra es amarilla con un ribete morado, y hay varios libros debajo de estos dos que no llego a ver. También está mi reloj, una botella de agua, dos lápices mecánicos con punta, tres plumas, un teléfono color crema conectado, etc."

Lo contrario a describir sería enunciar juicios acerca de lo que estoy haciendo. Sería decir cosas como: "qué dolor tengo en la espalda... qué rabia que me duela la espalda, no es justo..." O "qué bien me está quedando lo que escribo..." o "qué cantidad de cosas tengo ...no logró poner las cosas en orden en el escritorio, nunca voy a aprender...". Estos juicios aumentan mi malestar y me alejan de una posición de tranquilidad.

Tercer paso: Participar con conciencia

El tercer paso es participar con conciencia. Esto significa atender y dedicarse a lo que estamos haciendo, y no preocuparse por cómo nos estarán percibiendo las otras personas, o si acaso las cosas que están pasando son las que yo creo que deberían estar pasando. Participar con conciencia es estar allí, donde uno está, en el momento presente. Haciendo lo que uno está haciendo, y dándose cuenta de ello. Una de las características de las personas que reaccionan es que muchas veces participan sin conciencia, es decir están allí pero quizás pensando en mil cosas diferentes.

Una persona puede estar en una fiesta, por ejemplo, pero estar pensando y hablando consigo misma durante toda la velada. Se la puede ver conversando con alguien, pero a cada momento está teniendo pensamientos diferentes. Quizás piensa "tal persona no me gusta por tal razón...."; o "éste no es lugar para mi"; ó "hay algo conmigo mismo que no está bien", etc. Ante semejante conversación interna cualquiera puede terminar reaccionando con agresividad, congelamiento o aislamiento sin darse cuenta. Lo contrario es atender, estar presente en el presente y participar en lo que uno está haciendo.

Anthony de Mello, el brillante monje jesuita que entregó a la humanidad una hermosa forma de combinar la espiritualidad de Oriente con la tradición espiritual de Occidente, no se cansaba de decir que lo que teníamos que hacer era despertar. Decía que la mayor parte del tiempo estábamos dormidos, actuando de manera automática y sin realmente estar viviendo en el momento presente.

Creo que el tipo de vida moderna hace difícil vivir despiertos pues nos agobian por un lado nuestros propios pensamientos y prejuicios, y por otro lado, las cosas mundanas. Vivimos en dos dimensiones, habiendo tres. Eso hace que nuestra vida sea plana y monótona, por más ajetreada y llena de actividad que sea. Vivimos en las dimensiones del hacer y el tener, y dejamos fuera la dimensión del ser.

Por eso no hay tiempo para rezar, ni mucho menos meditar. Por eso estamos de mal humor, contestamos mal a una colaboradora, nuestra pareja nos dice que no la escuchamos, nos metemos en relaciones inadecuadas, gritamos a nuestros socios, sonamos con rabia la bocina al carro de adelante, negamos habernos equivocado cuando en verdad lo sabemos internamente, etc. Por eso también nos indigesta la comida, nos quedamos en una relación que no nos conviene, dejamos plantada a una amiga, dejamos languidecer nuestra relación de pareja, perdemos el rumbo de nuestra vida, etc. Porque no atendemos y ni estamos presentes, no participamos con conciencia, sino que hacemos las cosas automáticas, y todas a la vez.

Cuarto paso: No emitir juicios

Este paso es similar a la práctica del hábito bondadoso de no juzgar. Mindfulness implica suspender la necesidad de juzgar lo que ocurre. Eliminar la persistente llovizna mental de juicios que hacemos sin parar. Veamos el siguiente ejemplo para entender mejor.

Un ejemplo es Yanet quien está sentada almorzando en la cafetería del banco donde trabaja. Pero mientras lo hace, está practicando con su amiga Pilar, uno de sus deportes favoritos: desde la ropa, la forma de caminar, el peinado, si tiene o no inteligencia para trabajar allí, con quién salió, etc., las dos mujeres están analizando a cada persona que pasa por la cafetería. Y entre risas comentan la vida y milagros de compañeros, jefes y clientes por igual. En verdad, no le hacen daño a nadie; y por cierto que están muy entretenidas. Pero tampoco se hacen bien a ellas mismas; se confunden, se disgustan, se alegran, se molestan, se irritan, etc. No se dan cuenta pero están perdiendo momentos importantes para estar presentes educándose para responder, viendo realmente lo que ocurre a su alrededor sin hacer juicios, y sobretodo estando en paz consigo mismas.

Yanet y Pilar, no son la excepción. Las personas tendemos a pensar que no hacemos juicios, cuando en realidad lo hacemos constantemente. Tengamos la profesión que tengamos, la posición económica que sea, seamos hombres o mujeres; no pasan cinco minutos sin que usemos el hábito venenoso de juzgar la realidad y emitamos algún juicio acerca de nuestros seres queridos, de extraños en la calle, de compañeros de trabajo, de nosotros mismos, o quien sea. Es algo común, cierto; pero alimenta constantemente nuestra reactividad emocional, busca culpables y nos predispone al disgusto y a la impaciencia.

La clave para evitar este hábito venenoso es encontrar dentro de nuestra mente la parte que no hace juicios. Para practicar esta habilidad la clave es empezar a observar con Mindfulness a la parte en ti, que quiere hacer todas las cosas a su manera, y que se preocupa, y se altera, se pone nervioso, envidioso, triste o contento porque las cosas pasan o no como él quiere. Esa parte, ese 'ego' es un 'artefacto' que hizo nuestra mente para ayudarnos a funcionar en el mundo y tiene mucho valor. Pero no tiene forma de darse cuenta de sí mismo. No puede salirse del juego, no logra tomar perspectiva, ni "subirse al balcón" de su propia vida y entender la forma cómo ve las cosas.

Quinto paso: Hacer una sola cosa a la vez

Conducimos nuestro auto, mientras hablamos por el teléfono. Contestamos los e-mails, mientras nuestra compañera de trabajo nos hace una consulta o nos cuenta una noticia. Tomamos el desayuno, mientras leemos el periódico y vemos las noticias en la televisión. Ayudamos a nuestros hijos, mientras estamos pensando en la discusión que tuvimos con el jefe y a la vez preparamos el informe para la reunión de mañana con la supervisora de mercadeo.

Pensamos que al hacer varias cosas a la vez somos más eficientes o tenemos una ventaja sobre los demás. Vivimos en un mundo donde todos tenemos la tendencia de hacer varias cosas a la vez, a tal punto que nos parece una pérdida de tiempo hacer una sola cosa. Las compañías tienden a valorar a los empleados que pueden manejar varios asuntos a la vez. Después de todo, el valor más importante en nuestra sociedad parece ser la velocidad, y los mandatos implícitos de nuestra cultura son 'mientras más rápido mejor'; y 'el tiempo es oro'.

La realidad es que somos menos eficientes al hacer varias cosas a la vez, y además en el largo plazo nos estresamos, perdemos calidad de vida, probablemente restamos años a nuestra vida, y vida a nuestros años. Y sin duda, perdemos mucha de la capacidad de responder.

Una meta del Mindfulness es enfocarnos en hacer una sola cosa a la vez, con dedicación total y perfecta concentración. 'Si comes...come; si andas... anda'; es parte de un antiguo refrán oriental que enfatiza la práctica del Mindfulness. Esta práctica nos permite responder cuando el momento lo amerita, pues estamos 'despiertos' y con nuestra atención enfocada en lo que estamos haciendo.

Sexto paso: Hacer lo que es más efectivo

La premisa de este paso es que muchas veces las personas que reaccionan están preocupadas por cómo deben ser las cosas en lugar de aceptarlas tal y cómo son. Tal y cómo vemos cuando hablamos del hábito de juzgar la realidad esto les trae problemas porque se pelean con el mundo y reaccionan porque las cosas no son como ellos dicen que deben ser. El Mindfulness propone que nos concentremos en las cosas que funcionan para nuestra propia salud mental. Básicamente se trata de observar la realidad sin hacer juicios sobre ella y decidir qué es lo que se requiere de nosotros en cada situación.

Muchas personas reaccionan porque constantemente están valorando si algo está bien o está mal y se enredan y confunden con problemas innecesarios por ese motivo. Cuando uno insiste en que las cosas del día a día sean justas "a toda costa" quizás en el fondo está cubriendo una rigidez y la tendencia a la impulsividad con diferentes tipos de justificaciones: Algunos dicen que no pueden permitir que las cosas sean injustas; otros sienten que la gente quiere aprovecharse de ellos y tienen que demostrarles que no lo lograrán. Sin embargo, como en el ejemplo que sigue, el insistir que las cosas sean a mi manera solamente acarrea problemas innecesarios y reacciones entre nosotros y las personas con las que convivimos o trabajamos.

José Antonio tenía que reclamar esa injusticia

Un hombre, que llamaré José Antonio, tenía la costumbre de reclamar y discutir constantemente. Decía: "¡tengo que hacerlo... hay que educar a la gente!". Y seguramente tenía razón; sin embargo, probablemente también tenía que aprender en qué circunstancias hacerlo y cómo hacerlo.

Los hijos adolescentes de José Antonio se molestaban porque su padre no los dejaba oír la música que les gustaba. Les decía que la música que oían era vulgar y de poca clase. José Antonio quería los muchachos conocieran la música clásica: los grandes tenores, o Wagner, o Mozart, cosas así... José Antonio también discutía con su mujer porque durante las noches ella veía novelas en vez de ver el canal de historia o leer las revistas de economía y política que a él le gustaban.

Un día José Antonio fue a un centro comercial y cuando llegó al estacionamiento notó que un conductor había dejado su auto con las ruedas sobre la línea blanca que dividía dos estacionamientos. Ante eso, decidió estacionar su auto justo al lado, dejando un espacio muy pequeño entre ambos autos. Así el primer conductor tendría que pasar dificultad al entrar a su auto al regresar.

En vez de ir a otro estacionamiento, prefirió hacer todo ésto y estacionarse allí... para educar a un desconocido. La esposa le pidió que se estacionara en otro lugar, para no tener que salir por la puerta del chofer. Pero José Antonio decía "Si éste hombre comete este descuido y nadie le dice nada..., lo vuelve hacer mañana otra vez! Al regresar, de las compras en el centro comercial, el auto mal estacionado ya no estaba, pero el de José Antonio tenía una abolladura en la puerta. Aunque tuviera el número de la placa del auto y al día siguiente lo denunciase, para la esposa, todo el incidente había sido una pérdida de tiempo y no valía la pena. Pero para José Antonio no importaba. En realidad José Antonio había reaccionado impulsiva y compulsivamente. Él tenía que educar a todos, y tenía que darle una lección a esa persona, a quien que no conocía y con la cual no tenía ninguna relación: "siento que si no lo hago, estoy dejando que esa persona esté invadiendo mi espacio".

Este hombre había estado personalizando la realidad, en vez de no tomar nada personal, al pensar que el otro conductor le estaba quitando su espacio. También había estado juzgando la realidad en vez de aceptarla, al insistir en educar al conductor que se había estacionado mal. Por último estaba distorsionando la realidad, en vez de describirla desapasionadamente. Al hacer la reflexión de cómo su reacción agresiva y tozuda, se repetía en diferentes ambientes, con sus hijos, con su esposa, con los compañeros de trabajo, José Antonio decía "Yo sé que esto me ha causado desde pequeños inconvenientes hasta enormes problemas. Yo lo justificaba pensando que así contribuía a mejorar al mundo... Pero la verdad es que cada vez me estoy quedando más solo".

Y era verdad, este tipo de reacción impulsiva y pasivo agresiva, que se escudaba en una actitud de "no puedo dejar las cosas así", lo alejaba poco a poco a sus seres queridos y lo estaba dejando solo.

Las habilidades de no juzgar y hacer lo que funciona implican también renunciar buscar un culpable, renunciar a la venganza, a la rabia y a la adherencia a principios rígidos de que todo sea justo y todo sea perfecto que muchas veces sirven más para herirnos o herir a nuestros seres queridos que para otra cosa.

Preguntas, reflexiones y ejercicios del capítulo 8

Los siguientes ejercicios son herramientas para empezar a saborear la habilidad de atender y estar presente observando con Mindfulness.

1. Aprende a Observar

Por unos minutos deja el libro a un lado y reposa las manos tranquilamente sobre tus piernas. Mantén tu espalda recta y cierra los ojos. Céntrate en tu respiración por uno o dos minutos y observa -como con un scanner- cada parte de tu cuerpo. Siente la silla dónde estás sentado, siente el contacto de tus manos sobre el brazo de la silla o sobre tus piernas. Siente tus pies dentro de los zapatos o si estás descalzo, la planta de tu pie sobre el piso. Siente la ropa que llevas puesta y percibe tu propia respiración. Percátate de cualquier sensación, molestia o dolor que tengas en tu cuerpo.

Sólo obsérvalos sin moverte, sin hacer nada, y déjalos pasar como quien ve el paisaje desde la ventana de un vagón del tren en movimiento. Si tienes comezón en un lugar de tu cuerpo obsérvala mentalmente y déjala ir. No te enfoques en ella. Pon atención y escucha los sonidos que tienes alrededor. Si has podido encontrar un lugar en silencio trata de escuchar ese silencio. Quédate así de 3 a 5 minutos, sólo respirando y observando, sin hacer nada.

Este ejercicio es fructífero para ayudarnos a desprendernos de nuestra tendencia a reacciona impulsivamente. Repítelo al menos una vez al día.

2. Aprende a observar tus pensamientos

Como hiciste en el ejercicio anterior, sentado en un lugar tranquilo y con las manos sobre las piernas o los braceros de una silla, vuelve a tu respiración por un minuto, y luego observa tus pensamientos tratando de dejarlos pasar como quien ve las nubes moverse en el cielo. Concéntrate en tu respiración mientras tratas de observar cada uno de los pensamientos que cruzan tu mente como quien ve la escena de una película. Toma conciencia de cómo esos pensamientos habitan tu mente, permanecen un tiempo en ella y desaparecen. No son "tuyos", solo están de paso en tu mente. Quédate así por unos 3 a 5 minutos.

3. Aprende a Describir tus pensamientos

Encuentra una posición donde te sientas cómodo y relajado. Respira profundamente por un par de minutos inhalando y exhalando con tranquilidad. Cuando aparezca una molestia en el cuerpo o una sensación que reclama tu atención, debes ser capaz de reconocerla. Por ejemplo, decir mentalmente "me ha invadido la tristeza" o "los músculos del estómago se me están poniendo tensos" o "me ha venido a la mente la discusión que tuve con la vecina ayer cuando dejó una manguera abierta que salpicaba mi balcón". Ponle palabras a la experiencia y describe lo que está sucediendo en tu mente sin quedarte atrapado en el contenido.

En ese mismo estado de tranquilidad, identifica cuando aparecen deseos de que las cosas sean de tal o cual modo; de que sean diferentes de como son y observa cómo esos deseos te alejan de la serenidad y la tranquilidad en este momento presente. Observa los mensajes que aparecen en tu mente: "Si tan sólo...", "ojalá yo hubiera...", "si las cosas fueran..."

Describe con palabras cada uno de esos pensamientos cuando aparecen: "este es un pensamiento de rechazo de cómo son las cosas actualmente" y luego déjalo ir. Descubre poco a poco cómo tu mente da vueltas alrededor de un grupo pequeño y repetitivo de pensamientos, y cómo inviertes gran parte de tu tiempo pensando en ellos. Observa cada uno de esos pensamientos. Describe a qué se refieren, cuáles son los temas; de qué tratan. Cuando los pensamientos automáticos aparezcan, solo reconócelos con una frase como "ah... ahí está el pensamiento de preocupación por tal y tal..." y déjalo ir. "Ok... ese es el pensamiento de preocupación por el dolor que tengo en la espalda..." "Muy bien, esa es la preocupación porque Luisito no logre entrar a la universidad privada..." "Ese pensamiento de rabia es por lo que hizo tal persona..." Practica usando tu respiración para dejar ir los pensamientos que cruzan por tu mente. Simplemente observa y desapégate... Practica por 5 minutos y felicítate por poder reconocer tus pensamientos y preocupaciones y dejarlos ir.

A veces escribir tus pensamientos de preocupación en unas hojitas de papel puede ser beneficioso de manera tal que puedas identificarlas y desecharlas, tirando el papel apenas escrito a un cesto de basura. Otras veces puedes escribirlas para hacer algo concreto con ellas en el futuro, en un momento en que lo consideres apropiado. Si bien es cierto que no hay ninguna ventaja en preocuparse de la necesidad de tener que hacer algo, sea limpiar la casa, escribir un reporte o tener esa conversación con tu hija, antes de que ocurra, lo importante ahora es aprender a describir lo que estás observando. Poner en palabras lo que siente tu cuerpo y lo que piensas es una herramienta importantísima de mentalización y te ayuda a crear una barrera que detiene las reacciones automáticas y da tiempo a tu centro ejecutivo cerebral o lóbulos pre frontales, a tomar la mejor decisión. Algunas personas se preocupan constantemente de lo que tienen que hacer, sin llegar a concretarlo. En estos casos lo primero que es observar sin poner palabras. Lo segundo es describir con palabras lo que está ocurriendo, lo que observas, sin emitir juicios.

4. Aprende a Participar con la mente totalmente atenta.

La próxima vez que te encuentres en una conversación, participa plenamente en ella. Observa cómo entras y sales de la conversación a medida que tu mente inicia conversaciones privadas en medio de la conversación que estás teniendo con otras personas. Concéntrate en la actividad que estás haciendo. De igual manera, si estás haciendo alguna tarea del hogar, sumérgete en ella completamente, atendiendo a cada uno de los detalles de la tarea. Por ejemplo, si estas lavando los platos luego de la cena, concéntrate en ello como si fuera tu único objetivo en la vida. Pon atención a cada detalle: cómo abres el grifo del agua, cómo tomas la esponja y la insertas en el jabón. Observa cómo enjabonas cada uno de los platos y los limpias restregando con la esponja.

5. Suspende por un rato la tendencia de Juzgar

Usa esta forma de poner atención para combatir el hábito venenoso de juzgar todo y a todos. Elige un momento cualquiera del día para observar cómo van surgiendo los pensamientos de juicio en tu mente. Observa en tu mente los juicios que vas haciendo acerca de las personas, sobre su forma de comportarse, sobre su apariencia, sobre el valor o no de sus ideas. Además, no olvides los juicios que haces acerca de ti mismo, de tus defectos, de tus cualidades, de lo que logras y lo que no logras, de lo que deberías hacer y no deberías hacer. Aléjate de todas tus opiniones sobre cómo deben ser las cosas. Atente a las cosas como son. Acepta cada momento como es; sea lo que sea. Piensa en ti, como diría un poeta, como si fueras la hierba del bosque, que acepta la lluvia cuando llueve, el sol cuando brilla en la mañana, la brisa cuando sopla el viento, y la sombra cuando llega la noche. Si sentimos que van apareciendo pensamientos de reproche hacia nosotros o hacia otros, trata de ser "testigo de ellos" en lugar de estancarte pensando por qué la gente es como es, o por qué tienes esos pensamientos, o quién te los causó, o qué injusta la vida -o las personas- que te los provocan. La clave es no enfrascarte en una batalla mental sino más bien observar y soltar. Poco a poco te irás serenando.

6. Aprende a hacer una sola cosa a la vez

Para empezar, elige al menos una actividad diaria que llevarás a cabo conscientemente, con toda tu atención, como si estuvieras meditando. Si estás comprando vegetales, reconoce los colores, las texturas y tus movimientos. Si te estás secando luego de bañarte, hazlo concentrándote en cada acto. Si estás preocupándote, sólo preocúpate. Cuando estés recordando algo, solo recuerda. Si te estás comiendo una manzana, intenta comerla poniendo atención exclusivamente a el acto de comer y a cada uno de los movimientos que haces mientras comes... eso es Mindfulness, ¡te sorprenderás de las diferencias en la experiencia! aunque antes la hubieras hecho cientos de veces. Recuerda la frase "donde estás ahora mismo, exactamente allí mismo estás". Pon una notita en alguna parte de tu habitación o de tu puesto de trabajo que te recuerde poner atención a tu respiración y que diga: ¡solo atiende a tu respiración, una a la vez!", u otra que diga "¡estoy consciente de estar aquí ahora!" Toda la práctica de meditación de la que estamos hablando se puede resumir en esas sencillas frases que nos recuerdan estar en el presente.

Una vez que tengas un poco de práctica, intenta notar los momentos en que estás haciendo varias cosas a la vez y detente. Ordena las actividades en tu mente y empieza a hacerlas cada una, una por una, con plena conciencia de lo que estás haciendo. La práctica de las habilidades de meditación son como una semilla que vas sembrando en tu mente y funciona como un contrapeso contra las tendencias de reaccionar impulsivamente. Poco a poco verás como esta forma de poner atención a lo que es te ayudará a detenerte en el momento preciso en que vas a reaccionar impulsiva o agresivamente.

Todos estos ejercicios llevan al desarrollo, paso a paso del Mindfulness. Practicarlos e incorporarlos en el diario vivir mejorará tu capacidad de responder.

9. LAS EMOCIONES Y LAS ACTITUDES POSITIVAS

La mejor forma de conseguir una vida con significado
es dedicarse a amar a los demás,
a la comunidad a la que pertenecemos
y a crear algo que nos dé propósito para vivir.

Mitch Albom

Las emociones negativas nos preparan para solucionar problemas. Despiertan tendencias de reacción automáticas. La ira prepara para el ataque. El asco provoca rechazo. El miedo prepara para la huida. La tristeza nos prepara para una pérdida inminente, y así sucesivamente. Por otro lado, las emociones positivas nos ayudan a ampliar las posibilidades de acción. Nos ayudan al crecimiento personal, y a desarrollar relaciones, vínculos y conexión con nuestro entorno social.

Las emociones negativas propician una forma de pensar que restringe las cosas que podemos hacer y la cantidad de respuestas posibles ante un estímulo. Por ejemplo, si estamos caminando por la calle mientras llueve y oímos un trueno, buscamos rápidamente un lugar donde protegernos sin pensar en nada más.

Por el contrario, las emociones positivas propician una forma de pensar que amplía las posibilidades, las opciones y hasta la creatividad. De este modo, cuando estamos alegres tendemos a pensar de manera más positiva acerca de las personas y de los acontecimientos.

En este sentido, y a través de los resultados de sus investigaciones, la psicóloga Bárbara Fredrikson, ha propuesto que las emociones positivas habrían contribuido a generar las condiciones adecuadas para que nuestros ancestros desarrollaran las habilidades mentales de relacionarse, de practicar la solidaridad; y las habilidades físicas necesarias para superar los peligros del ambiente y las dificultades del diario vivir. En este sentido, las habilidades que permitieron al ser humano persistir cuando todo parecía ir contra corriente, tienen que ver con la presencia de emociones positivas, como la esperanza y la compasión.

Esta investigadora también postula que las emociones positivas ayudaron a desarrollar el razonamiento humano, y éste ha permitido progreso de la humanidad, al estimular la creatividad. Es cierto, como dice el dicho, que la necesidad de la madre de todos los ingenios. Pero también es cierto que necesitamos serenidad, paz y tranquilidad para resolver problemas, idear nuevas posibilidades e inventar toda suerte soluciones creativas. Necesitamos una atención inquisitiva y tranquila para imaginar soluciones nuevas y radicales; ya sea la rueda, la penicilina, el aeroplano, el iphone, el internet o la cirugía robótica. Para todo esto necesitamos las emociones positivas. Ellas nos ayudan a domesticar el mundo y ponerlo a trabajar para nuestro beneficio. Las necesitamos para aprender a responder.

El desarrollo científico y artístico surgen mayormente al amparo de las emociones positivas. El interés, la fluidez y la alegría son emociones que nos invitan a crear. Las habilidades para vivir en sociedad respetándonos unos a otros, surgen de la compasión y la empatía. Las formas más saludables de interacción humana, solidaridad y ayuda mutua son producto de las emociones positivas. A simple vista vemos los beneficios de las emociones positivas, particularmente en lo que se refiere al desarrollo de la capacidad de responder. En esto se centran investigadores con un enfoque de Psicología Positiva. Las emociones positivas estimulan actitudes positivas y favorecen el desarrollo de las virtudes sociales.

La alegría, el interés, el gozo, la gratitud, la esperanza, el optimismo, el entusiasmo, la generosidad, la tranquilidad, la serenidad, el afecto, la sensación de fluir, la compasión, la sorpresa, etc., forman parte de la familia de las emociones positivas. Cada una de ellas es antídoto contra las condiciones que terminan en llevarnos a reaccionar impulsivamente. La alegría nos ayuda a aliviar la carga emocional y a ver lo bueno que hay en nuestra vida. El humor nos relaja y nos ayuda a disolver el enojo. El interés nos dirige la atención y nos olvidamos de lo que nos molesta, nos aburre, y nos hace centrarnos en nosotros mismos. El afecto y el cariño nos disponen para la cercanía y la apreciación del otro.

El agradecimiento nos dispone a valorar cada cosa que recibimos y a sentirnos dichosos y satisfechos. La esperanza nos permite ver las cosas malas como transitorias y las cosas buenas como permanentes. El entusiasmo nos anima a movernos hacia la luz, a ver cada evento como una oportunidad y a salir al encuentro de cada cosa que nos regala la vida. El optimismo nos ayuda a persistir y a no claudicar cuando las cosas no salen como queremos.

Pero cada una de las emociones positivas requiere de nuestra atención; requiere que tomemos consciencia que somos nosotros los que estamos llamados a administrar y dirigir lo que nuestros ojos miran, lo que nuestros oídos escuchan y hasta lo que nuestro cuerpo siente.

Tenemos que recordar que los seres humanos somos administradores de nuestra propia atención. Eso nos diferencia del resto de los animales. Un reacción aparece luego de que hemos puesto, sin darnos cuenta, atención a los aspectos negativos de la realidad. Al convertirnos en mejores administradores de la atención, podemos tener más emociones positivas y con eso disminuimos nuestras reacciones. Las emociones positivas se pueden convertir en verdaderas prácticas espirituales si las experimentamos con frecuencia, de manera persistente e intencional. Es allí donde las emociones positivas ejercen su gran efecto neutralizador de nuestras reacciones automáticas.

Alguna vez le he pedido a algunas parejas que atiendo en psicoterapia que se tomen de las manos. Les pido que sientan, con los ojos cerrados, las manos de su pareja, que exploren y sientan sus dedos, los pliegues de la piel, las diferentes texturas, la palma y el borde de las uñas. Les pido que estén en contacto, de verás en contacto, con la persona con la que están compartiendo su vida, tratando de sentir y comunicarse con ella en ese momento. Y estando así, les pido que hablen. Les he pedido que lo hagan en la consulta y que lo hagan después en la casa. Una vez se lo pedí a una pareja que se había herido tanto que no lo toleraron.

Pero la mayor parte de estas parejas comentan que cuando están a punto de pelearse y reaccionar contra el otro, cuando están a punto de cerrarse, el enfocarse en sentir a su pareja a través de las manos les sirve para detener el diálogo interno negativo que los lleva a reaccionar y decir cosas que no son las que sienten realmente. Las ayuda a rebatir la descarga emocional de quejas y justificaciones, y les permite tratar de entender un poco, o al menos aceptar un poco, a su pareja. El solo tocarse con las manos mientras hablan les permite recordar a cada uno que esa persona, que ahora mismo les enoja, es la misma persona que aman, aunque piensa y ven las cosas de manera diferente.

Este pequeño ejercicio de tomarse de las manos y poner atención a toda la experiencia que están viviendo, es una forma expedita para hacerle un corto circuito a las emociones negativas y a toda la avalancha neuroquímica que las sustenta. El contacto físico y la ternura son otra avalancha de neuroquímicos que generan serenidad, tranquilidad y nos apaciguan.

Las emociones y las actitudes positivas son un antídoto a nuestras reacciones, y la forma de llegar a ellas es a través de la atención. Tenemos que ponerles atención para que ellas crezcan y cada vez más disuelvan el poder que tienen los hábitos venenosos sobre nuestra conducta. Nuestra lucha entre reaccionar y responder se puede entender como una lucha por aprender, atender y practicar cada vez más las emociones positivas y por alejarnos, desaprender y olvidar las emociones negativas. Neurológicamente es una lucha por usar más la Vía Panorámica y menos la Autoestrada. Químicamente es una lucha por usar cada vez más la oxitocina, la hormona del cariño, y cada vez menos el cortisol, la hormona del estrés. Y mentalmente por usar cada vez más los hábitos bondadosos y cada vez menos los hábitos venenosos.

Veamos ahora cada una de las emociones positivas en las que nos podemos apoyar en este camino de aprender a responder más y reaccionar menos.

Interés y el fluir

Cuando sentimos interés salimos al encuentro del mundo con entusiasmo; estamos llenos, vivos, lustrosos. El interés es una emoción caracterizada por un agudizamiento de los sentidos, los cuales se disponen a recibir y captar la información disponible y dispuestos a disfrutar y desarrollar las tareas que tienen enfrente con gusto. El interés, como la compasión, son emociones que llenan el corazón y nos alejan de los malos humores y de las reacciones. Cuando estamos interesados nos sentimos energizados y despiertos; disfrutamos lo que estamos haciendo y nos sentimos involucrados en la vida. Lo contrario al interés es el desgano y el aburrimiento. Ambas son emociones que fácilmente nos pueden llevar a reaccionar. El desgano es la falta de motivación y la falta de deseo de hacer algo. El aburrimiento es la condición de no ser capaces de hacernos dueños de nuestro propio estado emocional. Es el resultado de asumir una actitud pasiva frente al ambiente. El interés está asociado a otras emociones positivas como el optimismo, el entusiasmo, la esperanza y la sorpresa.

Muchas investigaciones vinculan el interés con el desarrollo de actividades que nos atraen, ya sean físicas, relacionales o intelectuales, en las cuales nos sentimos implicados. La clave para sentir interés es una tendencia a implicarse de manera activa; es como decir 'esto me importa, tiene que ver conmigo'. Por el contrario, muchas investigaciones vinculan la aparición de emociones negativas al estar al estar ociosos, sin interés en nada, o pasivamente recibiendo información. Un caso particular es la relación entre emociones negativas y la pasividad típica de pasar horas y horas frente a una pantalla de video o televisión.

Muchos estudios han demostrado que los niños que están involucrados en actividades creativas e interesantes son más positivos y tienen mejor talante emocional. El interés con el que se involucran en sus actividades de su diario vivir los lleva a estar más positivos y receptivos. Por el contrario, los niños que pasan más horas viendo televisión tienden a tener más emociones negativas y menos emociones positivas, menos interés y tienen a la larga a mostrar más rasgos del tipo depresivo.

El interés genera una disposición positiva hacia el entorno que contrarresta las reacciones negativas. Ya sea un proyecto laboral que estamos terminando, una conversación animada con un grupo de amigos, un programa de televisión, una partida de ajedrez o ping-pong; el interés es una disposición positiva hacia un estímulo o actividad que nos hace olvidarnos de nosotros mismos. Cuando ese interés es muy atrayente o fuerte y se combina con una ejecución diestra de una tarea o con la práctica de una habilidad en la cual nos sentimos particularmente competentes, se dice que "fluimos". Cuando la persona está fluyendo experimenta una percepción del tiempo distendida, siente que el tiempo pasa sin que se dé cuenta. Está tan concentrada y entregada a aquello que está haciendo que pierde consciencia del tiempo y de su entorno.

La emoción de fluir, tal como la describe Mihalyi Csikszentmihalyi, es un estado de total absorción en el cual no nos damos cuenta del paso del tiempo y simplemente realizamos la tarea con total concentración y certeza interior. En esos momentos no tenemos ninguna preocupación que nos distraiga y nos olvidamos de nosotros mismos. Se diría que estamos totalmente concentrados sin sentir nada de estrés negativo. Cuando fluimos estamos usando nuestras habilidades al máximo y sentimos una enorme pero desapasionada satisfacción.

Cualquier actividad puede generar esta emoción de fluir: Una bailarina de danza moderna fluye cuando pasa largas horas practicando una nueva coreografía. Un médico internista fluye cuando está operando a sus pacientes. Un desarrollador de sistemas informáticos fluye cuando va escribiendo los códigos y algoritmos que aseguran que el programa correrá sin problemas. Mi hijos, Andrés y Alejandro, fluían cuando pasaban largas horas, uno tocando la batería, y el otro, practicando ejercicios de física.

Generalmente luego de haber experimentado fluir por un período de tiempo, las personas comentan sentirse plenas y felices. Tener experiencias en donde fluimos aumenta nuestro depósito de emociones positivas, y ese caudal retenido nos dispone para responder. La clave es encontrar en qué somos buenos, cuáles son las cosas que disfrutamos hacer, ya sea en nuestro trabajo, en nuestras relaciones, en nuestra vida en comunidad o en nuestros pasatiempos, y sacar tiempo para hacerlas con regularidad. Esas actividades en donde ponemos en práctica nuestras fortalezas nos permiten fluir con regularidad y aumentan nuestra capacidad de responder.

Tranquilidad y serenidad

Estar tranquilo es delicioso; sentirse tranquilo es muy rico. No hay preocupación, no hay molestia; hay una sensación de que uno mismo y que las cosas están bien. La serenidad, hermana mayor de la tranquilidad, nos hace totalmente dueños de nuestras emociones, adquiriendo fortaleza para enfrentarnos con gallardía a la adversidad, y sin afectar el trato y las relaciones con nuestros semejantes.

Sin embargo, la vida moderna está tan llena de asuntos pendientes, problemas y situaciones que debemos resolver al mismo tiempo, que a veces nos cuesta conseguir sentirnos tranquilos. Vivimos embrujados bajo el gran mito de nuestra cultura: Velocidad. Todo es rapidez. Más rápido es mejor. Y la fantasía de que todo tiene que ser ¡para ya!, pues con un poquito más de esfuerzo, supuestamente, todo se puede.

Para sentir tranquilidad, nos sirve liberarnos de la fantasía de que todo se tiene que hacer más rápido. Nos sirve entender que muchas cosas, las más importantes de la vida, no se hacen de manera acelerada, o ni se tienen que hacer mejor cada vez. Nos sirve entender con serenidad que no todo hay que mejorarlo obsesivamente ni todos los días; así como nos sirve entender que los productos más importantes en nuestra vida no se compran con dinero, sino con virtud, paciencia y esfuerzo. Es bueno mejorar y crecer, y madurar y perfeccionar, pero también hay que sentir paz y aceptación a través del cultivo de la serenidad.

La serenidad nos hace mantener un ánimo apacible y sosegado aún en las circunstancias más adversas, encontrando soluciones a través de una reflexión detenida y cuidadosa, sin agrandar o minimizar los problemas. Cuando las dificultades nos agobian podemos fácilmente caer en la desesperación, tristeza, irritabilidad y desgano, y por tanto, somos más propensos a reaccionar. Pero sea como fuere, la serenidad y la tranquilidad son emociones que hacen bajar nuestro nivel de reactividad emocional, y nos ayudan a estar listos a responder en todo momento.

Compasión y la empatía

La compasión es la emoción que sentimos cuando somos capaces de dejarnos tocar por el dolor, la tristeza o la emoción que otra persona está sintiendo. La compasión nos lleva a responder ante la situación de otra persona, y va de la mano con aprender los cuatro hábitos bondadosos. La empatía es la capacidad de comprender la situación, los pensamientos y las emociones que otra persona está experimentando. Empatía es, como dice el dicho, ponerse en los zapatos de la otra persona.

Aladar: un dinosaurio empático

La película infantil de dibujos animados de los estudios Disney titulada "Dinosaurios" es una fábula del poder de la empatía. La trama se desenvuelve durante la etapa final del periodo cretáceo, durante los días y semanas después del impacto del meteorito que, al chocar con la tierra, hace 65 millones de años, desencadenó cambios climáticos terribles que terminaron, precisamente, con la extinción de los dinosaurios. A través de los ojos del personaje principal de la película, un dinosaurio llamado Aladar, vemos el caos que genera la lluvia de meteoritos luego del gran impacto. Aladar es un Iguanodonte. Un dinosaurio herbívoro, huérfano, de tres toneladas y cuatro metros de altura, que ante el desastre es adoptado por un clan de lemúridos, una especie de primates primitivos parecidos a monos que aún hoy persiste en la tierra.

Por la presencia de los lemúridos en la película imaginamos que la historia está ambientada en Madagascar o las islas Comores, donde persisten aún hoy estos parientes lejanos de los monos. La película desarrolla su argumento alrededor de la interacción, imposible, pero sin duda muy imaginativa, entre dos tipos de animales totalmente diferentes: unos con un cerebro muy primitivo (los dinosaurios) y otros, los lemúridos: unos animales que si tenían cerebro emocional y probablemente conductas de solidaridad o trabajo en equipo (los lemúridos). De los diálogos que ocurren mientras el clan de lemúridos camina junto a una gran manada de dinosaurios por noches y días, buscando los pastos verdes y el agua fresca de 'los nidales', descubrimos claramente el mensaje de supervivencia: ¡lo que nos salva es la solidaridad!

El mensaje de esta fábula moderna es que lo que hizo que los dinosaurios se extinguieran no fue su tamaño o su dificultad en adaptarse, sino principalmente su incapacidad para trabajar en equipo, mostrar empatía y solidaridad con los débiles, y preocuparse por los de su especie. Los lemúridos sobreviven la gran explosión por su inteligencia y capacidad de adaptación, cierto. Pero también sobreviven por su capacidad de trabajar en equipo, por su solidaridad y preocupación por los débiles que van quedando atrás.

Más que el ingenio, creatividad o audacia, la capacidad de sentir compasión es una de las características que más marcadamente nos hace humanos. No debe confundirse con la lástima. Además de una emoción, la compasión también es una actitud, una disposición o una acción apasionada frente a la desventura de los otros. La lástima es un malestar interior que nos bloquea y paraliza, convirtiéndonos también en víctimas de la situación. La compasión es una emoción que nos mueve a la acción, no al lamento, y nos aleja de reaccionar impulsivamente. La compasión está muy ligada a la compresión, al 'sentir con el otro', a la misericordia y, en definitiva, al amor.

Cuando somos compasivos damos cabida a la honda satisfacción de hacer lo correcto frente al dolor humano, entendiendo la trayectoria y lo complejo de los fenómenos, y aliviando las penas y sufrimientos. Aprendo a ser compasivo siéndolo primero conmigo mismo, auxiliándome en mis momentos de dolor, pues soy más compasivo en la medida en que soy capaz de entenderme, aceptarme y quererme, sabiendo que todo en mi vida puede ser siempre mejor. Me coloco en el lugar del otro cuando ya aprendí a conectarme con mis propias emociones, con mi propia vida, con mi realidad.

Alegría

La alegría es una emoción originada por una sensación de estar bien, de familiaridad y poder estar relajado y sin hacer mucho esfuerzo. Se puede ver con signos exteriores de tranquilidad, júbilo y felicidad. La alegría empuja desde dentro a la persona a ser más juguetona, a estar más relajada física o mentalmente, y más flexible. La alegría nos libera de la duda sobre nosotros mismos. Nos atrevemos a practicar cosas nuevas y diferentes cuando estamos alegres. La alegría nos hace olvidarnos de nosotros mismos, y nos hace menos reactivos. Cuando estamos alegres no estamos pensando cómo nos ven los demás, ni estamos preocupados por nada que tenga que ver con nosotros. Cuando estamos alegres nos olvidamos de las palabras 'yo, 'mí y 'mío'.

Cuando están alegres, las personas manejan mucho mejor las situaciones que provocan estrés, frustración, tensión, tristeza o desánimo. Suelen enfermarse menos y, además, son capaces de contagiar su alegría a quienes le rodean. La alegría se acompaña de gozo y satisfacción, manifestándose con la risa, cuerpo relajado, y rostro expresivo. Como todas las emociones, la alegría se puede cultivar y aprender con la decisión diaria de tratar de ver las cosas por el lado positivo. La alegría, al igual que otras emociones, no depende de otros sino de cómo nosotros mismos decidimos afrontar las situaciones diarias de la vida.

La alegría anima a jugar en el sentido amplio de la palabra, a empujar los límites, a ser creativo. Nicholas Frijda, un profesor de la Universidad de Ámsterdam, escribió que la alegría, con esa cualidad intrínseca que conlleva de hacernos sentir relajarnos y tranquilos, facilita el desarrollo de muchas capacidades humanas valiosas. La alegría facilita el entrenamiento de habilidades físicas (fuerza, resistencia, precisión); habilidades intelectuales (comprensión de normas, memoria, auto-control) y habilidades sociales (interacción, lectura de las necesidades e intenciones de los demás), entre otras, todas necesarias para el establecimiento de una mente sana.

En India, se practica la meditación de la risa. Actualmente se le llama Risoterapia y se practica en algunos hospitales para mejorar el sistema inmunológico de los pacientes. Es una actividad recomendada por médicos que produce beneficios tanto para el cuerpo y la mente. Reírse es curativo, pues estimula la producción de distintas hormonas (como las endorfinas, también conocidas como las hormonas de la felicidad), que genera el propio organismo y cuyo cometido es potenciar el sistema inmunológico. Es difícil reaccionar impulsivamente cuando estamos alegres, cuando estamos alegres o nos estamos riendo. Por eso, cultivar la alegría, en el sentido de hacer un esfuerzo consciente de disponer nuestro ánimo de manera positiva, es un antídoto efectivo contra la reactividad. Una de las formas de cultivar la alegría es a través del sentido del humor.

Carlos A. Leiro P.

La medicina del humor

Admiro a la gente que tiene sentido del humor y que se ríe con gusto. Tengo un amigo, el Dr. Carlos Smith, que se ríe con unas ganas que da gusto verlo y escucharlo. Como es además un excelente psiquiatra, especialista en addiciones, nos hablamos para consultar casos difíciles que involucren alcoholismo y consumo de drogas. Pero creo que a veces lo llamo para reír un poco con él. Su risa es rotunda, explosiva, decidida y generosa. Creo que gusta verlo y oírlo reír.

Hace unos años mi amigo, pasó por un trance muy difícil y una enfermedad muy grave y complicada que lo puso al borde de la muerte. No puedo dejar de pensar que su risa y su actitud positiva en la vida, lo ayudaron a sanarse y superar esta enfermedad cuando casi todos los médicos que lo atendían decían que iba a morir. Y parece que la ciencia está respaldando lo que la experiencia práctica y la intuición dicta: hacer reír y reírse son maneras maravillosas de generar substancias químicas que nos protegen de enfermedades, desde resfriados hasta cáncer, y son formas de protegernos del mal humor que con frecuencia nos hace pasar un mal rato y nos empuja a reaccionar automáticamente.

La investigación científica dice que reír ayuda a sanar: como una taza de chocolate caliente sana, como una conversación con un buen amigo sana, como un buen abrazo sana, como confesarse y sentirse en paz con Dios y con el mundo sana. De hecho me gusta pensar que Dios tiene más que ver con la risa y el reír que con el llanto y las lágrimas. Me gusta creer en un Dios que recoge tus lágrimas, te acompaña y te hacer sentir seguro, y después, cuando la tristeza ha terminado su ciclo, te invita a dar un paseo y al ratito... ¡te cuenta un chiste! Alan Watts, a quien se le acredita haber introducido la filosofía del budismo Zen en Estados Unidos de América, decía que *"los ángeles volaban porque sabían tomarse a la ligera"* y no con tanta seriedad, pompa ni ceremonia.

Hay una relación entre saber reír y la salud. A través de muchas investigaciones sabemos que nuestro estilo de vida, nuestros pensamientos y nuestras emociones, pueden impactar el curso y progreso de una enfermedad y la vulnerabilidad que una persona tiene hacia una enfermedad. Esos estudios dicen que la risa produce profundos cambios en el cuerpo humano, entre ellos, aumenta la Inmunoglobulina-A en la saliva, que sirve para protegerse contra infecciones virales. Además libera hormonas contra el dolor, como endorfinas que incrementan la concentración de colágeno, y disminuyen la hormona cortisol, que se vincula con el estrés excesivo, y relaja el sistema muscular.

En esencia, reír no solo es divertido: te ayuda a sanar. El humor es una medicina extraordinaria para prevenir nuestras reacciones automáticas. Muchas investigaciones sostienen que el papel del juego y la risa en la prevención y el tratamiento del "burnout", es crucial. John Travis, autor del libro El Poder Sanador del Juego sostiene que diez minutos de risa son iguales a un día pensando acerca del burnout y cómo puede ser prevenido. Él considera urgente que dediquemos tiempo a la educación del bienestar integral en el ser humano, y que la vía para lograr esto es re-humanizarnos a nosotros mismos.

En la búsqueda de nuevos logros tecnológicos y científicos, hemos perdido contacto con la parte de nosotros que necesita reír y relacionarse abierta y cálidamente con los demás. Hemos olvidado a jugar con libertad, realmente disfrutando nuestro trabajo y actividades diarias, bailar y cantar para celebrar el milagro de estar vivos. Las pérdidas en estas áreas son las que, en mi punto de vista, causan que entremos en burnout. Es como si hubiéramos perdido la mitad de nuestra naturaleza como humanos y la mitad que nos queda estuviera llorando y pidiendo ayuda en medio de nuestras enfermedades y dificultades. Ante circunstancias como esas, no es sorpresa que reaccionemos tanto y con tanta frecuencia.

El humor ayuda a responder

Nadie quiere pelear cuando está de buen humor. El sentido del humor es como un desodorante psico ambiental para eliminar los malos olores emocionales que producen las peleas, diferencias y los desacuerdos en las relaciones interpersonales. Cuando algo ocurre que quiebra el intercambio entre dos o más personas, el humor suaviza, filtra, neutraliza y disimula los 'malos olores' del momento y nos permite reparar la relación, seguir la conversación y enfocarnos en otras cosas más agradables. Víctor Borge, pianista danés famoso por combinar la música con el humor, decía que "la risa era la distancia más corta entre dos personas" y probablemente tenía razón.

El humor también te abre las puertas que nada más te puede abrir. En los negocios, la oportunidad de compartir un comentario jocoso, o un chiste que surge en el momento, es una valiosísima herramienta: abre puertas y ¡cierra ventas! A veces, entre varias buenas propuestas que un gerente tiene en frente de sí, la decisión sobre cuál proveedor va a elegir se basa en cosas intangibles, como una sensación de 'con quién me sentí mejor', o 'con quién tuve mejor química'... Y no hay mejor ingrediente para establecer una buena química que compartir una sonrisa, o mejor aún reír juntos.

El mensaje que recibe el cerebro es claro: si te ríes con alguien es porque es tu amigo. No solemos reírnos con personas con las que no tenemos amistad. De hecho una poderosa forma de mandar el mensaje de que 'no somos amigos' es justamente no reírnos aunque la persona cuente una historia graciosa. Cuando una persona no se ríe de tu historia el mensaje es claro: aquí no hay puertas abiertas. Si logras entablar una conversación y haces que la persona sonría es que has logrado 'entrar' en ella. Te has conectado con su mundo y ella lo ha sentido, y se ha relajado muscular, cognitiva y emocionalmente.

Generalmente también el humor es una forma de ver las cosas que demuestra madurez. Ahora bien no se trata de un humor inapropiado, ni del humor de una persona que esté desconectada de la realidad. Se trata de un 'toquecito' que resalta ironía y nos permite esbozar una sonrisa. Un chiste o un comentario jocoso que nos relaja por un momento y nos ayuda a ver las cosas desde otro ángulo. Este es un humor saludable, y he aquí la gran noticia: ¡Se puede cultivar! ¡Se puede aprender! y se puede mejorar.

El afecto, el amor y el cariño

Cuando oímos decir que "el amor sana", o que "el cariño cura", deberíamos escuchar con atención. Particularmente cuando pensamos si estas emociones positivas nos pueden ayudar a responder más y reaccionar menos, podemos ver cómo el afecto y el amor nos disponen a ver y construir la realidad de un modo particular que hace cortocircuito con los procesos neuronales que lleva a cabo la amígdala y nos hacen reaccionar.

Cuando tenemos una disposición de afecto, o de cariño vemos y construimos nuestra realidad de manera diferente. Nuestras teorías mentales de lo que está pasando allá afuera son diferentes, más benévolas. Construimos diferente el mundo cuando lo vemos con los ojos del amor. Estamos más dispuestos a entender. Esto significa que estamos más dispuestos a dar tiempo al Lóbulo Pre frontal para que busque explicaciones alternativas de la conducta de la gente y las personas con las que interactuamos.

Las investigaciones psicológicas de los últimos cincuenta años han comprobado, vez tras vez, que los bebés a quienes no se les ama ni se les expresa a cariño a través del contacto físico de caricias y abrazos, presentan retrasos en el crecimiento óseo y en el desarrollo cerebral y emocional. Por el contrario, a los bebés a quienes si se les carga y acaricia con frecuencia desde su nacimiento, crecen más y su cerebro se desarrolla óptimamente.

El amor y el afecto que tengamos y sintamos hacia los demás sin duda los ayudan y los benefician. De la misma manera, y quizás más importante aún, el amor y el afecto que nos tengamos a nosotros mismos, nos ayuda, nos hace bien, y nos permite manejarnos en el mundo de una manera que nos permite responder más y reaccionar menos.

El cariño, el afecto y el amor son emociones positivas que nos ayudan a ver el mundo con otros ojos, y al hacerlo desactivan nuestros patrones de reactividad emocional. ¡Es cierto que el afecto y el cariño cambian nuestra mente! Vemos de manera diferente a la gente cuando sentimos cariño. Perdonamos más fácilmente cuando sentimos afecto.

Entendemos mucho mejor las cosas cuando amamos. Es verdad que este libro no es un tratado sobre el 'arte del amor', sin embargo, es imposible negar el impacto que tiene el afecto y el cariño en nuestra forma de construir la realidad y la forma de manejarnos en nuestros asuntos diarios.

Gratitud

Sentir gratitud es experimentar un gozo interior por un bien recibido, una promesa cumplida o una palabra en el momento oportuno. La gratitud nos mueve a la generosidad; nos permite sentirnos merecedores de la 'gracia' recibida. Sin la gratitud difícilmente se llega a experimentar felicidad por lo que se tiene. El agradecimiento nos permite ver lo bueno que hay en cada día. La gratitud por los pequeños y grandes beneficios y dones que recibimos, es una característica típica de las personas que saben responder. La gente que está contenta con su vida es más agradecida, y la gente agradecida está más contenta con su vida.

Entrenarnos para reconocer los dones que recibimos a diario, nos dispone para enfrentarnos con la vida de una manera más positiva. Tomar nota de cada una de las bendiciones que recibimos a diario, va modelando en nosotros mismos una actitud más serena y agradable. A una persona pueden ofrecerle tomarse un vaso de agua y puede sentirse agradecido; pero a otra persona pueden ofrecerle una copa del mejor vino y puede sentirse desdichada y no tomada en cuenta. Una persona puede sentirse agradecida de tener una agradable conversación casual de regreso a casa en el trasporte público. Otra persona puede estar participando en una deliciosa conversación con un grupo de amigos y sentirse vacía o molesta.

La gratitud nos invita a responder de la misma manera que la ingratitud y la envidia nos empujan a reaccionar. Probablemente, aparte de un sentimiento, la gratitud es una forma de ver el mundo. La ingratitud y su hermana mayor, la envidia, nos alejan del bienestar y la tranquilidad que nos trae la gratitud. Cada vez que envidiamos aquello que los demás tienen, hacen o logran conseguir, hacer o experimentar, sentimos también una combinación de emociones negativas. Enojo, desprecio, disgusto, culpa, auto recriminación y hasta ira. Sentimos ira hacia nosotros mismos porque no hemos sabido conseguir lo que la otra persona tiene; o ira contra la persona que tiene aquello que nosotros deseamos. O sentimos disgusto en contra de las circunstancias que permiten a la persona obtener lo que nosotros quisiéramos y no tenemos, y contra las circunstancias que a nosotros nos lo impiden.

Con una disposición hacia el agradecimiento por todo lo que la vida nos presenta en cada momento, poco a poco generamos una actitud que se va convirtiendo en una práctica espiritual que transforma nuestra manera de pensar y actuar. Pasamos a ser capaces de reconocer la gran cantidad de dones y beneficios que recibimos constantemente en cada momento de nuestra vida. El agradecimiento es un antídoto eficaz contra algunas de las tendencias negativas que nos llevan a reaccionar, como buscar culpables o compararnos con los demás. La gratitud depende de nosotros mismos, de la forma como veamos las cosas. Respirar, ver, caminar, escuchar, entre otras cosas sencillas, son todos dones de los que ponemos sentirnos muy agradecidos. Probablemente son muchas las cosas de las que podríamos estar genuinamente agradecidos en este momento, y el solo hecho de notarlas puede ayudarnos a desarrollar una disposición que nos aleja de las reacciones automáticas.

El Gozo

Para entender qué es el gozo quizás podríamos empezar diferenciándolo del placer. Aunque comparten ciertas características, estas dos emociones tienen claras diferencias. El placer tiene que ver con la satisfacción de una necesidad material y tiende a ser momentáneo. El gozo tiene que ver con la satisfacción de una necesidad más espiritual y tiende a ser más duradero. Algunas personas dicen que el placer viene de afuera y va hacia dentro, mientras que el gozo viene de adentro y va hacia fuera. De la manera que lo queramos ver, responder tiene que ver más con el gozo que con el placer.

Sentir gozo genera una especie de escudo impermeable alrededor de nosotros, que nos hace ver la vida con otros ojos. Sentir gozo es consecuencia de vivir la vida de manera ordenada, acorde con los principios en los cuales creemos, con metas, planes y dirección. Aún cuando a primera instancia nos parezca etéreo, el gozo es una emoción muy real y concreta. Sentimos un atisbo de gozo cuando meditamos y serenamos nuestra mente, alejándonos por un rato del bullicio diario; o por ejemplo cuando presenciamos con asombro un atardecer, extasiados de agradecimiento y satisfacción.

Sentir gozo es desarrollar una sensibilidad para sintonizarnos con las experiencias y los momentos especiales de la vida, y estar dispuestos, atentos y presentes para experimentarlos. Cuando estamos gozosos nos sentimos plenos, llenos, tranquilos e imperturbables y es muy difícil que construyamos la realidad a través de los hábitos venenosos.

La Esperanza

¿Qué hace que una persona se sienta esperanzada y otra no? La esperanza tiene que ver con la capacidad para definir metas, con la selección de la ruta para alcanzarlas y con la motivación necesaria para caminar por ese trayecto. Sentir esperanza es una decisión personal que no tiene que ver ni con la inteligencia ni con el poder económico que tenemos. Gente adinerada puede sentir muy poca esperanza y gente con muy pocos recursos económicos puede sentir mucha. Sentir esperanza tiene que ver con cómo trabaja nuestra mente ante un obstáculo. Las personas con buen nivel de esperanza, planifican cómo superar ese obstáculo y deciden qué camino tomar. Las personas que dicen sentir menos esperanza, ante ese mismo obstáculo, reaccionan de diferentes maneras y tienen pensamientos auto derrotantes como 'es mi suerte' o 'no puedo evitarlo'.

Dicen que Rick Snyder era un profesor espectacular. Aquellos que trabajaron con él o fueron sus estudiantes comentaron, después de su muerte, cómo los había apoyado en su desarrollo profesional y cómo el profesor Snyder era capaz de encontrar un ángulo positivo a todas las cosas y mantener una actitud positiva frente a los retos y problemas que se presentaban. Lo que muchos no sabían era que Richard Snyder luchó con dolores físicos crónicos terribles por más de 15 años, y que aún así se había convertido en uno de los pocos especialistas renombrados en el estudio de la esperanza. Como uno de los fundadores de la psicología positiva, su contribución al estudio de la esperanza permitió que la comunidad científica la viera como un tema de estudio importante dentro de la psicología.

El Dr. Snyder comprobó, a través de muchas investigaciones y libros, que las personas que dicen sentir un alto nivel de esperanza, se desempeñaban mejor en el trabajo, son capaces de volver a empezar más rápido luego de un fracaso; y son capaces de reinventarse a sí mismas más rápido después de tener una catástrofe personal. A través de diferentes estudios, descubrió cómo podíamos ayudarnos a nosotros mismos, educándonos a sentir y actuar con esperanza. Esto tiene un impacto lento pero profundo sobre nuestra disposición para responder o reaccionar. Cuando nos sentimos esperanzados estamos de mejor ánimo y nuestros hábitos mentales tienden a ser más bondadosos que venenosos. Cuando sentimos esperanza los filtros de la percepción que procesan y editan la información son más benévolos. De esta manera la esperanza nos ayuda a responder.

El Optimismo y el Entusiasmo

El optimismo y el entusiasmo son emociones y actitudes que destilan las personas que están contentas con sus vidas. Se trata de una visión de la vida que se caracteriza por una forma de enfrentarse al mundo y a las relaciones de manera abierta y flexible, dispuesta y positiva. La ciencia ha descubierto que las personas más optimistas, producen más dopamina, serotonina y oxitocina, que son neuroquímicos del placer que generan una sensación de bienestar en los seres humanos.

Todos podemos aprender a ser un poco más optimistas y más entusiastas realizando actividades que aumenten estos neurotransmisores en nuestro cerebro. De hecho podemos literalmente aumentar la producción de estos neuroquímicos en tanto y en cuanto practiquemos ciertos ejercicios y cambiemos algunos de nuestros hábitos y nuestra forma de pensar. Al hacerlo disminuimos nuestra tendencia a reaccionar.

Las investigaciones en psicología positiva han demostrado que las personas optimistas consideran los eventos negativos en su vida como momentáneos, controlables, específicos, locales, superables y sobre todo, que no son su entera responsabilidad. Las personas negativas ven los eventos negativos que les suceden como algo permanente y producto de su responsabilidad, y tienden a reaccionar impulsivamente y a ser poco entusiastas.

El Altruismo y la Generosidad

Dicen que dar es mejor que recibir... Y quizás es cierto, pues las personas generosas comentan cuán bien les hace dar. Hay muchas formas de ser generosos: Somos generosos en lo material, cuando damos algo a quien lo necesita. O en lo emocional, cuando comprendemos las situaciones de los otros. Somos generosos con nuestro tiempo, cuando disponemos de espacios para dar atención a otras personas.

Somos generosos con nuestros talentos, cuando compartimos nuestros conocimientos con los demás. También somos generosos en nuestro trato con los demás, cuando somos capaces de dar una sonrisa a la persona con la que nos encontramos. Dar a los demás algo que tenemos o algo que es nuestro, nos hace bien y nos estimula a entrar en una actitud de abundancia. Nuestro cerebro recibe el mensaje: "¡hay para todos... podemos compartir!", y eso genera una emoción de tranquilidad.

Me llena más cansarme con otros que descansar solo
Cuando estaba por terminar mis estudios de licenciatura en psicología, el Fraile dominico Manuel Santiago Blanquer era capellán de la Universidad Santa María La Antigua. Al ver que no encontraba la concentración para terminar de escribir la tesis de licenciatura, la etapa final para recibirme como psicólogo, Manolo tuvo la audacia de invitarme a vivir por un tiempo en el convento, Allí me podían ofrecer, dijo Manolo, en préstamo, una celda con cama y escritorio, para que pudiera terminar de escribir los resultados de la investigación que había hecho para ayudar a aprender a leer a niños con dificultades de aprendizaje.

La experiencia resultó determinante en mi formación. El ambiente de silencio, serenidad, estudio y reflexión que predominaba en el convento, combinado con la vida en familia de los frailes, me encantó. Estudiaba y escribía todo el día, y en la noche, a la hora de la cena, compartía con los frailes del convento, escuchando sus vivencias, alegrías y tristezas del trabajo del día. Esos cinco meses dejaron una huella permanente en mi forma de aproximarme al trabajo y en mi forma de ver la vida.

Viviendo en el convento, entablé amistad con otro fraile. Miguel Ángel Arrasate era un hombre muy delgado, con unas facciones finas que apenas se podían intuir por debajo de una profusa barba negra, rala y larga. Se la pasada el día caminando por las veredas montañosas del pueblo de Alcalde Díaz, de casa en casa, visitando ancianos o enfermos, ministrando a los necesitados, y en las noches estudiando, reflexionando y preparando las homilías o coordinando los grupos de estudio de jóvenes en la comunidad. Emanaba una combinación entre sacrificio y gozo; entre generosidad y satisfacción personal.

Como todos los frailes del convento, Miguel Ángel se levantaba de madrugada, después de haber estudiado durante la noche, y después de haber dormido pocas horas. Desayunaba apenas un café, una tostada de pan y un cigarrillo. Una vez que Miguel Ángel estaba enfermo y que de todas maneras iba a salir a trabajar le pregunté: "¿por qué no te quedas hoy y descansas un rato? mañana puedes volver a caminar y visitar..." Miguel Ángel me contestó: "lo que pasa es que cuando regreso en la noche, aunque vuelva hecho tiritas del cansancio, estoy alegre, pleno y feliz... De alguna manera, aunque esté enfermo, me llena más y me da más satisfacción el cansarme y gastarme apoyando a otros, que el descansar tranquilamente en la casa".

Esos meses que conviví con los frailes dominicos me ayudaron a comprender mejor aún cómo la generosidad nos hace más humanos, y cómo dar algo de nosotros: un abrazo, una hora, una sonrisa, un aliento, nos aleja de la reactividad emocional.

Preguntas, reflexiones y ejercicios del capítulo 9

1. Haz un inventario de las emociones positivas que experimentas cada día

Primero, familiarízate con las emociones positivas. Recuerda que es más fácil notar aquellas emociones negativas a las que estamos acostumbrados. Luego, identifica momentos concretos, reales, en los que has sentido cada una de las emociones positivas que se enumeran adelante. Nota y profundiza qué experimentabas al sentirlas y qué pensabas en esos momentos.

Haz el propósito de notar los momentos en que sientes interés, tranquilidad, optimismo, esperanza, alegría, afecto, amor o generosidad. Haz un esfuerzo por crear una disposición y una actitud positiva para sentir y notar estas emociones. Aprovecha las oportunidades que se te presentan de expresarlas y sentirlas. Anota las situaciones en que las experimentas y desarrolla una actitud expectante frente a la posibilidad de expresar o sentir alguna de ellas en el momento presente.

2. Observa a una o dos personas optimistas y positivas

Elige a una o dos personas optimistas o positivas que conozcas y nota cuál es su estilo de manejarse en las situaciones del diario vivir. Nota a qué deciden ponerle atención y de qué temas hablan. Nota cómo se concentran en algunos temas y cómo evaden otros temas. Observa y trata de dilucidar cuál es el mecanismo que usa su mente para sortear entre el mar de estímulos al cual todos estamos expuestos y elegir los más agradables. Intenta mentalizar su forma de ver la realidad.

3. Olvídate un poco de ti mismo

Está comprobado que los momentos en los que nos sentimos más felices no estamos pensando en nosotros mismos. Todo lo contrario, estamos involucrados con el mundo y las otras personas y nos hemos olvidado de nosotros mismos. De hecho, las investigaciones científicas demuestran que las personas manifiestan estar más contentas cuando están enfocadas en los demás. Ya sea conversando con otras personas, trabajando, o haciendo alguna actividad con ellas, o dedicándose a una tarea que nos interesa y nos motiva, es en esos momentos que las personas comentan sentirse mejor.

Lo contrario, como hemos visto, es terrible: enfocarnos demasiado en nosotros mismos no nos genera placer. Enfocarnos en cómo nos sentimos o en cómo el mundo ha sido bueno o no con nosotros no nos trae serenidad ni paz. La depresión muchas veces es el resultado de estar constantemente enfocándonos en nosotros mismos y en las cosas negativas que están pasando o que creemos que están pasando. Por eso, enfócate en los demás, olvídate un poco de ti mismo y disfruta o atiende a otras personas.

4. Dibuja en un papel una caricatura de tus reacciones

Intenta dibujar, aunque sea con monigotes, una caricatura de los momentos en los que reaccionas automáticamente. Toma en cuenta que la capacidad de reírnos de nosotros mismos es un poderoso antídoto contra el corto circuito que se genera en nuestra mente milésimas de segundo antes de cada reacción. Trata de ver tu predicamento de manera caricaturesca, por el lado absurdo y exagerado, y ríete de ti mismo.

Por otro lado, imagínate de qué manera un comediante de algún programa de chistes y risas, convertiría tus reacciones impulsivas en un material para sus escenas. Imagina tus momentos de reacciones en el pasado de manera exagerada, irreverente y hasta burlona, y aprende a reírte de ti mismo. Por ejemplo, elige una situación en donde hayas reaccionado recientemente, como alguna situación donde reaccionaste mientras conducías el auto; o toma una situación en la que frecuentemente te encuentres reaccionando una y otra vez. Imagina cómo un comediante te representaría; qué gestos tuyos haría de manera exagerada, cómo movería su cuerpo para representar tu reacción automática e impulsiva.

Esta imagen te puede servir para reducir tu reactividad y verte a ti mismo de manera diferente. Con esa imagen en mente dibuja, de la mejor manera que puedas, una caricatura de cómo te veías en el momento de la reacción. Una vez que la tengas, no te preocupes por lo estético, por lo proporcionado, por lo bien o mal dibujado que éste, solo observa la caricatura y trata de que describa, de manera exagerada, las emociones que sentías en ese momento. Solo mira la caricatura que has hecho.

Observa cómo describe lo grotesco, o lo exagerado o lo irracional de tu conducta reactiva. Solo piensa en cómo te sientes contigo mismo cuando estás teniendo esa reacción. Por ejemplo, si tu reacción es de sobresalto, haz una caricatura con los ojos bien abiertos... Si la reacción que quieres representar es de ira, muestra la boca abierta y los dientes feroces en la caricatura que estás haciendo de ti mismo... Practica dibujando la caricatura de la situación donde reaccionaste.

Por ejemplo, un paciente, dibujó una caricatura de una discusión que tuvo. El dibujo fue muy valioso para él. Se dibujó con los ojos desorbitados y manoteando; pero también había dibujado a su esposa, cabizbaja agotada y confundida. Así era como él se ponía cuando reaccionaba. Ver su propia caricatura le ayudó a estar más consciente y desactivar el patrón de reacción agresiva que tenía cuando se sentía frustrado porque las cosas no eran como él quería.

5. Conviértete en un Biófilo

Hay algo especial en la naturaleza que nos alimenta, nos nutre y nos restaura. A las personas nos gusta estar en contacto con el mundo natural y con la naturaleza. Desde siempre los poetas y los artistas se han encargado de recordarnos lo importante que es el contacto con la naturaleza. Ahora sabemos que ese contacto es importante para la salud mental. Cuando estamos frente a situaciones de estrés sabemos que entrar en contacto con la naturaleza nos puede restaurar la tranquilidad y ayudarnos a tomar mejores decisiones.

Sabemos que el contacto con todo lo que está vivo es gratificante. Los enfermos se recuperan más rápido si su cuarto en el hospital tiene una ventana que da al bosque o si pueden ver el cielo. Los pacientes deprimidos muestran mejoría cuando hacen largas caminatas en el bosque o frente al mar. Sea que te guste cultivar peces tropicales y plantas de acuario en peceras y estanques, como a mí, o que disfrutes de acariciar a tu perro, o te guste salir a pasear por el parque disfrutando de los diferentes tonos y colores que tienen las plantas y árboles, estar en contacto con la naturaleza te ayuda a mantenerte sereno y a llenarte de energía positiva. Si acaso estás muy reactivo intenta entrar en contacto con la naturaleza, o compra algunas plantas y cuida de ellas un rato cada día. El contacto con la naturaleza puede ser un antídoto contra nuestras tendencias a reaccionar impulsivamente.

6. El humor en el palacio presidencial

Lenin Moreno es ecuatoriano, administrador de empresas y ha estado involucrado en la industria del turismo por muchos años. En los últimos años, se ha convertido también en escritor, conferencista y orador motivacional. Esto gracias a que, durante un asalto en 1989, una bala penetró su columna vertebral y lo dejó paralítico. Moreno ha sido también Vicepresidente de Ecuador. Y hoy es el Presidente de ese país suramericano. Moreno estuvo al borde de la muerte y se recuperó. Pero los dolores que sufrió los años posteriores fueron terribles, hasta que descubrió la Risoterapia y se dio cuenta como la risa hacía que pudiera tolerar su dolor mucho mejor.

Sus planteamientos sobre la importancia de la risa, el buen humor y el buen trato en las relaciones humanas desde su cargo primero como vicepresidente y actualmente como Presidente del Ecuador, son curiosos: su agenda de trabajo incluye el desarrollo de un programa nacional para mejorar el humor en las instituciones públicas, como una forma de mejorar la calidad de vida y la calidad del servicio que reciben los ciudadanos. Lenin Moreno entró por el dolor a la risa, y por la risa a la política e interesantemente ha traído el humor a la palestra de la salud pública en América Latina.

Muchas investigaciones realizadas en los últimos años comprueban que la mayor parte de las personas que quedan parapléjicas luego de un accidente logran recuperar su ánimo y comentan sentirse tan o más felices que antes luego de un año después del accidente. La clave es que logran ver las cosas desde un ángulo diferente. ¿Acaso no te genera interés ver que el tema del humor sea tan importante para evitar la reactividad emocional? O que Lenin Moreno considere que la alegría es un tema relevante en el desarrollo social del Ecuador? ¿Cómo cambiarían tus reacciones automáticas si tú tuvieras el humor y el optimismo de una persona como Moreno?

7. La "sonrisa interior"

Hay una técnica milenaria que maestros de oriente practican asiduamente: mantener los músculos de la cara haciendo una ligera sonrisa, aún en momentos en donde tu reacción sería todo lo contrario. Cada vez que puedas, simplemente hacer un gesto de sonrisa serena, no una mueca de burla ni una sonrisa sarcástica, sino solamente una sonrisa de tranquilidad y de aprobación. La insistencia en sonreír o la admonición católica de "estad alegres siempre" parece tener su razón de ser neurológica: al estar sonreídos creamos una especie de 'corto circuito' neuronal que dificulta que se perpetúen los estados anímicos negativos, el mal humor y el sesgo hacia ver todo lo que nos ocurre como funesto o sombrío, lo que nos llevaría a reaccionar.

Nuestra motivación a sonreír de ahora en adelante provendrá de que sabemos que el dicho de "la sonrisa no hace únicamente bien a quien la recibe, sino también a quien la da" es cierto desde el punto de vista más estricto de la ciencia. Sonreír produce endorfinas, porque desconecta, dentro del cerebro, los circuitos negativos que arrastran nuestra atención y la focalizan hacia los aspectos negativos de la realidad. De alguna manera, se podría decir que el acto de sonreír le manda un mensaje a la amígdala cerebral de que 'se puede quedar tranquila, que todo está bien y que no hay peligro'.

8. Escribe veinte cosas por las que estés agradecido hoy

Como una práctica de higiene mental es saludable buscar cosas por las que estamos agradecidos. Aún cuando ocurran situaciones que nos desagraden, cada día también ocurren, y somos testigos, de cientos de pequeñas bendiciones. La mayor parte de las veces no nos damos cuenta de la suerte que tenemos, y damos por descontado muchas cosas que hacen nuestra vida mejor. Por eso, la técnica conocida como Contar Bendiciones, es eficaz para ayudarnos a desarrollar el agradecimiento, y una mejor disposición diaria, que nos ayuda a responder. Cuando estemos negativos, o tristes o decaídos, es saludable buscar 20 cosas por las que estemos agradecidos. Si la actitud negativa más fuerte es en el trabajo, sugiero que hagas esto cuando llegues al trabajo todos los días. Si es en el hogar, pues al levantarse en la mañana, o al regresar en la tarde.

Cuando le pido a mis pacientes que hagan esto, con frecuencia recibo comentarios positivos sobre cómo este ejercicio los dispone para recibir con las manos abiertas los dones que les regala la vida, les ayuda a sentirse agradecidos y a tener una actitud más benévola con las personas y consigo mismos.

9. Olvida el juguete nuevo y fortalece los vínculos de amistad

La profesora de psicología Nancy Segal, de la universidad de Fullerton en California, dice que si queremos ser más felices nos olvidemos de buscar conseguir cosas materiales y hagamos cosas que nos llenen el alma. Y en los primeros lugares de la lista de las cosas que nos da felicidad están las relaciones con los amigos y familiares. Segal sostiene que las relaciones interpersonales con amigos sinceros proporcionan alegría de manera que las cosas materiales no pueden hacer. El mejor predictor de nuestro nivel de felicidad y satisfacción con nuestra vida es la cantidad de tiempo que pasamos con nuestros amigos y familiares. Si estamos reaccionando, bien vale la pena hacer un esfuerzo por aumentar el tiempo que pasamos en relaciones satisfactorias con amigos y familiares.

10. Practica actos aleatorios de generosidad

Sal fuera de tu camino aunque sea por cinco minutos y encuentra al otro que está necesitando algo de ti. Hazlo una vez al día. Ayuda a alguien que no conozcas. Si puedes, involúcrate en alguna actividad caritativa. Participa en algún club de ayuda a los demás. Inscríbete para dar alimentos a los pobres una vez por semana. Ayuda a alguno de tus parientes que estén mayores o que pasen mucho tiempo solos. Toma nota mental para estar en disposición de ayuda cuando estés en el trabajo o en la calle. Además, observa a las personas que ayudan a los demás: ¿cómo parecen sentirse? Observa si la actitud de ayuda los dispone a actuar de manera reactiva o más bien actúas con mayor reflexividad y hasta serenidad.

11. Los 10 Mandamientos del Optimista

Bajo el título de "Prométete a ti mismo" en 1912, Christian Larson, escribió las líneas que aparecen más abajo. Larson era un emprendedor que escribió varios libros. Su escrito fue seleccionado para convertirse en el Credo del Optimista, y desde 1922 hasta el día de hoy los clubes "Optimista Internacional" han usado y leído ese texto para guiar su forma de manejarse en todos los asuntos de la vida, y ha sido leído por miles de personas.

Prométete a ti mismo:

- Ser tan fuerte que nada pueda perturbar tu paz mental.
- Hablar sólo sobre salud, felicidad y prosperidad a cada persona que conozcas.

- Hacer que todos tus amigos sientan que hay algo especial dentro de ellos.
- Ver el lado soleado de cada cosa y hacer que tu optimismo se haga realidad.
- Pensar solo lo mejor, trabajar solo por hacer lo mejor, y esperar solo lo mejor.
- Ser tan entusiasta acerca del éxito de los demás como el éxito tuyo propio.
- Olvidar los errores y penas del pasado y luchar por los grandes logros del futuro.
- Mantener una actitud alegre en todo momento y brindarle a cada criatura viviente que hallemos en nuestro paso una sonrisa.
- Dedicar tanto tiempo a tu fortalecimiento personal que no tengas tiempo de criticar a los demás.
- Ser demasiado grande para preocuparte, demasiado noble para encolerizarte, demasiado fuerte como para temer, y estar demasiado contento como para permitir el conflicto.

¿Cuáles entre los 10 mandamientos del Credo del Optimista te llaman más la atención y por qué? ¿Cuál de estos 10 mandamientos haría el mayor cambio en tu vida y en tu forma de responder o reaccionar si lo practicaras frecuentemente?

12. Haz una visita de agradecimiento

Martin Seligman recomienda está actividad para aumentar la cantidad de emoción positiva en las personas. La idea es pensar en alguna persona que con su influencia en nuestra vida haya causado una diferencia enorme y positiva en nuestra vida. Lógicamente debe ser una persona que aún viva y a la cual nunca hayas agradecido propiamente. Seligman dice que los niveles de gratitud están muy relacionados con la alegría y la felicidad que uno siente. Mientras más gratitud expresas, más feliz te encuentras. Lo primero que debemos hacer es un pequeño escrito que relate lo que esa persona hizo por ti y adónde se encuentra tu vida en este instante producto de esa acción.

Se trata de escribir cómo lo que esa persona hizo por ti causó una diferencia en tu vida. Finalmente llama a esa persona y dile que quieres visitarlo o que él o ella venga a visitarte, pero sin decirle qué tema vas a hablar con ella. Cuando la persona llega le explicas y le lees el testimonio. Seligman asegura que una actividad tan sencilla como esa es capaz de aumentar el bienestar emocional de manera sensible y por demás favorecer nuestra capacidad de responder.

13. Renuévate y reconéctate contigo mismo.

Si estás reaccionando mucho en la casa o en el trabajo puede ser que estés "perdido de ti mismo". Muchas veces el burnout surge de una falta de consciencia, consideración y respeto por nuestros propios sentimientos, necesidades, valores y metas en la vida. Algunas formas de reconectarse son:

a. Dedica tiempo para reflexionar sobre a dónde se dirige tu vida. Hazte consciente de tus necesidades personales, haciendo el esfuerzo de cuidar tu autoestima, viendo a dónde vas con tu vida y a dónde quieres ir con ella.

b. Mantén contacto con tu visión de la vida, tus ideales, tus sueños y pon tus actividades diarias en el contexto de tu proyecto de vida.

c. Desarrolla tu intuición como una herramienta personal de crecimiento. Ella aumentará tu creatividad y tu capacidad para resolver problemas y complementará tu pensamiento racional.

10. HACER LAS PACES CON LA REALIDAD

Los hábitos bondadosos

Para responder hay que hacer las paces con la realidad. Viendo pros y contras de cada situación; tomando en cuenta la perspectiva de la otra persona y describiendo las cosas objetivamente. Tu haces las paces con la realidad cuando entiendes que la gente ve las cosas diferente a como las ves tú.

Hacer las paces con la realidad es no tomar nada personal. Cuando sentimos que una situación negativa es un acto contra nosotros y creemos que tenemos derecho a reaccionar impulsiva, agresiva o violentamente, probablemente estamos personalizando la realidad. No tomar nada personal significa aceptar las cosas como son y poner a dormir al juez que todo lo evalúa y todo lo compara. Finalmente hacer las paces con la realidad es dejar de distorsionar la realidad con pensamientos negativos y en su lugar reflejarla tal como es.

Los hábitos venenosos nos mantienen entretenidos buscando culpables. Nos ponen en guerra con las situaciones, las personas y las cosas que son desagradables, molestas, inesperadas, intensas, atemorizantes o desconocidas. Los hábitos bondadosos son el antídoto que nos lleva a estar en paz con estas experiencias y a hacernos dueños de nuestra vida. Lo que hizo la mujer del próximo ejemplo, ilustra el resultado del uso de los Hábitos Bondadosos. Los hábitos bondadosos ayudan a construir mejor la realidad. Bajan el nivel de reactividad y nos acercan a un estado de tranquilidad en donde nos sentimos serenos. Por tanto, estos hábitos desarrollan nuestra capacidad de responder.

Le compré un jugo y me fui

Constanza acudió a mi consulta buscando ayuda con su relación sentimental. Me narró que su novio bebía mucho, y cuando lo hacía se ponía impertinente. Esto la sacaba a ella de sus casillas, que se desesperaba y comenzaba a gritarle al novio. Constanza me contó que en esta ocasión había sido diferente. Ese día era el 31 de diciembre y Constanza quería pasar el día tranquila, revisando cada uno de los eventos, bendiciones, retos y aprendizajes que había vivido en el transcurso de todo el año. Durante la noche quería tener un tiempo para meditar y prender unas velas..., leer la Biblia, abrir la carta que se había escrito a ella misma el año pasado y reflexionar sobre el año que terminaba. El novio quería participar también con ella en esa especie de ritual íntimo, pero había dicho que primero pasaría un rato con unos amigos y después, a eso de las 10:00 p.m., se encontrarían y compartirían el resto de la velada juntos. Acordaron que así sería, como lo habían hecho muchas veces antes.

Mientras conducía para ir a buscarlo, Constanza iba pensando cómo estaría su novio... Cuando lo recogió, el novio ya estaba pasado de tragos. Constanza me comentó: "Él ya estaba inservible, y me molesté muchísimo porque yo le había dicho que yo lo hacía sola..., pero él había insistido en acompañarme, me había pedido que lo pasara a buscar, ¡y ahora estaba borracho!" Luego prosiguió: "En vez de empezar a gritarle y reclamarle, lo llevé a su apartamento y lo dejé acostado en la cama... le compré un jugo y me fui, sin reclamarle nada".

Esa noche, Constanza llegó a su casa, y aunque era tarde y estaba cansada, encontró la forma de serenarse... Puso música relajante, prendió sus velas aromáticas y se dedicó a conectarse espiritualmente con Dios y consigo misma. En fin, pudo tener una noche, tranquila y en paz. Leyó su carta y reflexionó sobre lo que había sido el año. Al día siguiente Constanza recibió la llamada de su novio, que le pedía disculpas, pero ella ni se inmutó en entrar en reclamos ni se permitió perder tiempo oyendo excusas.

El hábito de integrar la realidad (en lugar de escindirla)

Las personas que integran la realidad responden con naturalidad. Pocas veces su mente les hace la trampa de escindir la realidad. Así la vida es más fácil, son dueños de su carácter y poseen una personalidad envidiable. Para todos los demás, que no tenemos esa capacidad tan desarrollada, la tarea consiste en estar conscientes de la eventual presencia de escisiones en nuestra forma de construir la realidad y fortalecer nuestros hábitos bondadosos a través de la práctica.

Como hemos visto, hay muchas formas de escindir mentalmente la realidad: a veces lo hacemos contra nosotros mismos y a veces lo hacemos contra las características de los compañeros de trabajo, parientes, padres, hijos, lugares, o instituciones. Cuando nos sentimos abandonados o rechazados, hacemos una escisión de la realidad y nos olvidamos de los aspectos positivos. Otra forma de hacer escisión, es enfocarse en las faltas de los demás. Por lo tanto, una forma de integrar la realidad es, sin olvidar las áreas en que diferimos, enfocarse en las cosas que tenemos en común con los demás y en sus cualidades.

Entre los ejercicios que nos ayudan a integrar la realidad, en vez de escindirla está el buscar objetivamente formas alternas de ver las cosas, o al tratar de ver ambas caras de la moneda. También integramos la realidad cuando nos resistimos a reaccionar y en su lugar tratamos de hacer lo opuesto. Hacer preguntas que nos ayuden a ver las situaciones desde diferentes ángulos permite integrar y hacer más completa nuestra visión de las cosas. Practicar el llamado método socrático es una forma de integrar la realidad. A través de las preguntas socráticas, vamos logrando ver las situaciones desde diferentes puntos de vista. Forzarnos sutilmente a hacer lo opuesto a lo que la reacción automática nos dicta, también nos ayuda a tener una visión integral de una situación. Logramos integrar los aspectos positivos y negativos de la realidad, cuando somos capaces de 'ver ambas caras de la moneda' en todas las situaciones de la vida.

El hábito de no tomar nada personal (en vez de personalizar la realidad)

Sabemos que el mundo no gira alrededor de nosotros... pero se nos olvida. La tendencia a personalizar la realidad siempre está presente. Construimos la realidad alrededor de nuestro punto de vista, en donde todo lo que ocurre, sin querer o queriendo, tiene que ver conmigo. Yo soy el personaje más importante de la historia. Casi siempre nos damos más importancia de la que realmente tenemos, pero creer que somos especiales o importantes no es signo de tener una autoestima alta, sino de todo lo contrario. Una autoestima alta es saber que mi importancia, mi contribución y mi brillo entre mi red de interrelaciones es totalmente relativa.

En verdad somos únicos, es cierto, pero por otro lado, somos parecidos a los demás y no somos 'la gran cosa'. Si el sentimiento de valor personal no viene acompañado de humildad y de la capacidad de reconocer que, en efecto, no somos más que el centro de la historia que nosotros mismos contamos, corremos el riesgo de personalizar la realidad y caer en el narcisismo.

Al personalizar la realidad nos tomamos muy a pecho lo que los demás tienen que hacer para complacernos. Nos sentimos ofendidos por cosas nimias y sin importancia, y nos involucramos en historias y temas que no tienen nada que ver con nosotros. Tal es el caso de un hombre que va a un almacén en busca de una camisa, la encuentra, pero se impacienta cuando la vendedora no lo atiende a la velocidad y de la manera que él deseaba. Al final se retira del almacén sin haber comprado lo que había ido a buscar. ¿quién salió perdiendo?

Cuando personalizamos la realidad decimos expresiones como: ¿por qué me hace esto a mí?... No hay nada de malo en que actuemos como si fuéramos el personaje principal de la obra..., siempre y cuando recordemos que es sólo una ilusión. En estas circunstancias es menester quitar el pronombre personal "me" de todas las oraciones... Como en el ejemplo: "el tipo se "me" metió en el estacionamiento" o "ella no me quiso acompañar". Tenemos que volver a pensar las oraciones sin esa palabra: "el tipo se metió en el estacionamiento..."; "ella no quiso venir".

Cuando evitamos tomar las cosas de forma personal, no nos "enganchamos" con la gente: ni con una señora que está siendo descortés, ni con el compañero no nos está tomando en cuenta, ni con el pariente que no muestra interés en ayudarnos en algo que necesitamos. En vez de eso pensamos cosas como "quizás está teniendo un mal día y por eso no es cortés" o "¿quién sabe?... quizás no ha tenido quién le enseñe algo mejor". Básicamente, aceptamos que hay diferentes explicaciones a la conducta de las personas. De este modo, cuando un subalterno en el trabajo no está actuando como nosotros le hemos indicado, puede deberse a que no entendió nuestra solicitud, o a que tenga alguna preocupación que se lo impide, o simplemente no sabe o no quiere hacerlo. En esencia, no nos permitimos el lujo de interpretar lo que las otras personas hagan o no hagan, como algo que tiene que ver con nosotros. No personalizar es un antídoto contra las reacciones impulsivas.

Steven Covey narra un ejemplo dramático de cómo aprendió a no personalizar la realidad y a tratar de entender a la otra persona primero. Cuenta en uno de sus libros, que un día iba en el Metro y en frente de él venía un hombre de edad media acompañado de dos niños menores de 10 años. Los niños, evidentemente sus hijos, estaban correteando en el vagón, haciendo ruido y gritando mientras se molestaban el uno al otro. El famoso autor no podía creer que este hombre no hiciera nada para controlar a sus hijos y evitar así molestarlo a él y a los demás en el tren. Luego de varios minutos, irritado ya, decidió hablarle al hombre y decirle que hiciera algo con sus hijos, que si no se daba cuenta que estaban incomodando a los demás pasajeros. En ese momento el hombre salió del mundo de sus propios pensamientos y, casi como un zombi, le dijo que lo sentía, que disculpara la incomodidad, que venían saliendo del hospital donde su esposa, la mamá de los niños acababa de morir de cáncer, y que él venía absorto pensando cómo iba a seguir adelante sin ella. Covey fue entonces quien pidió disculpas y se interesó en las necesidades del hombre y sus hijos.

Como muy bien lo explica él mismo, su perspectiva cambió cuando comprendió la situación de este extraño. Pudo mentalizar y comprender cómo se sentía el otro señor. Al dejar de personalizar las cosas podemos evitar reaccionar automáticamente y entender las necesidades de las otras personas.

Practicar el mindfulness, o tomar la perspectiva de los otros; tratar de mentalizar los pensamientos de las otras personas, y aprender a dudar un poco de nuestra propia certeza, nos puede ayudar a no personalizar. También nos puede servir recordar el pausar, pensar, ponderar antes de proceder y dar tiempo a que el centro ejecutivo del cerebro sopese explicaciones alternativas.

Así como el personalizar la realidad nos lleva a sentirnos el centro de todo y a actuar impulsivamente, existen otras ocasiones en donde no tomar nada personal es necesario para evitar aislarnos, congelarnos y no hacer valer nuestros derechos. Es el caso de las personas que tienen dificultades para expresar asertivamente sus puntos de vista y necesidades.

La comunicación asertiva

Es nuestra responsabilidad educar a nuestros amigos y compañeros de trabajo para que nos respeten, pero debemos hacer esto sin ser ofensivos. Simplemente queremos que nos traten con decencia y humanidad. Algunas personas con poca capacidad de hacer valer sus derechos y de cuidarse de sí mismas reaccionan congelándose o aislándose cuando en verdad desearían y deberían expresar su opinión, marcar su territorio, solicitar una colaboración, o detener a la persona que se aprovecha de ellos. O luego, reaccionan impulsiva o agresivamente, después de estar tolerando situaciones que no les agradan por largo tiempo. Una de las maneras de evitar reaccionar es aprendiendo a ponerle límites.

Realmente, al poner límites a los demás estamos integrando la realidad, mostrando lo necesario que es el respeto a todos en las relaciones interpersonales. También estamos aprendiendo a no tomar nada personal, entendiendo que somos parte de un engranaje social donde todos tenemos derechos y responsabilidades.

No se trata de andar con una actitud agresiva por la calle, ni con una mirada de "¿a ver quién se atreve a decirme algo?". Eso sería precisamente lo contrario: agresividad gestual y verbal; y en efecto, sería una reacción impulsiva. Más bien se trata de estar conscientes de nuestras emociones, de manera que cuando nos sintamos incómodos podamos decirlo serenamente y con firmeza.

Muchas veces, la forma de prevenir reaccionar con enfado, congelamiento e evitación es comunicarte de manera asertiva. Es verdad que hay gente que quiere aprovecharse, y es verdad que hay gente que actúa como si quisiera que los demás se aprovecharan de ellos. Por eso, debemos educarnos y educar en la asertividad. En el cuadro que sigue hay cinco claves para actuar con asertividad en las relaciones interpersonales.

5 claves de la asertividad:

Cortesía y firmeza. La persona asertiva es firme, y al mismo tiempo es mesurada y atemperada en su trato con los demás. Sabe decir 'no' cuando es necesario.

Moderación: Ni muy dura, ni muy sumisa. Ser asertivo es lo opuesto de atacar verbal o físicamente. Las emociones también se expresan con moderación y de manera directa.

Honestidad: La asertividad se sustenta en honestidad. No se trata de manipular para conseguir lo que uno desea, sino de ser franco, comedido y discreto. Las personas asertivas saben tomar un "no" por respuesta y saben mantenerse en una conversación, aún cuando no consigan lo que deseen.

Interés: Ser asertivo implica escuchar el punto de vista de la otra persona. Realmente interesarse en que la otra persona exprese su opinión. A la vez, solicitar con firmeza que la tuya también sea escuchada. No interrumpir a los demás cuando están hablando, y asegurar que tu también seas oído. Ser asertivo también significa ser pacientes y sensibles a las necesidades de la otra persona.

Validación: Validar y reconocer los sentimientos, las opiniones y los deseos de las otras personas es parte de la asertividad. Quien es asertivo no es prejuicioso; mas bien trata de entender realmente al otro.

Una receta para la asertividad: decir 'no' tres veces al día

Camilo trabajaba como asistente en una compañía. Era extremadamente callado y se congelaba al momento de exponer un punto de vista o hacer valer sus derechos. En sus propias palabras sentía "una necesidad tenaz de que todos los demás tuvieran una buena opinión" acerca de él. Con un estilo relacional dependiente, Camilo no se atrevía a aclarar la situación cuando otros asistentes tomaban crédito por trabajos que él había hecho. Además se sentía congelado cuando alguien expresaba una opinión diferente de la suya o le preguntaban su parecer.

Al principio le recomendamos que volviera al trabajo y expresara su punto de vista sobre temas generales (la ventaja de comprar los materiales de la oficina a un proveedor en vez de a otro; o sobre la supremacía de la comida italiana sobre la china; o cosas como la situación económica, etc.) Al menos tres veces al día era recomendable expresar su opinión sobre algo. Al principio le costó muchísimo, pero poco a poco Camilo aprendió a decir lo que pensaba sobre cosas sencillas.

Luego le sugerimos que pidiera pequeños favores (no había nada que él odiara más que pedir un favor). Cosas que él mismo haría por otras personas cuando se lo pidieran. Tenía que pedir que le ayudaran a buscar un documento en la base de datos de la computadora; que le trajeran un café, o que le compraran el almuerzo por ejemplo. Camilo sintió la incomodidad pero siguió adelante, con el tiempo se sintió más tranquilo pidiendo favores a otros y expresando sus opiniones. Luego de esto se le recomendó que dijera 'no' tres veces al día. Esto fue lo más difícil, porque era una tortura decirle que 'no' a alguien. Pero finalmente empezó a hacerlo y se sintió diferente.

Entonces, empezó a opinar en lo que le competía en tareas y labores de su oficina, para lo que tenía amplia capacidad e ideas. Empezó a sentir que no se congelaba cuando alguien exponía un punto de vista diferente, y se hizo fue capaz de aportar con nuevos ángulos a diferentes procesos que manejaba el departamento donde trabajaba.

La asertividad lo había sacado de unas reacciones de aislamiento y evitación que lo habían convertido en una persona demasiado complaciente y que parecía no tener criterio. Ahora Camilo era realmente él mismo: una persona que podía expresarse abiertamente y contribuir contundentemente en su ambiente laboral.

Su entrenamiento en asertividad también lo llevó a entender de dónde venía la necesidad de aprobación y la ansiedad que sentía cuando expresaba una opinión y no recibía la validación de los demás. La raíz del problema de Camilo era que había aprendido a complacer a su madre para evitar a toda costa que ésta lo regañara o castigara. Desde niño había aprendido a funcionar como un radar, registrando los estados emocionales de su madre y buscando evitar que ella se molestara. Al crecer, Camilo se había vuelto muy dependiente de la aprobación de los demás para sentirse bien. Cuando aprendió a decir "no" sin sentirse culpable, pudo incorporar prácticas que le permitieron responder y no congelarse en situaciones de trabajo y de su diario vivir.

Como Camilo, todos descubrimos, tarde o temprano, que las opiniones y conductas de las otras personas son solo eso: sus opiniones y sus conductas, y que por tanto, no tienen que ser acordes a las nuestras. En muchas situaciones importantes en la vida, nuestra supervivencia y felicidad dependen de que podamos auto afirmarnos en lo que somos y lo que creemos, aún cuando las personas alrededor vean las cosas de otro modo. La dependencia emocional es como un cordón umbilical: necesitamos usarlo por un tiempo cuando somos muy pequeños, pero luego, al nacer, lo debemos cortar.

El hábito de aceptar la realidad (en vez de juzgarla)

¿Aceptación? ¡Quién quiere aceptar las cosas! ¡Lo que hay que hacer es cambiarlas! Esa es la postura que oímos una y otra vez. A nadie le gusta que le digan "tienes que aceptarlo, él es así". Nos molesta tener que aceptar lo que no nos parece. Sin embargo, la aceptación, o lo que la autora Tara Brach ha dado en llamar la Aceptación Radical, es un elemento importante para lograr responder. Aceptación es reconocer que lo que está ahí, delante de tus ojos, está ahí, te guste o no. Pero Aceptación no es sinónimo de aprobación.

Aceptación no significa que no se pueden cambiar las cosas, ni significa aguantar 'lo que sea', y sobre todo, no es igual a resignación. De hecho, la aceptación radical es una puerta de entrada al cambio personal; es soltar nuestra necesidad de que las cosas sean según nuestros deseos. Es abandonar la persistente pelea que tenemos con el mundo cuando las cosas no salen como nosotros queremos. Es como el niño que da una pataleta porque se niega a irse del cumpleaños, aún cuando la fiesta ya ha terminado. Es un mecanismo improductivo porque no hay nada que se pueda hacer para evitar que la diversión haya terminado, al menos en ese momento.

Por eso es que la aceptación que viene desde lo más profundo de nuestra mente y nos reconcilia con la vida en los propios términos de la realidad es la que nos puede ayudar a no reaccionar. Es una aceptación de lo que es, sin pelear neciamente por cambiar las cosas que no podemos modificar en este momento, o que no están bajo nuestra responsabilidad para hacer el cambio.

La conocida Oración de la Serenidad, aparentemente escrita por Reinhold Nieburh en la década de 1930, representa la esencia del hábito virtuoso de aceptar la realidad. Ha sido ampliamente difundida, gracias a que es usada en los grupos de recuperación de todo tipo de adicciones. La oración reza:

Señor, concédeme la serenidad
de aceptar las cosas que no puedo cambiar,
el valor para cambiar aquellas que puedo,
y la sabiduría para reconocer la diferencia"

Se trata de no pelear con las cosas que no puedes cambiar, ya sea una suegra metiche, un embotellamiento de tráfico, un jefe insoportable que no reconoce tu valía y te niega ese aumento, un competidor que hace jugadas sucias, una compañera de trabajo intrigante y dada a la murmuración, o una condición física que no puedes modificar. La clave es discernir qué es lo que si puedes cambiar y qué es lo que no puedes cambiar.

Muchos modelos de psicoterapia como el ACT (Terapia de la Aceptación y el Compromiso) enfatizan la importancia de la aceptación como primer paso para poder generar un cambio. La ventaja de la aceptación profunda es que te permite saber contra qué realmente estamos enfrentándonos, y cuando haces eso puedes verdaderamente elegir salir de la situación. Sólo aceptando y viendo las cosas cómo son, podemos elegir respuestas efectivas y eficientes.

Fanny Wong

Fanny es una activista de los derechos de las personas con discapacidad. Ella me dijo cuál era su fórmula para manejar sus sentimientos y frustraciones frente al Polio que la aqueja desde niña: La clave es dejar de preguntar por qué, y atreverte a preguntar para qué. En el momento en que superas esa necia pregunta muchas posibilidades se abren. La vida de Fanny atestigua el poder de la actitud de aceptación. Presentadora de televisión, escritora, conferencista, presidenta de organizaciones de ayuda a personas con discapacidad. etc. Su entusiasmo y su fortaleza para seguir adelante sin importar los obstáculos, son contagiosos y catalizan el cambio personal.

Oírla hablar sin tapujos de las peripecias que tiene que hacer a veces para movilizarse, te confronta con tus propios retos y posibilidades, y te hace ver tus propias limitaciones de manera diferente. Sabiendo la seriedad de su condición, Fanny es capaz de reírse de sí misma, y a la vez, manejar las vicisitudes de la vida con la seriedad que éstas precisan, pero sin perder la sonrisa en sus labios.

Otro de los obstáculos para aceptar la realidad es negarse a perdonar. Sentimos que si aceptamos algo o a alguien que nos ha hecho daño, estamos dándole la razón o justificando su preceder, y nos negamos a esto con vehemencia. Sentimos que si dejamos el resentimiento y el deseo de venganza hacia esa persona, estamos negando que es responsable de las acciones cometidas y evitándole las consecuencias de las mismas. Sin embargo, con perdonar se gana mucho. Nos liberamos de los grilletes del odio, de la pesadez de la amargura, de la necedad de querer que todo se resuelta según nuestra voluntad.

Nos va mejor si enfrentarnos la vida con ojos de aceptación y esperanza. Esa es realmente una sólida inversión. Aprender a bendecir una chispa de luz en vez de maldecir la oscuridad... ¡resulta! La aceptación profunda genera una actitud positiva, que es una de las cosas más poderosas que hay. Por ejemplo, en las relaciones de pareja, el balance entre aceptación y solicitudes de cambio, es básico. Las parejas que funcionan bien, han encontrado intuitivamente un balance entre aceptación mutua y disposición de cambiar.

Se dice que en una pareja la relación aceptación/cambio debe ser 80% de aceptación de la pareja como es, 20% de solicitud de cambio. La práctica de la aceptación profunda no es tan dramática para la mayor parte de nosotros. Se trata de aceptar con serenidad las cosas que son, para poder entenderlas en profundidad y reconocer las posibilidades de cambio que tenemos frente a ellas.

Desde chicos deberíamos aprender a aceptar ciertas cosas que pueden no gustarnos en un momento dado, pero sin duda hacen mejor nuestra vida; como el orden, el estudio, la disciplina y el respeto. Y pobre favor le hacen a sus hijos aquellos padres que no les hacen aceptar las cosas como son. Por ejemplo, la aceptación de las responsabilidades y labores de la escuela, hace la diferencia entre un buen estudiante y un estudiante mediocre. Más adelante, en la vida laboral, hará la diferencia entre los que hacen un trabajo bueno y los que hacen uno excelente; hará la diferencia entre un cocinero y un chef, entre un leguleyo y un jurista, y entre un encargado y un líder. Por otro lado, la aceptación nos permite reconocer en dónde está mi responsabilidad y dónde no; y en dónde debo invertir mis esfuerzos y en dónde debo esperar y proteger mi energía.

Un estilo muy áspero

Por ejemplo, la aceptación de la realidad, ayudó a Maité, una gerente de contabilidad, a reconocer que no cambiaría a sus subalternas a punta de regaños y desprecios, sino que su mejor arma para cambiar a su equipo era aprender a cambiar ella misma. Maité vino a atenderse referida por sus jefes, quienes consideraban que era una excelente colaboradora, que daba resultados en su trabajo, pero que tenía un estilo muy áspero y no sabía dar retroalimentación cuando los demás no hacían las cosas como ella esperaba. Maité me contó que no toleraba que la gente fuera irresponsable, ni cambiaran constantemente los procedimientos en el trabajo. Ella no medía sus palabras ni el impacto que estás tenían en sus subalternos.

Las personas que estaban bajo su mando la odiaban o la temían. Tras recibir retroalimentación por escrito de parte de su jefe, algunas colegas y varias de sus subalternas, reconoció que la forma cómo trataba a las personas era negativa. De hecho reconoció que lo mismo le decían sus familiares en su casa. Entendió que era contraproducente e improductivo seguir así y se dispuso a cambiar. Con el mismo ímpetu que exigía a los demás, Maité se comprometió en aprender a responder más mesuradamente y a hacer un balance en su forma de ver y tratar a los demás. La clave era ayudarla a juzgar menos a la gente y reconocer que la naturaleza del trabajo de un jefe incluía encontrar un balance entre estimular el desarrollo profesional de su personal, y a la vez saber cómo y cuándo censurar o amonestar su desempeño en base a hechos concretos. Al cabo de dos meses, los reportes mostraron que Maité había aprendido a moderar su estilo, y a ver a sus colaboradoras de manera integral.

El habito de reflejar la realidad (en vez de distorsionarla)

Nuestra mente indisciplinada puede hacernos pasar muy malos ratos. Una reacción que parece salir de la nada puede haberse "cocinado" durante días por culpa de algún pensamiento negativo sobre nosotros mismos o sobre algo que nos pasó. Algunas personas entran en un círculo mental vicioso y les es muy difícil dejar atrás los pensamientos negativos sobre lo que está pasando, lo que ya pasó, o lo que va a pasar. Por ejemplo, si deseamos un nuevo trabajo y estamos esperando una entrevista, pero a la vez pensamos negativamente acerca de nuestras posibilidades de conseguirlo, esos mismos pensamientos nos predisponen a reaccionar contra cualquier persona que se nos acerque y a transmitir una inquietud e inconformidad que podrían afectar la propia entrevista.

En la vida en pareja ocurre igual. Imaginémonos una pareja que tiene un desacuerdo frente a la cantidad de tiempo que cada uno quiere pasar juntos los fines de semana. La esposa quiere pasar tiempo con su marido, solos los dos. Su esposo también, pero viniendo de una familia muy grande y unida, quiere además pasar tiempo con sus hermanos y sus padres. Si tanto el esposo como la esposa pueden reconocer las necesidades de ambos como reales y válidas, la pareja puede manejar la situación. Y si además son capaces de intercambiar puntos de vista, reconociendo sus diferencias, seguramente encontrarán alguna solución.

Estar casados no es sinónimo de tener un clon a nuestro lado. Parece tonto pero es básico para no personalizar en nuestra vida marital. Pero si por el contrario uno o ambos esposos insisten en etiquetar la conducta de su pareja, agrandando sus defectos, descontando sus cualidades, esos hábitos mentales se traducen en patrones de pensamiento y de interrelación que eventualmente hacen intolerable la convivencia. Al principio los hábitos de distorsionar la realidad y sus consecuentes reacciones alejan a la pareja por períodos cortos. Más adelante los llevan a estar muy enojados y quedarse disgustados por horas o días, hasta que la relación se va haciendo más negativa que positiva y se empieza a acariciar la idea de que es mejor estar separados.

Las personas tenemos que encontrar una manera de relacionarnos con nuestra propia vida a través de los ojos de la compasión. Una de las distorsiones que más lleva a la gente a reaccionar es la sensación de inadecuación, o no ser tan buenos. A algunos, esa sensación les revolotea cerca con frecuencia. Sólo les basta recibir una crítica o cometer un error en el trabajo, para sentirse desdichados. Cuando experimentamos nuestra vida a través de los lentes de la insuficiencia personal, somos prisioneros de nuestros propios pensamientos irracionales y nuestros hábitos venenosos. Este hábito es tan fuerte que "despertar" de él requiere voluntad y disciplina de la mente y del corazón. Veamos el ejemplo de una persona que respondió usando los hábitos bondadosos.

Tarde para una cita de trabajo

Santiago es un hombre va tarde para una reunión de trabajo. Justo este día hay un embotellamiento donde nunca suele haber tráfico... Y el auto que va delante del suyo se mueve muy lento y está dejando espacio entre sí y el próximo auto, permitiendo que otros carros de las vías contiguas se 'cuelen'. Una situación que Santiago podría tolerar, si no estuviese tan apurado. Pero hoy si lo está: tiene que llegar a esa cita a tiempo. Se impacienta. Está a punto de sonar frenéticamente la bocina. Quiere cruzarse peligrosamente por el lado para insultar al conductor que va adelante. Pero también ha ido aprendiendo que todas esas reacciones le hacen más daño a él que ninguna otra persona. Se serena y acepta que el chofer delante de él no tiene la culpa de su apuro, y en el fondo reconoce que no está enojado con el extraño que maneja con precaución, sino con la situación del embotellamiento de tránsito.

Por eso, en vez de hacer maniobras arriesgadas al volante, o permitir que salga un concierto de 'sapos y culebras' de su boca, Santiago decide actuar diferente... Súbitamente el obstáculo se convierte en una oportunidad y Santiago empieza a hacer las paces con la realidad. Decide buscar una buena emisora en la radio y además se concentra en revisar mentalmente los puntos que quiere discutir en la reunión. Además, Santiago pone atención a algunos detalles del camino, rótulos que no había visto antes, veredas que pasaban inadvertidas, y demás facetas del paisaje. Esto, junto con el énfasis en concentrarse en su respiración, le permite responder los 35 minutos que dura el embotellamiento, y seguir haciéndolo cuando llega a la reunión. En efecto, Santiago llega 15 minutos tarde a su reunión. Pide disculpas sinceras, pero sabe que debe tratar de estar de buen ánimo, en paz consigo mismo. Y al final hace una excelente presentación.

En las preguntas, reflexiones y ejercicios al final de este capítulo podrás encontrar formas de empezar a practicar cada uno de los 4 hábitos bondadosos.

Preguntas, reflexiones y ejercicios del capítulo 10

1. Sócrates al rescate

Desarrollar una actitud de curiosidad hacia los hechos, las personas y hacia nosotros mismos puede ayudarnos a no personalizar las cosas. Generalmente no tenemos curiosidad porque creemos que ya entendemos exactamente de qué se trata todo. Sócrates, hace más de dos mil años, se dio cuenta que era mejor tener curiosidad y no pensar que uno entendía tan bien las cosas. Él basó sus métodos de enseñanza y discernimiento en algo muy sencillo: preguntas. Hacer preguntas inocentes; preguntas sobre hechos y motivaciones que creemos entender, pero que realmente no conocemos. Hay varios tipos de 'preguntas socráticas' que sirven para ver más claramente nuestra propia forma de pensar, sentir y actuar, y la forma de pensar, sentir y actuar de los demás. En ese sentido, las preguntas socráticas son perfectas como herramientas para integrar y describir la realidad, y para no tomar nada personal y no juzgar la realidad. Algunos de estos grupos de preguntas siguen adelante:

Preguntas aclaratorias.

Sirven para reflexionar respecto a qué es exactamente lo que uno mismo u otra persona está pensando. Algunos ejemplos:

- ¿Qué quiere decir exactamente esto?
- ¿Hay alguna otra explicación que me permita entender lo que está pasando de otra manera?
- ¿Cómo se relaciona esto con esto otro?
- ¿Qué es lo que quiero yo o ella decir realmente?

Preguntas para comprobar pensamientos, conjeturas o supuestos.

Buscan que uno piense acerca de sus propias presuposiciones y creencias. Ejemplos:

- ¿Qué otra forma de ver las cosas podría yo imaginar que tiene tal persona para hacer esto?
- ¿Cuáles son los pensamientos negativos que tengo y las situaciones negativas que imagino pueden pasar si el problema ocurre o no se resuelve?
- ¿Cómo escojo las creencias que me hacen ver las cosas de ésta manera?
- ¿Cómo puedo verificar que esta suposición es cierta?

Preguntas que exploran las razones y las evidencias.

Buscan que reconozcamos cuáles son los argumentos que tenemos para pensar de cierta manera. Ejemplos:

- ¿Cómo estoy seguro de que esto es así?
- ¿Qué ejemplos concretos puedo encontrar de esta idea que tengo?
- ¿Cómo podría yo estar segura que lo que pienso es así?
- ¿Cuál es la evidencia que tengo de que el problema vaya realmente a ocurrir?
- ¿Cuál es la evidencia que tengo de que la explicación que yo estoy dando es la verdadera explicación de lo que está pasando?

Preguntas sobre puntos de vista y perspectivas.

Estas buscan revisar y ampliar la visión que tenemos de las cosas y así poder ver críticamente los argumentos que tenemos frente a una situación particular. De este modo se puede ver que existen otros puntos de vista igualmente válidos

- ¿De qué otra manera se podría mirar o enfocar ésto? ¿parece razonable?
- ¿De qué otras maneras alternativas se puede mirar esto?
- ¿Cuál es la diferencia entre... y...?

Preguntas para comprobar implicaciones y consecuencias.

Sirven para ver si mis argumentos se sustentan con premisas lógicas. Ejemplos:

- ¿Y si ésto fuera cierto, entonces qué pasaría siempre?
- ¿Cuáles son tres de los desenlaces posibles de esta situación: el peor, el mejor y el más realista?
- ¿Cuáles son las ventajas y desventajas de creer los pensamientos negativos que estoy teniendo?
- ¿Cuáles son las consecuencias de esa suposición o conjetura?

Preguntas sobre las preguntas.

Se trata de preguntas que sirven para volvernos reflexivos sobre nuestras propias ideas y creencias.

- ¿Cuál es la ventaja de preguntarse eso de esa manera?
- ¿Qué le dirías a tu mejor amigo o amiga, si él o ella estuvieran en una situación similar?
- ¿Qué implica hacer esa pregunta de ese modo?
- ¿Qué puedo hacer para verlo de otra manera?

Todas estas preguntas facilitan el tomar distancia, ver la realidad con otros ojos y centrarnos en desarrollar una visión integrada de la realidad. También nos ayudan a concentrarnos en cambiar aquello que está a nuestro alcance. Las preguntas no son más que una excusa para crear un espacio mental, donde podamos evaluar todas nuestras percepciones, pensamientos, creencias y actitudes, y los eventos que suceden en nuestra vida.

La forma en que haces las preguntas puede cambiar, pero lo importante es que cuestionen tu forma de percibir la realidad. Las preguntas socráticas son particularmente efectivas cuando estamos catastrofizando una situación, o viéndolo todo desde una perspectiva muy estrecha. Toma cualquier situación que te preocupa o te lleva a reaccionar impulsivamente y aplica una selección apropiada de preguntas para entenderlo y verlo de maneras diferentes. ¡Verás el resultado!

2. La Práctica de lo opuesto

Muchas veces hemos visto que una reacción de ira parece ser la punta de un iceberg de afectos y pensamientos negativos que nos está consumiendo por dentro. Para resolver algunas de estas emociones negativas también ayuda hacer exactamente lo contrario a lo que estamos sintiendo en ese momento. Esto puede parecer extraño, pero tiene la misma lógica que la media sonrisa. La idea es desactivar esos circuitos reverberantes del cerebro que están alimentando nuestro malestar. Por eso cambiar nuestra postura y nuestro lenguaje corporal es un buen remedio para la ira. Por ejemplo, pasar de estar sentados al borde de la silla, a sentarnos hacia atrás, relajar un poco nuestro propio cuerpo, y disponernos a escuchar a la otra persona. Ésto aminora nuestra tendencia a reaccionar.

Se trata de desactivar los circuitos que mantienen encendida la lucecita roja que dice "estoy muy enojado". Una de las cualidades de las personas que responden es que son capaces de volver a un estado de calma poco tiempo después de que han experimentado una emoción fuerte. Otras personas se quedan rumiando la emoción negativa hasta que la convierten en un resentimiento. Esta característica es muy importante porque también se puede decir que las personas que pasan más tiempo pensando en las afrentas que han tenido y las decepciones que han sufrido tienden a ser más depresivas que las personas que olvidan más rápidamente.

Lógicamente, la práctica de tomar la acción opuesta a la emoción que experimentamos no es algo que debe hacerse siempre, sino cuando la emoción negativa que estamos experimentando es tan fuerte que nos sentimos atrapados dentro de ella, como si fuéramos succionados por su fuerza.

Este sencillo ejercicio se fundamenta en la idea de que es posible contrarrestar o hacer cortocircuito a una conducta negativa con una conducta contraria que reorganiza nuestro pensamiento y nuestras emociones. El secreto es practicar con situaciones poco complicadas hasta que nuestras reacciones automáticas vayan cambiando y dando paso a las nuevas asociaciones mentales. Cuando puedas actuar como si estuvieras sereno, aunque estés de mal humor, pronto te serenarás.

3. Enumerar las ventajas y desventajas de reaccionar automáticamente

Cuando tenemos por costumbre reaccionar impulsivamente, con ira o enojo, resulta beneficioso enumerar las ventajas y las desventajas que esa reacción en tu vida en el momento presente, y cuáles ventajas y desventajas producirá en el futuro. Sabemos que las reacciones impulsivas, agresivas y violentas inducidas por la ira están en nuestro abanico de conductas y nos ocurren a todos, sin embargo, las desventajas de estas reacciones son muy grandes.

Adelante está una lista parcial con el objeto de que identifiques cuáles de esas se aplican a tu caso personal. Puedes escribir otras ventajas y desventajas para reflexionar y llegar a tus conclusiones personales.

**Algunas ventajas y desventajas
de las reacciones de enfado, ira y furia**

Ventajas	Desventajas
"Expreso la emoción que siento en el momento y me olvido rápido..."	"Me deja cansado, solo y deprimido"
"Me saco la molestia que tenía con esa persona"	"A menudo me hace decir y hacer cosas que después me arrepiento de haber hecho"
"La gente aprende a respetarme y a no meterse conmigo"	"Deja a las otras personas resentidas y con amargura... y con deseos de tomar venganza"
"Me siento poderoso y capaz de defenderme"	"Daña mis relaciones más importantes".
"Siento que estoy en lo correcto y que el resto del mundo está equivocado."	"Me impide pensar con claridad y muchas veces termino quemando los puentes entre mi persona y los demás"
"Puedo despreciar a los demás."	"Me pone de mal humor"
"Puedo sentir compasión o lástima de mí mismo y justificarme"	"Crea un "karma" negativo para mí misma..."
"Me hago creer a mi mismo que yo no tengo nada de responsabilidad en una situación..."	"Me intoxica el corazón de amargura"

Habiendo leído el cuadro, ahora tu escribe un cuadro similar y describe, en tus propias palabras, las ventajas y desventajas que trae a tu vida el reaccionar impulsivamente.

4. Aceptándonos sin excusas

A veces reaccionamos porque estamos peleados con nuestras debilidades, nuestros defectos de carácter y nuestras imperfecciones. Reflexiona primero sólo y luego con algún amigo/a sobre la siguiente frase:

"No hay ninguna parte de nosotros que necesitemos alejar de nuestra conciencia ni de nuestro amor. Cada parte de nosotros tiene valor y es digna en su propio sentido. En el acto de rechazar partes de nosotros mismos, nos rechazamos como un todo en nuestra esencia y nuestro derecho de existir".

¿Cuáles son los aspectos de tu forma de ser que no aceptas? ¿Cuáles son las partes con las que estás enfrentado? Revisa cómo rechazas aspectos de tu forma de ser y cómo eso influye en tus actitudes y conductas hacia las demás personas. ¿Cómo ese rechazo está relacionado con tus reacciones automáticas impulsivas, de congelamiento, pasivo-agresivas o hasta agresivas?

Este ejercicio busca que identifiques cuáles son las partes de ti que no te gustan y con las cuales no te relacionas, y cambiar esa relación negativa por una relación de auto aceptación y amor hacia ti mismo. De la misma manera que revisas cómo es tu aceptación de ti mismo, el ejercicio te permite observar cómo esas actitudes afectan tu disposición hacia las demás personas. Si quieres, dibuja un cuadro y describe las partes de ti mismo que rechazas y analiza cómo esto te lleva a reaccionar.

5. Nuestra relación con el sufrimiento

Enumera las incomodidades, molestias y dolores con las que tienes que lidiar cada día. Toma conciencia de qué cosas haces para manejar esas incomodidades, molestias, malestares y dolores. ¿Cuáles son tus mecanismos de enfrentamiento? ¿Escapas o peleas contra el sufrimiento o las incomodidades de la vida? ¿Explotas con tus seres queridos porque sientes molestias o dolores físicos o emocionales...?

6. Medita sobre la siguiente frase:

"La gran mayoría de los seres humanos reaccionamos ante cualquier tipo de sufrimiento tratando de evitar o escapar de esa experiencia. Sin embargo, con esa actitud solo logramos crear otros tipos de sufrimiento para nuestras vidas, suplantamos unos por otros"

Krisnamurti

¿Cómo se relaciona esta frase con tu vida? ¿De qué posibles maneras refleja tu conducta en ocasiones? ¿De qué manera es positiva esta actitud? ¿Es perjudicial? ¿Qué beneficios tendría dejar de suplantar un tipo de sufrimiento por otro y cómo el enfrentarlo impactaría tu capacidad de responder? ¿Qué ejemplos concretos puedes dar de cómo la evitación del sufrimiento en tu vida trae otros malestares y sufrimientos?

7. Imaginar que aceptas a alguien que te incomoda

Martín Luther King decía que "el buen vecino mira más allá de los incidentes externos y discierne sobre aquellas cualidades que hacen a todos los hombres humanos, y por tanto los hacen hermanos". ¿Cuáles dos personas o situaciones, si las aceptaras, te traería un gran beneficio de serenidad? Identifica bien cada una de las personas o situaciones. ¿Por qué aceptarlas te traería beneficio? ¿Cómo tu falta de aceptación perpetúa tu sufrimiento, o te lleva a transmutar un sufrimiento por otro? ¿Cómo te sentirías si lograras aceptar a estas personas o situaciones?

8. El termómetro para reflejar las emociones

El ejemplo de un termómetro nos puede ayudar a identificar los niveles de enojo y rabia que sentimos, y los niveles de reacción agresiva o violenta que podemos experimentar. Resulta muy esclarecedor ver en qué nivel del termómetro nos ubicamos en los momentos que estamos experimentando una reacción automática de ira.

100= Loco de rabia, demente, preso de la ira

90= Frenético, virulento, trastornado, beligerante

80= Enfurecido, encolerizado, furioso, rabioso, histérico

70= Exasperado, con rabia, a punto de explotar

60= Irritado, sulfurado, enojado, indignado, descompuesto

50= Cabreado, agresivo, fastidiado, agitado, perturbado

40= Gruñón, arisco, dolorido, molesto

30= Enfadado, impaciente, incómodo, inquieto

20= Motivado, desafiado, estimulado

10= Animado, alerta, despierto, activado

0= Dormido, sedado, como si estuviera muerto, comatoso

Haz de la revisión del termómetro una práctica frecuente que te permita evaluarte en momentos importantes o casuales, de modo que con el tiempo puedas saber en qué temperatura cuando reaccionas o estás a punto de reaccionar.

10. Llevando a juicio al crítico interior.

Algunas personas creen que hay algo malo con ellas mismas, esa es su distorsión principal: "Yo estoy mal", parece ser su frase favorita. Y no se trata de personas que pudieran parecer tener ningún problema, a los ojos del mundo son personas funcionales y exitosas, pero internamente se sienten ansiosas.

Muchas veces debajo de nuestras reacciones impulsivas de aislamiento o de congelamiento y hasta de las reacciones agresivas, se encuentra un profundo sentimiento de malestar interior. A veces un pensamiento distorsionado acerca de nosotros mismos, nos dice que somos deficientes y no valemos mucho. El crítico interior puede ser inmisericorde, agotador en su necedad, y detallista para todo lo malo, siempre trabajando horas extras en tu contra. Tu tarea para superar tus reacciones automáticas, es averiguar si acaso son reales las apreciaciones del crítico interior... ¿Cuáles son los argumentos con los que te ataca? ¿Tratarías a un amigo como te trata tu crítico interior a ti? ¿Cómo te predispone a actuar tu crítico interior? Reflexiona sobre tu "crítico interior" y describe qué pensamientos tiene. Luego vincula esos pensamientos a las reacciones que tienes.

11. Identificar y corregir los pensamientos irracionales y los hábitos mentales venenosos

Mientras no aprendamos a confrontar a los pensamientos negativos y los hábitos venenosos en los que éstos se sustentan, será muy difícil responder de manera consistente. Por otro lado, cuando aprendemos a observar y confrontar los pensamientos negativos, nos salimos de la posición de víctimas desvalidas o esclavos de las circunstancias, la genética o el destino, y entramos a una posición de poder donde tomamos acciones más beneficiosas y funcionales. Es allí donde debemos enfocarnos para aprender a responder más consistentemente.

Para las personas que con frecuencia tienden a ver las cosas de manera negativa, el reconocimiento de sus pensamientos negativos, sus hábitos venenosos, sus emociones negativas y el suplantarlos por pensamientos alternativos, hábitos bondadosos y las opciones constructivas, es tan necesario para vivir, como la insulina para los diabéticos. Así como algunas personas no tienen suficiente insulina en su cuerpo para metabolizar la glucosa, se podría decir que algunas personas no tienen suficientemente desarrollados los hábitos bondadosos para metabolizar los eventos que les ocurren en el diario vivir.

El cuadro que se presenta a continuación, te ayuda a ver tus pensamientos irracionales y a cambiarlos por pensamientos más beneficiosos. De esta manera, tus emociones también cambian, y tus posibilidades de responder la próxima vez aumentan significativamente.

El colocar los pensamientos en un enrejado, es una herramienta preferida por los terapeutas cognitivos, que insisten con razón en que tenemos que revisar lo que pensamos. El uso diario de este ejercicio, puede ayudarnos a pensar más racionalmente, a construir mejor la realidad y a responder. Veamos el uso concreto de esta herramienta con el ejemplo de un hombre que tiene un percance con su computadora.

Reaccionar o Responder

Una noche, un hombre estaba trabajando en su casa, preparando un informe cuando, de repente, su esposa pasó al lado de la mesa, tropezó y sin querer desconectó la fuente de poder de la computadora. Al ocurrir esto la máquina se apagó instantáneamente. Su reacción inmediata fue insultarla y decirle que cómo era posible que ella fuera tan descuidada. Algunos de los comentarios que hizo fueron: "Acaso quieres que terminemos todos en la familia vendiendo verduras en la calle...?"

¡Qué bárbara, se nota que no te importa mi esfuerzo!"

Luego del incidente, el hombre escribió sus pensamientos negativos usando el enrejado. Veamos el cuadro que hizo:

Cuadro de Reestructuración de Pensamientos, Hábitos y Emociones

Evento: "yo estaba escribiendo un documento importante para el trabajo, cuando mi esposa tropezó con el cordón de la computadora. La máquina se desconectó y se apagó."

La reacción es producto de 1) pensamientos negativos, 2) hábitos venenosos y 3) emociones negativas...

1	Pensamientos negativos inmediatos	"Qué estúpida es... no ve lo que estoy haciendo aquí..." "Esta mujer es una inútil". "Eso me pasa por andar con ella..."
2	Hábitos venenosos	Juzgar la realidad, Escindir la realidad
3	Emoción Negativa	Frustración, disgusto, rabia

La respuesta es producto de 4) pensamientos racionales, 5) hábitos bondadosos y 6) emociones positivas...

4	Pensamientos racionales	"Ella no tenía la culpa. "Los accidentes ocurren". "Yo no tengo porque culparla a ella, ni ser tan demandante". "A cualquiera le puede pasar, y a mi también me pasan accidentes". "Voy a disponer un mecanismo automático para grabar todo lo que voy haciendo cada tres minutos". "Ella no lo hizo a propósito". El cordón eléctrico no debía estar tirado por el piso". "yo sabía que la batería de la PC estaba vieja". "Gracias a Dios no se cayó la computadora".
5	Hábitos bondadosos	Integrar la realidad, no juzgar, no tomar nada personal
6	Emoción Positiva	Tranquilidad, aceptación

Cuando este hombre pudo ver cómo sus pensamientos lo llevaban a reaccionar con ira contra su esposa, pudo manejarse mucho mejor. Logró darse cuenta de cómo sus hábitos mentales negativos lo llevaban a convertirse en una persona impaciente y agresiva. Al ver esto, se sentó con su pareja y le pidió disculpas.

¡Ahora te toca a ti! Dibuja un enrejado y en él coloca cada uno de los pensamientos y emociones que tengas frente a un evento o situación que te hace reaccionar.

11. CULTIVAR UNA MENTE SABIA

Los carpinteros construyen con la madera,
los flecheros construyen flechas,
y las personas sabias se construyen a ellas mismas

Buda

¿Conoces a alguna persona sabia? ¿Acaso puedes notar si reacciona o si más bien responde en su diario vivir? La premisa y la promesa de este libro es que quien responda se acercará –pasito a pasito- a la sabiduría.

La socióloga Monika Ardelt ha dedicado su vida profesional a tratar de entender qué es la sabiduría. Estudiando personas ancianas consideradas sabias en su comunidad, Ardelt ha propuesto que la sabiduría es una cualidad que combina tres habilidades:

- ver al mundo y a uno mismo con una combinación de mucho interés, *pero* sin llegar a apasionarse.
- relacionarse con la gente tratando de ver *lo bueno* que tiene cada persona.
- enfrentar las vicisitudes de la vida *sin dejarse atrapar* por los problemas.

La gente sabia tiene un interés natural de entender la vida tal y como es. Específicamente entenderse ellos mismos y sus relaciones interpersonales. Las personas sabias parecen tener la capacidad de observar sus propios estados emocionales y los de otras personas. Les interesa las motivaciones de los demás, y aceptan los aspectos positivos y negativos de la naturaleza humana. También aceptan los límites de su propio conocimiento, y lo impredecible e incierta que es la vida.

Ardelt dice que las personas sabias ven los fenómenos y eventos que ocurren desde muchos ángulos y se someten, ellas mismas, a un proceso de auto examen o descubrimiento personal que les permite gradualmente superar su propia subjetividad, sus prejuicios, y su egocentrismo. De esta manera logran entender lo que le está pasando en un momento dado, comprender a cada persona en sus propias circunstancias. Esto ayuda a esas personas sabias a elegir la mejor acción en cada momento. Ven la realidad del momento presente desapasionadamente y así ganan una comprensión más completa, compasiva y empática de sí mismos y de los demás.

Hace unos años me interesé mucho en el tema de los factores psicológicos que estaban asociados a la longevidad en las personas. Entrevisté a muchas personas longevas que poseían una actitud básica positiva hacia las cosas. En aquella época visité al Doctor Armando Lavergne, un prestigioso médico panameño, de noventa y cinco (95) años, ya retirado, y quien no hacía mucho había perdido a una de sus hijas y a los pocos meses a su esposa. La actitud de Armando era una de serena aceptación. Estaba en paz con su vida y con las circunstancias.

Las investigaciones psicológicas con ancianos concluyen que el factor psicológico que más diferencia a las personas que logran vivir más años, es la capacidad de 'no pelear con la realidad', de aceptar las cosas como son. Como grupo, las personas longevas se enojan mucho menos y son menos impulsivas que el resto de la población. Se trata de personas que están en paz con ellas mismas, tienen una sana autoestima y no internalizan el enojo, sino que cuando hay que hacerlo, son capaces de sacarlo de una manera apropiada.

En esa época también entrevisté a Cristina Rodríguez, una dulce viejita, media ciega, de 93 años, que aún limpiaba su casa y cocinaba para sí misma y para su hijo de 75 años. Cristina me dijo que sus claves eran "no coger rabias por nada" y no "hacerse malas ideas de nada". Cristina estaba casi ciega, y su casita era pequeña y muy humilde, pero yo me sentí muy bien estando con ella. Y es que se no trata de tener una vida mejor que la de los demás, sino de hacer el mejor trabajo con lo que se nos da. Cristina me atrajo como nos atraen las personas que tienen claridad en sus actos, que son humildes y agradecen de los regalos que les da la vida.

A todos nos atraen las personas serenas y que saben tomar decisiones bien pensadas. Y es que las personas con una mente capaz de responder aun ante situaciones de estrés, están más en control de su propia vida, y tienen mayores posibilidades de tener éxito en los proyectos que emprenden.

Pero no hay que tener 80 ó 90 años o ser una persona especialísima para alcanzar la sabiduría... La prudencia en nuestro accionar y la capacidad de reflexionar sobre nuestras acciones son herramientas básicas para lograr un poco de sabiduría, como el caso que sigue abajo.

Mi vida en un patín

Catalina era una ejecutiva comercial de una compañía de bienes raíces. Ese día iba corriendo para una reunión con unos clientes que estaban interesados en varias propiedades. Era algo que podía llegar a representar mucho dinero en ventas y comisiones. Catalina estaba estresada. Había recibido una llamada del colegio diciéndole que su hijo, de ocho años, tenía un dolor de estómago y la enfermera de la escuela temía que fuera grave. La escuela estaba en el otro extremo de la ciudad. La mente y el corazón de Catalina querían reventar. Cuando salió de la oficina, se subió al auto e hizo una cosa sencilla pero importante: notó lo agitada que estaba y respiró profundamente varias veces. Sólo esa pequeña acción empezó a ayudarla a manejar la situación. Justo antes de encender el motor de su auto decidió serenarse, detrás del timón, y pensar qué opciones podía tomar. Revisó en su mente todo lo que había hecho su hijo en el trayecto desde que se había levantado esa hasta que lo había dejado en la guardería: ¿sería lo que había desayunado en la casa?, ¿o sería que había comido algo de otro niño en el recreo? Repasó si su hijito había dicho algo durante la mañana, y no encontró nada raro. Después, detrás del timón y sin encender aún el auto, empezó a pensar en ¿qué podía hacer con los visitantes extranjeros si ya estaban esperándola. ¿Cómo podía estar en dos lugares a la vez? Barajeó diferentes opciones en su mente y concluyó que podía apoyarse en la secretaria de la oficina.

Aunque no fuera una especialista en el tema, la secretaria podría hacer con los visitantes un recorrido por algunas de la áreas en las cuales habían mostrado interés y explicarles las bases del concepto de desarrollo inmobiliario que les querían ofrecer, mientras ella iba y buscaba a su hijo en la escuela y veía qué era. Llamó al hotel donde estaban los visitantes y les comentó lo que ocurría y les preguntó si estarían de acuerdo en ir a la oficina en taxi o Uber y allí la asistente los atendería. Coordinó para que los trajeran a la oficina, habló con el chofer seleccionado, y llamó a su secretaria para que los esperara.

Sólo entonces encendió el motor del auto. Y en ese momento... ¡increíble!, su auto no encendió. Trató y trató varias veces, ¡pero nada, el auto no prendía! Catalina no lo podía creer... Miró hacia delante fuera del carro como al vacío y nuevamente respiró profundamente. Rápidamente sacó su teléfono y volvió a llamar a un servicio de transporte pero no había ningún conductor cerca, y el más cercano llegaría en media hora. Sorprendida, caminó hacia la entrada del edificio pensando qué hacer. De pronto vio a un amigo y colaborador entrando al recibidor de la oficina. Se le acercó y le explicó lo que pasaba y le pidió que la llevara a la escuela de su hijo. El amigo le dijo que tenía una reunión importantísima, pero le ofreció las llaves del carro.

Nuestra heroína tomó las llaves y se fue derecho al estacionamiento. Se apuró para llegar al carro de su amigo. Ya en el auto de su amigo se acomodó, encendió el motor, ajustó los espejos retrovisores y empezó la marcha. Ya en el auto de su amigo, se aseguró de que los visitantes vinieran llegando. Volvió a hablar con la enfermería de la escuela, y llamó a su secretaria para darle indicaciones adicionales. En el carro pensó en que quizás su hijo había desayunado algo que solo a veces comía... Había pedido un 'omelette' de huevos con queso, en vez de sus pancakes o su cereal de todos los días. "Quizás no sea nada más que una indigestión" pensó Catalina para sí misma. Cuando llegó a la escuela su hijo estaba adolorido pero se entretenía viendo un libro con dibujos de historias.

Cuando el niño vio a la mama se le tiró encima y la abrazó, pero ya no había lágrimas. La enfermera le reportó que el niño había vomitado tres veces y que ella lo veía mucho mejor y que los dolores del bajo vientre habían cesado. El niño estaba tranquilo y quería irse a jugar al recreo con sus compañeritos. Catalina evaluó qué hacer y decidió de todas maneras llevárselo para la casa donde podrían 'echarle un ojo' de más cerca. Coordinó con la vecina y llamó a su propia madre para ver si podía pasar por la casa. Determinó que le dieran solo agua con azúcar y algo de té, y pasó por la farmacia y compró unos refrescos y un reconstituyente con electrolitos.

Mientras tanto, se aseguró de que los visitantes hubieran llegado, llamó a un amigo para que le diera el teléfono de un mecánico, lo llamó y también habló con la recepcionista y le explicó dónde estaba el auto, para que si llegaba el mecánico lo guiara hacia dónde estaba estacionado y cuando regresó, pasó por la oficina de su amigo, le dio las gracias por prestarle el auto, y rapidito se fue a donde estaba su secretaria, que ya les estaba ofreciendo un café, luego de ver las áreas y detallarle algunas de las ventajas del concepto inmobiliario que estaban proponiendo.

Los visitantes se mostraron interesados en la salud del niño y su secretaría no se explicaba cómo había resuelto todo. Catalina les contó cómo estaba su hijo y las cosas que había hecho. Mientras iban caminando a ver algunos de los planos y maquetas de los proyectos, Catalina sonrió y pensó para sí misma: "otro capítulo de la serie: "La Vida de Catalina en un Patín."

Seguramente Catalina no encaja en una definición tradicional de persona sabia; no es un portento de la ciencia, ni un gigante de la ética y la religión, ni un político preclaro que nos guía hacia nuevos y más justos horizontes. No es ni Marthin Luther King; ni Teresa de Calcuta; o Bill Wilson de Alcohólicos Anónimos, o un premio nobel de la paz como Oscar Arias, o Nelson Mandela. Pero su conducta en un día como ese, que quizás era común para ella, mostró agudeza, prudencia, capacidad de juicio, serenidad en el torbellino, habilidades para sortear diferentes opciones encontradas, así como humildad, aceptación de lo inalterable, y lucha por conseguir lograr los objetivos.

Bajo ciertos criterios, Catalina es una mujer sabia, al menos muy sensata. Por eso, cuando pensamos en una persona con una mente sabia, también pensamos en alguien que tiene una capacidad intuitiva de comparar los pros y los contras de cada una de sus acciones; así como las implicaciones y consecuencias familiares, sociales, laborales o de negocios de las situaciones que se les presentan en los momentos importantes de su día a día. Basados en esa definición uno diría que Catalina, si no es un poco sabía, por lo menos actuó con sabiduría. Y seguro podríamos decir que en todo momento mostró una madurez envidiable y una habilidad de juicio muy certera, que le permitió responder a las vicisitudes del momento.

Quien tiene mente sabia tiene buen juicio y sabe encontrar, en los acontecimientos, el hilo conductor de los valores, los principios, las situaciones y los momentos que le dan sentido a su existencia. Tener una mente sabia tiene que ver con establecer metas acerca de lo que queremos para nuestra vida y perseverar en ellas a lo largo del tiempo con una energía mental estable que nos permita dirigir nuestro esfuerzo.

¿Cuánto tiempo demora uno en alcanzar la madurez emocional?

Invariablemente la gente en seminarios me contesta "diez años", o "veinte años", o "¡cincuenta años!" o hasta "toda la vida"... Entonces les digo que yo he llegado a creer que la madurez emocional se consigue en pequeños segmentos de 10 segundos. Diez segundos es lo que necesitas para poder darle oportunidad a la corteza pre frontal que integre y que realmente sepa lo que está pasando. Diez segundos para pensar dos veces antes de reaccionar, para quedarte tranquilo y no hacer nada. Diez segundos es lo que necesitas para revisar cómo te estás sintiendo y por qué estás pensando como lo haces. Por eso pienso que la madurez emocional es una joya que se consigue a través de esfuerzo, tenacidad y disciplina; pero también se consigue en pequeños intervalos de tan sólo diez segundos.

Responder es una forma de conseguir una mente sabia que pueda integrar tanto la "mente emocional" (que recoge y procesa información emocional en nuestro cerebro); como la mente racional (que maneja todo lo objetivo). Mientras más serena logra mantenerse una persona, mayor capacidad tiene para encontrar solución creativa y favorable para si misma; y por tanto mayor paz podrá encontrar. Hasta la salud mental y física parecen acompañar a aquellos que saben responder, y tienden a alejarse de aquellos que reaccionan automáticamente.

La gran mayoría de las personas tenemos un cierto grado de salud mental y de esa "mente sabia", que nos sirve para caminar por el mundo sin perder el rumbo y conseguir vivir nuestra vida. De igual manera, la gran mayoría de las personas tenemos un cierto grado de insanidad, o neuroticismo, o si se quiere 'locura' que coexiste, mano a mano, con nuestra salud mental, sepámoslo o no.

La capacidad de responder representa una necesidad si queremos alcanzar un poco esa mente sabia y alcanzar una paz interior que no sea fácilmente alterable. Quizás por eso es que algunos especialistas en salud mental llegan a decir que la mente sabia es un producto escaso y muy valioso... Esto podría ser cierto, si vemos la cantidad de personas que parecen tener problemas para hacerse cargo de su vida y controlarse adecuadamente, y reaccionan con sobresalto, impulsivamente, o con aislamiento, o inadecuadamente frente a algunas situaciones.

Tres Tareas Básicas de la Mente Sabia y del Crecimiento Emocional

Las personas sabias mantienen su salud mental porque, intuitiva o laboriosamente, han aprendido tres tareas básicas del proceso de crecimiento emocional humano:

1. Aprender a separar lo que debería estar separado

Los límites psicológicos son como fronteras invisibles entre nosotros y las personas y el mundo que nos rodea. Nos ayudan a saber quiénes somos, dónde empezamos y dónde terminamos. Se observan en cosas sencillas como saber qué cosas te gustan (comida, ropa, actividades, etc.); o qué ideas tienes acerca de diferentes temas. Los límites psicológicos determinan nuestra forma de manejarnos en el mundo, con nosotros mismos y con los demás.

Me parece que las personas sabias separan muy claramente lo que piensan y sienten ellos mismos, de aquello que piensan y sienten los demás. Eso los ayuda a no cargar situaciones que no les pertenecen. ¿No has notado cómo las personas que reaccionan se enredan y sobre involucran en situaciones donde no había un problema y en discusiones que no les pertenecen? Atacan a personas que no les han hecho nada; sienten vergüenza cuando alguien los confronta, o hacen cosas por los demás sin que se las hayan pedido. Las personas con más sabiduría evitan esos enredos. Eso hace su vida menos complicada.

Además, las personas con más sabiduría saben separar lo que son, de lo que hacen o de lo que tienen. Eso les permite salirse un poco del juego de las apariencias, los títulos, las posesiones materiales y el qué dirán, y eso facilita mucho el responder. Finalmente me parece que las personas sabias saben separar intuitivamente lo que piensan de lo que sienten. Reconocen la importancia de sus sentimientos, pero son capaces de verlos y analizarlos con serenidad. Son capaces de mentalizar sus emociones: verlas y entenderlas para poder actuar de la mejor manera posible.

Nuestra vida mejora cuando reconocemos dónde empezamos y dónde terminamos. Todas las herramientas que hemos presentado en este libro nos permiten revisar dónde terminamos psicológicamente y dónde comienzan los otros. La tolerancia y el auto consuelo; los ejercicios para conseguir mindfulness y los hábitos virtuosos, nos ayudan en esta tarea. Nuestros problemas con extraños, amigos, seres queridos o compañeros de trabajo, a veces se deben a que, de alguna manera, y aunque parezca descabellado, en algún grado somos poco autónomos y permanecemos pegados mentalmente con el resto del mundo. Queremos que la gente vea las cosas como las vemos nosotros. Cuando nuestro auto concepto depende de los demás, es como si estuviéramos fusionados con ellos, y nos convertimos en presa fácil de lo que los otros piensen, sientan o digan acerca de nosotros. En el arte de aprender a responder también nos ayuda poder separar nuestro pasado, de nuestro presente y de nuestro futuro. John Kabat Zinn dice que el pasado y el futuro son conceptos interesantes y útiles a veces, pero no existen.

La incapacidad de separar lo que uno es de lo que uno no es convierte a las personas en codependientes. La persona codependiente siente que, para estar bien, tiene que resolver los problemas de la persona que ama, pues el ser amado es como una extensión de sí misma. La mentalidad de 'salvador' o 'salvadora' que algunas personas tienen, se relaciona con la incapacidad de separar lo que soy yo, de lo que no soy, y esta incapacidad nos suele llevar a reaccionar. La capacidad de separar lo que debe estar separado nos permite dos cosas: por un lado, a protegernos y decir 'no' cuando otros tratan de abusarnos; y por el otro, a ser capaces de reconocer que no puedo tratar de manejar a mi antojo a las otras personas. En su sentido más básico la tarea de separar lo que debe estar separado significa reconocer que mis ideas y mis pensamientos no son los pensamientos de las demás personas.

Fidel: el dictador narcisista

En el campo de la política, a lo largo de la historia, hemos visto algunos líderes políticos y dictadores que son incapaces de separar lo que debe estar separado. Esto los hace impulsivos y peligrosos. Su personalidad es tan expansiva que creen saberlo todo. Fidel Castro era uno de estos dictadores. Hombre sin duda brillante y orador dotado de una capacidad de expresión lúcida y detallada, era capaz de impartir discursos a multitudes de personas durante cuatro, cinco, seis o hasta siete horas sin parar. De hecho aún ostenta el título del discurso más largo dado por un líder de Estado en una Asamblea de Naciones Unidas. Otro discurso que dio frente a miles de cubanos en enero de 1968 duró doce (12) horas. Las personas, obligadas a asistir a estas concentraciones masivas, debían escucharlo atentamente. Castro conocía todas las preguntas y tenía todas las respuestas. No había nadie más que tuviera una opinión valiosa o algo que aportar. Este hombre fue un triste ejemplo de incapacidad de separar límites de manera saludable, y finalmente de un narcisismo hiperbólico.

Pero si algunos políticos y dictadores son un ejemplo extremo de personas reactivas que no se ponen límites ellos mismos y se creen con derecho a todo; en el otro extremo están las personas que no ponen límites a aquellos que tratan de abusar de ellos.

2. Aprender a integrar lo que debería estar unido.

Muchas veces reaccionamos porque no estamos en paz con nuestras propias debilidades y limitaciones. Alguien toca nuestra vulnerabilidad, nuestra debilidad, nuestra vergüenza, y ¡reaccionamos con todo! Desarrollar sabiduría pasa por poder ver nuestras cualidades y defectos con sinceridad y humildad. Eso nos lleva a ver el mundo con otros ojos, y a tratar de entender más a las personas.

Aprender a integrar lo que debe estar integrado nos ayuda a reconocer que no somos tan diferentes de los demás: todos tenemos sueños, pecados; todos mentimos, todos tenemos alguna secreta añoranza, alguna decepción que no hemos superado, todos tenemos algún resentimiento que nos duele en el corazón todavía. Las personas sabias nos muestran con su actitud, que la sabiduría más grande se encuentra al reconocer que todos somos imperfectos y todos olemos mal cuando sudamos. Aquello que nos disgusta de nosotros, debemos abrazarlo, reconocerlo. Debemos hacer las paces con nuestros defectos, 'invitarlos a nuestra mesa', 'salir a caminar al parque con ellos', escucharlos y entender porque siguen gritando y haciendo nuestra vida infeliz. Eso mismo es lo que hace la mente sabia con los defectos de aquellos a quienes queremos:

aceptarlos y recordar que aún cuando los otros tienen defectos que nos incomodan, nosotros sin duda tenemos nuestras propias limitaciones que también incomodan a los demás.

¿Y qué es lo que debo integrar? Cada uno de nosotros tiene diferentes aspectos de sí mismo que debe integrar. Aquel que se ve a sí mismo como muy especial o elevado en un aspecto del quehacer humano, hace bien en reconocer cuán básico es en otro aspecto. Por eso cuando hablamos de integrar hacemos referencia a la necesidad de conocernos mejor a nosotros mismos. Aquel que es materialista, tiene que integrar su parte espiritual; aquel que es muy rudo y duro con la gente, tiene que integrar su ternura y solicitud para con los demás; aquel que se siente muy débil e incapaz de defender sus derechos, tiene que entrar en contacto con su fuerza y su valentía.

Así es como aquellos que se sienten muy puros tienen que entrar en contacto con su parte, por así decirlo, impura. De no hacerlo, de no reconocer las dos polaridades que viven dentro de nosotros, corremos el peligro de reaccionar automáticamente cuando nos encontramos en situaciones de tensión. Tenemos muchas polaridades que no reconocemos. La polaridad mente-cuerpo es una de ellas: no somos mente ó cuerpo; somos mente - cuerpo, ambas partes están totalmente entrelazadas.

No se trata de ver el vaso medio lleno o medio vacío; las personas sabias tienen la habilidad de ver el vaso medio lleno y medio vacío a la vez. Ellos saben que todos vemos el vaso medio lleno o medio vacío según nuestra historia de vida, según sea nuestro momento en la vida, o hasta según cómo hemos pasado las últimas horas del día.

Carl Gustav Jung, el famoso psicólogo suizo que vivió entre 1875 y 1961, sostenía que todos teníamos una 'Sombra'. La sombra de la cual Jung hablaba estaba compuesta de los aspectos no aceptados de nosotros mismos, que vivían enterrados fuera de nuestra conciencia, pero que necesitaban ser reconocidos para convertirnos en unas personas completas. Aquel que era muy fuerte, tenía que entrar en contacto e integrar su propia debilidad. Aquel que era muy frágil tenía escondida a una sombra que era fuerte y que necesitaba para adaptarse bien y protegerse en momentos de peligro. Cuando integro bien soy capaz de tener en mi conciencia, por un lado mi amor y respeto por mí mismo, y por otro el amor y respeto que merecen los demás. De esta manera soy capaz de reconocer las cualidades y los defectos de las demás personas, y mis propias cualidades y defectos.

El dominio de estas polaridades forma parte de esa habilidad de integrar lo que debe estar integrado, tan importante para poder decidir bien. Esa capacidad de integrar lo que debe estar integrado aumenta nuestra capacidad de responder.

3. Aprender a reconciliar los opuestos aparentes

La mente sabia tiene la capacidad de reconciliar las cosas que son aparentemente opuestas. Como vimos en el capítulo anterior, idealmente esta reconciliación se debe llevar a cabo inconscientemente, integrando positivo con negativo automáticamente. Porque cuando estamos en situaciones de tensión, nos sentimos atacados o dejados de lado, corremos el riesgo de escindir la realidad y reaccionar ante ella. Para la mayoría de nosotros, a medida que practicamos integrar los opuestos aparentes, logramos mayor crecimiento espiritual y la mente poco a poco aprende a dejar de evaluar en términos de 'bueno' o 'malo' y simplemente observa todo sin juzgar. Como dice Leonardo Boff:

> *"El ser humano es siempre la convergencia*
> *de los opuestos.*
> *A él cabe casar el cielo con la tierra,*
> *la ternura con la firmeza, la poesía con el trabajo.*
> *Cuantos más opuestos uno consigue*
> *articular en su personalidad,*
> *tanto más fecundo y humano se revela".*
>
> Leonardo Boff

Responder es ir aceptando a las personas de nuestra vida con sus luces y sus sombras, recordando poner el acento en los aspectos positivos. Esto no implica tolerar gente tóxica: si tenemos gente tóxica, aún en nuestro círculo cercano, es nuestra responsabilidad alejarlos o mantenerlos a distancia. De otra manera ellos, y las cosas que hacen, se convierten en disparadores de nuestras reacciones automáticas. Probablemente no hemos tenido la familia perfecta ni los maestros perfectos, y la vida nos ha propinado nuestro buen par de bofetadas, pero quizás también hemos estado cerca de algunas personas que sí se han esforzado por ayudarnos y hacer lo mejor por nosotros. De hecho, algunas veces las mismas personas que nos han hecho daño o las mismas situaciones que en el corto plazo parecían desafortunadas y llanamente terribles, en el largo plazo pueden habernos enseñado algo valioso o haber servido como acicate para un cambio de nuestra parte, tal como en la historia que sigue.

Buena suerte, mala suerte: no sabemos...

Un señor feudal en la antigua China se dirigió al pueblo vecino a comprar víveres y utensilios para la labranza de sus jornaleros. Allí encontró que vendían un caballo. "Este es un alazán de buena sangre, pero es arisco, no se deja mandar de nadie", dijeron los vendedores. El precio era muy bueno y compró el caballo. Cuando los empleados lo pusieron en el corral vieron como el caballo cortejaba a las 7 yeguas que tenían y empezaron a decirle: "Qué buena compra!, Qué buena suerte!". El señor escuchó sus palabras y se quedó pensando: "¿buena suerte... mala suerte? No sabemos".

Al día siguiente no había salido el sol cuando los jornaleros vieron que el caballo había roto las cercas de madera y había logrado huir junto a todos los otros caballos. Los vaqueros y campesinos decían "¡Qué mala suerte... ese caballo trajo desgracia a esta casa! El señor feudal solo murmuró para sí mismo: "¿buena suerte... mala suerte?... no sabemos. Todo se tornó más difícil durante los seis meses siguientes. Tuvieron que labrar la tierra con sus propias manos y la cosecha fue exigua. Pero una mañana los jornaleros empezaron a gritar azorados al ver una nube de polvo que se avecinaba a la granja. Era una manada de caballos que venían, liderados por el alazán hacia la finca. Entraron al corral todos. Primero el alazán, luego las siete yeguas preñadas y 15 caballos salvajes más. "¡Qué buena suerte, han regresado los caballos y han traído a otros más!" El señor pensó para sí mismo "¿buena o mala suerte?... realmente no sabemos".

A la mañana siguiente empezaron a domesticar a los caballos. Cuando llegó el momento del alazán, el hijo del señor quiso domarlo. El potro empezó a brincar violentamente, y los vaqueros vieron salir volando al muchacho. Al caer se quebró las dos piernas. Lo ayudaron, y le entablillaron las piernas. "¡Este alazán no ha traído más que desgracias a esta casa!". El padre, entró corriendo a la casa a ver a su hijo y pensó "¿cómo es posible que haya pasado esto?"... pero después suspiró profundamente y dijo: "No entendemos por qué esto ha pasado, no sabemos si es buena o mala suerte; simplemente no sabemos".

Unas semanas después una patrulla de soldados entró en la finca reclutando a todos los jóvenes para la Guerra. El Señor feudal estaba tomando una taza de té. No se llevaron al muchacho pues vieron que estaba herido. Los jornaleros y la madre del joven empezaron a bendecir. El señor miró cómo habían pasado las secuencias de los hechos y pensó nuevamente: "buena suerte... mala suerte... realmente no sabemos"! y siguió tomando su taza de té.

Lo que parece bueno a primera vista puede ser malo en verdad, o lo que parece negativo, puede convertirse en algo bueno. La reconciliación de los opuestos implica reconocer que, lo que a primera vista puede parecer un contratiempo o una desgracia puede, en el largo plazo, convertirse en una oportunidad o hasta una bendición. La reconciliación de opuestos nos ayuda a entender las paradojas de la vida. Andrew Murray habla de esto cuando dice:

"la capacidad de reconciliar los opuestos es el más grande de los secretos y será una fuente inagotable de gracia para tu alma. Todo aquello que se mueve en tu interior o que acontece alrededor de ti se ha de convertir en algo bueno y

tangible para ti si logras mantener dentro de ti ese espíritu bueno... porque nada es en vano para el alma del humilde".

El delfín y el toro

Quien tuvo la idea de simbolizar responder y reaccionar en estos animales fue una niña brillante de doce años, cuyo único problema era ser 'impulsivamente honesta' con sus maestros: les decía todo lo que pensaba de ellos, ¡todo! El delfín y el toro representan los dos íconos que simbolizan dos formas de conducir nuestros asuntos en la vida, reaccionando como un toro o respondiendo como un delfín. Luego de que le expliqué cómo funcionaba el cerebro cuando respondía y cuando reaccionaba, le pedí la niña que hiciera un cartelón que le permitiera recordar lo que tenía que hacer para entregar en dosis pequeñas su sinceridad. Pegando una imagen de un enfurecido toro de lidia, esto fue lo que escribió:

"Cuando reacciono es que el cerebro emocional está a cargo de todo, y me parezco a un toro, porque con la mínima cosita que me hagan o digan, salto, me descontrolo, me salgo de mis casillas, y ataco. Y me da la impresión de que esa es la manera en que un toro actúa: se arrebata y se molesta por lo mínimo que le hagan o digan".

También hizo un cartelón con unas líneas sobre lo que era para ella una respuesta y lo ilustró con una imagen de un delfín:

"Cuando respondo es que el 'Pre-frontal 'está a cargo de todo y me parezco a un delfín, porque yo me comporto tranquila y paciente con las cosas, no me arrebato y dejo pasar las cosas por las cuales no es necesario alterarse. Y me parece que los delfines tienen esas cualidades, nunca los he visto pelear, al contrario, se alejan para no pelear".

Una vez que esta niña entró en contacto con su delfín, pudo entender qué cosas eran apropiadas para compartir con los maestros, y cuáles debía guardarse dentro de sí. Como esta niña, todos llevamos un toro y un delfín dentro, y probablemente existe algún buen motivo para que sea así. Sin embargo, en muchos de nosotros, la aparición del toro en nuestra vida y en nuestras relaciones, provoca desarreglos, dolor y pesar en nosotros y en nuestros seres queridos.

Tal como hicimos con la palabra 'Reaccionar', en el Capítulo 2, adelante se presenta un acróstico, letra por letra, de la palabra 'Responder', con algunas ideas que genera esa palabra.

Responder, letra por letra

Realidad. Estar en contacto con la realidad. Saber lo que está pasando afuera y dentro de sí mismo. Observar y observarse uno mismo.

Esperanza. El dominio propio trae confianza y esperanza. Hay claridad de propósito en quien responde y tiene una visión positiva hacia el futuro.

Sobriedad. Tranquilidad. Habilidad para vivir sin sobresaltos. Dominio y mesura en la forma de actuar.

Poder. Fuerza al saber que podemos cambiar las circunstancias cambiando nosotros mismos. Verdadera soberanía interior y poder personal.

Orden. Mantener pensamientos, sentimientos y conductas en orden. Hay coherencia entre lo que se dice y lo que se hace. Hay prioridades y uso racional de nuestros recursos.

Neutralidad. Quien responde no necesita que las cosas sean a su manera. Entiende los motivos de los demás. Tiene ecuanimidad. No se altera con las opiniones adversas ocontrarias a la suya.

Dirección. Saber a dónde va y lo que quiere. Se escucha a si misma y es fiel con su propio plan de vida. Reconoce sus límites y usa inteligentemente su energía.

Entendimiento. Comprensión de la complejidad de las situaciones. Empatía hacia los demás. Darse tiempo de organizar sus ideas. Comprender a otros y ser asertiva.

Riqueza. Nadie es más rico que quien es dueño de sí mismo. Responder es pensar, tomar distancia, y elegir lo mejor entre lo que está disponible.

Los frutos de la madurez:

Al principio, nada viene...
A mitad de camino, nada se queda...
Al final, nada se va...

(Refrán del budismo tibetano)

El mensaje y la admonición del monje budista son claros. Es un consejo para todos aquellos que estamos en el camino del crecimiento personal. Al principio "nada viene", es decir, cuando empezamos a trabajar en responder queremos resultados inmediatos, y no nos gusta que la mejoría en nuestra capacidad de responder no sea instantánea. "¡Debería alguien inventar una pildorita que con tragarla bastase para transformarnos y quedar serenos y en paz!" dirán algunos; pero no existe. Luego, como dice el dicho, a mitad de camino, "nada se queda", los aprendizajes llegan pero no duran en nuestra conciencia, y mucha gente abandona sus esfuerzos luego de que ha mejorado "un poquito". Hemos sentido lo bueno que es poder manejar nuestras emociones de manera un poco más serena, pero de repente dejamos de practicar, y volvemos a reaccionar impulsivamente como lo hacíamos antes y esto nos descorazona. Es normal, y nos va a pasar.

El arte de responder con maestría no se logra de un día para otro. Requiere paciencia y perseverancia. Pero cada pequeña ganancia es un gran triunfo. Cada vez que logras responder a tu pareja, o no tomas algún comentario como algo personal, o llegas a serenarte usando el mindfulness, es un triunfo. Finalmente, "nada se va". El crecimiento que nos da la práctica del responder tiende a convertirse en un hábito estable con el paso del tiempo. Allí es cuando decimos ¡qué delicia!, porque es automático y ya no nos cuesta como antes.

En las páginas de este libro, hemos presentado la información que permite entender la naturaleza de nuestras reacciones emocionales, y el conocimiento científico que nos permite entender nuestras conductas automáticas. Reaccionar impulsivamente, con congelamiento, agresión pasiva, entre otras, es lo opuesto a lo que queremos en nuestra vida. Responder con maestría ante situaciones difíciles es una habilidad que aprendemos en la medida que practiquemos las técnicas propuestas.

UNAS PALABRAS FINALES

A lo largo del libro hemos visto cómo, dónde y por qué reaccionamos automáticamente. También hemos aprendido qué hacer para que nuestro comportamiento sea menos reactivo. Queremos que el delfín esté a cargo de nuestra vida. El delfín está a cargo cuando podemos 'ver' nuestros pensamientos. El delfín está a cargo cuando podemos estudiar nuestras emociones y nuestros estados mentales y físicos, sin llegar a precipitarnos en conductas impulsivas. El delfín aparece cuando somos testigos de nosotros mismos y podemos ver las situaciones tanto desde nuestra perspectiva como de la perspectiva de las otras personas.

Este libro nació como una forma de ordenar mis ideas en torno al tema de la madurez emocional. Con el tiempo, se convirtió en un deseo de compartir lo que he aprendido junto a tantas personas que han sido mis maestros en el camino. He querido, humildemente, ayudar a muchas personas que no conozco, pero que forcejean para lograr responder serenamente a los eventos de su diario vivir.

Mi intención ha sido convertirlo en un manual y una guía para personas como tú y como yo, que necesitamos dejar de reaccionar impulsivamente. Con solo un poquito de esfuerzo podemos evitar los problemas, las discusiones, los malos ratos, las peleas y las situaciones enojosas en las cuales nos vemos atrapados cuando reaccionamos.

Todos necesitamos crear un espacio para estimular la madurez emocional. Si Reaccionar o Responder te dio información y permitió lograr que tu vida fuera un poquito más tranquila y un poquito más plena, ha logrado su objetivo. En esencia, este manual ha querido proveerte de una oportunidad para conseguir una mejor calidad de vida y un poco más de soberanía interior.

Los ejercicios han sido solo una guía en el camino y están allí para estimular un cambio. Trata de usarlos para disciplinar el músculo de la reflexividad. El toro necesita apaciguarse y el delfín debe hacerse presente de nuestra vida. La decisión de quién está a cargo está siempre en nuestras manos aunque no lo queramos reconocer. Nosotros somos los que nos permitimos caer en un arrebato de ira o volatilidad como el toro; o somos los que nos detenemos, respiramos y pensamos antes de dar un paso en falso, y con ello logramos que aparezca un hermoso delfín, dando simbólicamente un salto fuera del agua.

Al final, se trata de decidir. Aún cuando existen fuerzas que nos pueden llevar a reaccionar, no hay nada más poderoso que nuestra decisión de crecer y educar nuestra actitud. Además, hemos visto que muchas veces esas fuerzas que nos llevan a reaccionar han sido agrandadas por nuestros hábitos de pensamiento negativos, y esos malos hábitos mentales también pueden cambiarse por otros más saludables.

Con ese poder de decisión podremos seguir creciendo paso a paso, y ganando pequeñas batallas cada vez que logramos auto-serenarnos y responder. Después de todo, una de las funciones del pensamiento es actuar como una barrera entre el impulso y la acción; para ello hemos dejado de utilizar nuestro piloto automático y hemos aprendido a observarnos y a tomar el control de nuestra vida. Ya has empezado tu peregrinaje, y en tu mochila ahora hay muchos más recursos para responder. Respeta tu fuerza y tu esfuerzo por crecer. Defiende tu empeño en la tarea. Te deseo buena suerte...

¡Nos encontraremos en el camino!

BIBLIOGRAFÍA

Alemany, C. (1998). 14 Aprendizajes Vitales. Desclée de Brouwer, S.A. España.

Allen, J. G., Fonagy, P. and Bateman A. (2008). Mentalizing In Clinical Practice. American Psychiatric Publisshing, Inc.Washington DC.

Ash, Mel. (1996). Shaving The Inside of your Skull. Tacher-Putnam. New York.

Ash, Mel. (1993). The Zen of Recovery. Tacher-Putnam. New York.

Barrera, L. (2000). Claves del Optimismo. Libro –Hobby. España.

Barroso, M. (1998). Autoestima: Ecología o Catástrofe. Editorial Gala.Venezuela.

Bateman, A. (2006). Mentalization-Based Treatment for Borderline Personality Disorder. Oxford. New York.

Bellman, G.M. (1996). Your Signature Path. Koehler Publishers. EEUU.

Birx, E y Birx, C. (2005). El Zen de la Vida en Pareja. Oniro. España.

Boff, L. (1982). San Francisco de Asís: Ternura y Vigor. Sal Terrae. España.

Boroson, M. (2007). Respira. Relax para las Personas Ajetreadas. Urano. España.

Brach, T. (2003). Radical Acceptance. Bantam Books. EEUU.

Braidot, N. (2008). Neuromanagement: Cómo Utilizar el Cerebro en la Conducción Exitosa de las Organizaciones. Granica. Argentina.

Branden, N. (1995). Los Seis Pilares de la Autoestima. Paidós Ibérica S.A. España.

Bradshaw, J. (2004). Sanar la Vergüenza que Nos Domina. Cómo superar el miedo a Exteriorizar tu Verdadero Yo. Ediciones Obelisco. España.

Burns, D.D. (1980). Feeling Good: The New Mood Therapy. Harper. New York, New York.

Burns, D.D. (1993). Ten Days to Self-Esteem. Harper. New York, New York.

Calle, R. (1998). Guía Práctica de la Salud Emocional. EDAF S.A. España.

Calle, R. (2000). Serenar La mente: Como Lograr la Calma y la Paz Interior. EDAF S.A. España.

Cortez, A. (1977). Equipaje. Ediciones Pomaire. Barcelona.

Covey, S. (1989). Los 7 hábitos de las Personas Altamente Efectivas. Paidós Ibérica S.A. España.

Csikszentmihalyi, M. (1990). Flow: The Psychology of Optimal Experience. HarperPerennial. New York.

Damasio, A.R. (2000). Sentir lo que Sucede. Andrés Bello. Chile.

Dan, F. (1991). Sober But stuck. Hazelden. Center City, Minnesota.

Davidson, R. (2007). Neuroplasticity and Meditation. IEEE SIGNAL PROCESSING MAGAZINE.

De Mello, (2001). Los Estatutos del Hombre. V&R. Argentina.

Dowrick, S. (1999). El Perdon y otros Actos de Amor. Edaf. España.

Dyer, W.W. (2007). Tus Zonas Erroneas. Debolsillo. México.

Elias, M. Tobias, S. Friedlander, B. (2003). Educar con Inteligencia Emocional. España.

Ellis, A. (1975). A new guide to rational living. Wilshire Book Co. New York.

Engler, J. y Goleman, D. (1992). The Consumer's Guide to Psychotherapy. Simon & Schuster/Fireside. EEUU.

Epstein, M. (1999). Going To Pieces Without Falling Apart. Broadway. New York.

Fred. Littauer, F. (1994). Liberando la Muerte de los Recuerdos que Matan. Unilit. Miami. EEUU.

Gaffney, P. y Harvey, A. (1994). El Libro Tibetano de la Vida y de la Muerte. Urano. España.

Gawain, S. (1995). Visualizacion Creativa. New World Library. EEUU.

Goleman, D. (2003). Emociones Destructivas. Vergara. Argentina.

Goleman, D. (1999). La Salud Emocional. Editorial Kairós. España.

Greenberger, D. And Padesky, CH. (1995). Mind Over Mood. Guilford. New York, New York.

Goleman, D.(2003). Destructive Emotions, How can We Overcome Them? Bantam Books. EEUU.

Gunaratana, Henepola. (1985). The Path of Serenity and Insight. Motilal Banarsidass.

Hinz, M and Heinz, J. (2004). Aprende a Equilibrar tu Vida. oniro. Argentina.

Honoré, C. (2008). Elogio de la Lentitud. Del nuevo Extremo. Argentina.

Jampolsky, L. (1991). Healing the Adictive Mind. Celestial Arts. EEUU.

Jackson, E. (1974). How to Meditate: A Guide to Self-Discovery. Bantam Books. EEUU.

Jaworski. J (2005). Sincronicidad. El Camino Interior Hacia el Liderazgo. Paidos. Argentina.

Karen, R. (1994). Becoming Attached. Oxford. New York.

Kopp, S. (1992). Al Encuentro de una Vida Propia. Urano. España.

Kreisman, J.J. (1989). I Hate You: Don't leave me. Avon Book. New York.

Krishnamurti, J. (1997). Libertad Total. Editorial Kairós. España.

Lenson, B. (2002). Buen Estrés–Estrés Malo. Promexa. México.

Linehan, M.M. (2003). Manual de Tratamientos de los Trastornos de Personalidad Límite. Paidos. España.

Linn, M., Fabricant, S., Linn, D. (1988). Healing the Eight Stages of Life. Paulist Press. EEUU.

Ledoux, J. (1996). The Emotional Brain. Simon and Schuster Paperbacks. EE.UU.

Lerner, H. And Elins, R. (1985). Stress Breakers. Comp-Care Publications. EEUU.

Marra, T. (2004). Depressed and Anxiuous. New Harbinger Publications, inc. Oakland, CA.

Masiá, J. (1998). Aprender de Oriente: Lo Cotidiano, Lo Lento y Lo Callado. Declée de Brouwer.

Mackay, M. Wood,J. Brantley. J. (2007). The Dialectical Behavior Therapy Skills Workbook. New Harbinger Publications, inc. Oakland, CA.

Mackay, M. and Fanning, P. (1987). Self Esteem. New Harbinger Publications, inc. Oakland, CA.

Martínez, J. (2004). Dominicos en Panamá. Panamá.

Mcdonald, L. (2004). Aprende a Ser Optimista. Oniro. España.

McCown, K., Freedman, J., Jensen, A. and Rideout, M. (1998). Self Sciencie. Six Seconds. EEUU.

McGraw, P. (1999). Life Strategies: Doing What Works doing What Matters. Hyperion. New York.

Miller, E. (1997). Deep Healing. The Essence of Mind/Body Medicine. Hay Hause. EEUU.

Ozaniec, N. (1997). Meditación. Grupo Zeta. Argentina.

Pearson, C. (1998). The Hero Within. Harper. New York, New York.

Potter, R. E. (1993). Vergüenza. Promexa. México.

Potter, R. E. (1994). Angry All the Time. New Harbinger Publications, inc. Oakland, CA.

Potter, R. E. (2001). Stop the Anger Now. New Harbinger Publications, inc. Oakland, CA.

Potter, R. E. (2006). Letting Go of Anger. New Harbinger Publications, inc. Oakland, CA.

Powell, B. (1988). Las Relaciones Personales, clave de la Salud. Ediciones Urano S.A. España.

Rechtschaffen, S. (1996). Cambio de Ritmo: Una Nueva Manera de Entender el Tiempo para Vivir sin Prisa y Mejorar su Calidad de Vida. Grupo Editorial Norma. Colombia.

Restak, R. (2003). Nuestro Nuevo Cerebro, Cómo la era Moderna Ha modificado Nuestra Mente. Urano. España.

Richo, D. (1998). Como Llegar a Ser un Adulto. Desclée de Bruwer, S.A. España.

Ruiz, A. (2003). La Mirada Interior. Planeta. México.

Ruiz, M. (2002). Los Cuatro Acuerdos. Ediciones Urano S.A. España.

Seligman, M. (2002). La Auténtica Felicidad. Byblos. España.

Schiraldi, G. (2001). The Self-Esteem Workbook. New Harbinger Publications, inc. Oakland, CA.

Schiraldi, G. (2000). The Post-Traumatic Stress Disorder Sourcebook. Lowell House. EEUU.

Siebert, A. (2007). La Resiliencia: Costruir en la adversidad. Alientaoptimiza. España.

Siegel, D. and Hartzell, M. (2003). Parenting from The Inside Out. Tacher- Putnam. New York.

Siegel, D. (2007). The Mindful Brain. Norton. New York.

Simmons, P. (2002). Aprendiendo a Caer. Norma. Colombia.

Snyder, C.R. (1994). The Psychology of Hope. The Free Press. EEUU.

Spradlin, S.E. (2003). Don't Let Your Emotions Run Your Life. New Harbinger Publications, inc. Oakland, CA.

Stallard, P. (2002). Think Good-Feel Goog. A Cognitive Behaviour Therapy Workbook for Children and Young People.

Trechera, J.L. (1996). ¿Qué es el Narcisismo? Desclée de Brouwer, S.A. España.

Waldberg, M. (1978). Los Bosques del Zen. Espasa-Calpe, S.A. España.

Wetzler, S. (1992). Living With The Passive–Agresive Man. Fireside. New York, New York.

Wilson, R.R. (1996). Don't Panic. Harper-Perennial. EEUU.

Zabalegui, L. (1997). ¿Por qué me Culpabilizo Tanto? Desclée De Brouwer. España.

Zinn, J. K. (1990). Full Catastrophy Living. Using the Wisdom of Your Body and Mind to Face Stress, Pain, And Illness. Delta. EEUU.

Made in the USA
Middletown, DE
10 April 2022